U0617568

BLUE BOOK

智 库 成 果 出 版 与 传 播 平 台

广州蓝皮书

BLUE BOOK OF GUANGZHOU

广州市社会科学院／研创

广州社会发展报告（2022）

ANNUAL REPORT ON SOCIAL DEVELOPMENT OF GUANGZHOU (2022)

主　编／张跃国　尹　涛
执行主编／黄　玉　陈　杰

社会科学文献出版社
SOCIAL SCIENCES ACADEMIC PRESS (CHINA)

图书在版编目（CIP）数据

广州社会发展报告. 2022 / 张跃国，尹涛主编；黄
玉，陈杰执行主编. --北京：社会科学文献出版社，
2022.8
（广州蓝皮书）
ISBN 978-7-5228-0659-4

Ⅰ.①广…　Ⅱ.①张…　②尹…　③黄…　④陈…　Ⅲ.
①社会发展-研究报告-广州-2022　Ⅳ.①D676.51

中国版本图书馆 CIP 数据核字（2022）第 166467 号

广州蓝皮书
广州社会发展报告（2022）

主　　编/张跃国　尹　涛
执行主编/黄　玉　陈　杰

出 版 人/王利民
责任编辑/丁　凡
责任印制/王京美

出　　版/社会科学文献出版社·城市和绿色发展分社（010）59367143
　　　　　地址：北京市北三环中路甲 29 号院华龙大厦　邮编：100029
　　　　　网址：www.ssap.com.cn
发　　行/社会科学文献出版社（010）59367028
印　　装/天津千鹤文化传播有限公司

规　　格/开本：787mm×1092mm　1/16
　　　　　印张：25.5　字数：381 千字
版　　次/2022 年 8 月第 1 版　2022 年 8 月第 1 次印刷
书　　号/ISBN 978-7-5228-0659-4
定　　价/138.00 元

读者服务电话：4008918866

主要编撰者简介

张跃国 文学学士，法律硕士，研究员，广州市社会科学院党组书记、院长，广州大学客座教授。研究方向为城市发展战略、创新发展、传统文化。曾任中共广州市委政研室副主任，多次主持或参与中共市委全会和党代会报告起草、广州市五年发展规划纲要研究编制、广州经济形势分析与预测研究、广州城市发展战略研究、广州对标世界银行评估标准全面优化营商环境研究、广州南沙新区发展战略研究和规划编制以及市委、市政府多项重大政策文件制定起草。

尹 涛 博士，经济学研究员，广州市社会科学院党组成员、副院长。美国印第安纳大学环境事务与公共政策学院访问学者（2004年1月至2005年3月），主要研究方向：城市与产业经济、企业战略管理。先后主持和完成国家、省市社科课题和软科学课题10余项，主持决策咨询课题50余项，在各类刊物发表论文30余篇，科研成果获省部级奖近10项。获评广州高层次人才优秀专家、广东省和广州市宣传思想文化优秀人才培养对象。获聘广州市人民政府决策咨询专家、广州市人大经济咨询专家等。兼任广州市重点建设新型智库平台——广州城市战略研究院院长，广州市人文社会科学重点研究基地——超大城市现代产业体系与广州实践基地主任，广州市宣传思想文化优秀团队——广州产业创新研究团队负责人。广东省第十二、十三届人大代表、财经委委员。

黄　玉　哲学博士（社会学专业），广州市社会科学院社会研究所所长，社会学副研究员。曾任广州市重大行政决策论证专家，广州市突发事件应急管理专家。研究领域为经济社会学、组织社会学、社会政策。曾在《开放时代》《中国残疾人》《中国工人》等期刊发表多篇论文。专著和研究报告曾获广州市哲学社会科学优秀成果奖一等奖、二等奖、三等奖等。担任《广州蓝皮书：广州社会发展报告》执行主编，此书连续三年获全国优秀皮书奖一等奖。

陈　杰　法学博士（人类学专业），广州市社会科学院社会研究所副所长，社会学副研究员。研究领域为社会政策、社会治理、社会人类学、华侨华人。曾在《开放时代》《广西民族大学学报（哲学社会科学版）》《华侨华人历史研究》《广州社会保障发展报告》《广州社会发展报告》发表多篇论文，并在《广州蓝皮书：广州社会发展报告》中担任执行副主编，此书连续三年获全国优秀皮书奖一等奖。主持及主要参与过国家、广东省、广州市社会科学规划课题及相关领域科研课题多项。

摘　要

　　《广州社会发展报告（2022）》是由广州市社会科学院主持编写的"广州蓝皮书"系列之一。《广州社会发展报告（2022）》聚焦社会民生、社会治理两大领域，并特别策划医疗卫生服务专题篇。全书主要通过问卷调查、统计分析、数据建构、社会田野调查等社会科学实证研究方法，分析广州社会发展的现状及面临的问题、挑战与风险，并提出相应的对策建议。

　　全书共包括五个部分的内容。

　　第一部分为总报告。总报告梳理了广州社会发展的阶段及相应特征，指出：广州经济迈入高质量发展阶段；随着经济的发展，广州居民的消费结构发生改变，民生福祉不断改善；人口总量持续增长的同时，老龄化程度加深，劳动力人口占比下降；就业的行业分布呈现新的变化；社会心态领域居民幸福感较高，整体社会情绪平稳。通过分析广州社会发展面临的挑战，报告指出广州需要"多方联动+多措并举+创新思路"稳就业，建设现代化教育体系，优化公共医疗卫生服务供给，推动社会保障事业可持续发展，优化市域社会治理运行机制。

　　第二部分为社会民生篇。本篇就广州人口发展、人才战略、社会群体帮扶等方面进行重点探讨。通过对人口普查数据的分析，对十年来广州人口发展的新特点、新趋势进行总结，并预测了中长期广州人口发展趋势，对广州推动港澳青年人才来穗就业创业政策的经验进行分析和研判。此外，对广州高质量发展养老事业、建设残疾人无障碍环境、社会力量参与社会救助等经验做法进行总结和分析。

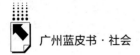

　　第三部分为社会治理篇。本篇聚焦广州新的社会阶层人士创新管理以及城市更新实践探索两个领域。在新的社会阶层领域,从广州新媒体从业青年和网络人士的价值观、经济状况、生存与发展压力等方面进行调查分析,探讨目前新的社会阶层管理工作的重点方向,继而提出加强引导新媒体从业青年价值观,以及提升新时代网络人士统战工作质量等方面的建议。在城市更新领域,通过对广州数码城的兴衰变迁、文创园更新等案例介绍,分析广州在城市更新方面的优势、难题与着力点,在此基础上提出深化城市更新的对策措施。

　　第四部分为社会调查篇。本篇基于 2021 年广州居民安全意识调查、2021 年广州市万户居民调查数据、2017 年全国流动人口卫生计生动态监测调查户籍人口问卷等社会调查数据,研究分析广州居民安全意识特征、科技赋能养老服务情况、建设人民满意的服务型政府状况、就地城镇化与农民收入问题等议题,针对不同议题中广州存在的问题与挑战,提出具有系统性、科学性、针对性的对策建议。

　　第五部分为专题篇。本篇聚焦广州公共医疗卫生服务,从广州医疗卫生服务、医疗保障制度、基层医疗卫生体系以及公共卫生应急能力四个方面展开研究。总的来看,广州医疗卫生服务发展明显向好,硬件设施建设成效显著,人均公共卫生事业经费投入增长明显。在医疗保障方面,广州医疗保险参保人数逐年提升,企业和个人缴费负担不断减轻,按病种分值付费的医保支付改革取得明显成效,药品集团采购改革有效降低药品交易成本。在基层医疗卫生体系建设上,基层医疗卫生机构数量整体增长,布局趋向优化,医联体初步成型,卫生人员总量增加。在公共卫生突发事件的应急能力上,广州应急政策体系逐渐完善,针对涉疫违法打击手段逐渐健全,人员、资金及物资调度及时,大数据、云计算等疫情防控技术应用广泛。未来,广州医疗卫生事业仍将以解决居民的急难愁盼医疗需求为重点,推动医疗卫生事业更高质量发展。

　　关键词: 社会发展　社会民生　社会治理　社会调查　公共医疗卫生服务

目 录 ↖⅁

Ⅰ 总报告

Ⅱ 社会民生篇

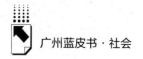
Ⅲ 社会治理篇

Ⅳ 社会调查篇

Ⅴ 专题篇 医疗卫生服务

皮书数据库阅读**使用指南**

总 报 告
General Report

B.1

2021～2022年广州社会发展分析

广州市社会科学院课题组*

摘　要：　2021年，广州上下凝心聚力、攻坚克难，科学统筹疫情防控和经济社会发展，如期全面建成小康社会，疫情防控和经济发展取得积极成效。本报告梳理了2021年广州社会发展的基本情况及特征，指出：广州经济持续稳定高质量发展，居民生活水平处于富裕阶段，就业的行业分布呈现新的变化，居民幸福感高，社会情绪整体平稳。广州作为迈向新的经济社会发展转型阶段的超大城市，仍面临不少风险和挑战：劳动人口数量因老龄化程度加深而下降，就业形式呈多样化；教育、医疗、养老等优质公共服务

---

*　课题组成员（执笔人）：黄玉，博士，广州市社会科学院社会研究所所长，副研究员，研究方向为社会治理、社会政策；陈杰，博士，广州市社会科学院社会研究所副所长，副研究员，研究方向为社会治理、社会政策；朱泯静，博士，广州市社会科学院社会研究所副所长，副研究员，研究方向为社会政策、企业创新、复杂网络等；付舒，博士，广州市社会科学院社会研究所副研究员，研究方向为社会治理、社会政策；简荣，硕士，广州市社会科学院社会研究所助理研究员，研究方向为社会治理、公共服务；麦劲恒，博士，广州市社会科学院社会研究所助理研究员，研究方向为社会治理、公共服务；黄柯劼，博士，广州市社会科学院社会研究所助理研究员，研究方向为移民社会学。

资源分布不均衡；社会保障制度发展面临新型和多元风险挑战；社会治理体制机制有待优化，城市治理水平有待提升。通过分析广州社会发展存在的问题与挑战，本报告指出广州需要"多方联动+多措并举+创新思路"稳就业，建设现代化教育体系，优化公共医疗卫生服务供给，推动社会保障事业可持续发展，推动超大城市治理现代化。展望2022年，广州经济社会发展要坚持稳字当头、稳中求进，统筹疫情防控和经济社会发展，贯彻新发展理念，坚持高质量发展，不断增进民生福祉，保持社会大局稳定，加快实现老城市新活力、"四个出新出彩"，在实现习近平总书记赋予广东的使命任务中勇当排头兵，以优异成绩迎接党的二十大胜利召开。

关键词： 社会发展　社会民生　社会治理

2021年是中国共产党成立100周年，是我国国民经济和社会发展第十四个五年规划开局之年，也是全面建设社会主义现代化国家征程开启之年。过去一年，广州坚决贯彻落实党中央、国务院决策部署和省委省政府工作要求，突出抓好庆祝建党百年系列活动、学习宣传贯彻党的十九届六中全会精神、认真开展党史学习教育等大事，全市上下凝心聚力、攻坚克难，面对疫情波动、缺芯缺电缺柜、大宗商品价格高位运行等不利因素影响，同全国一道打赢脱贫攻坚战、如期全面建成小康社会，疫情防控和经济发展取得积极成效。2021年，广州始终把高质量发展贯穿经济社会发展的各个方面，高度重视满足人民对美好生活的向往，改革开放向纵深推进，城市治理稳步提升，智慧城市、平安城市建设成效显著，市域社会治理现代化水平稳步提高；民生福祉不断提升，人口素质整体提升，就业形势稳定，社会保障优质高效，教育医疗事业提质发展。展望2022年，广州要贯彻习近平总书记关于"疫情要防住、经济要稳住、发展要安全"的重要指示精神，继续做好"六稳""六保"工作，保持经济运行在合理区间，重点做好高校毕业生就业、特殊困难群体关爱等民生保障；着力提高人民生活品质，以实现共同富裕为根本目标，做好就业、教育、医疗卫生、社会保障等民生工作；全力以赴防范化解重大风险，保持社会大局稳定；防范化解经济金融等领域风险，科学精准扎实做好疫情防控，建设更高水平的平安广州、法治广州；加快实现老城市新活力、"四个出新出彩"，在实现习近平总书记赋予广东的使命任务中勇当排头兵，以优异成绩迎接党的二十大胜利召开。

一 广州社会发展基本情况

（一）广州经济持续稳定高质量发展

1. 广州经济在新冠肺炎疫情考验中展现了更强的韧性

2021年，广州坚持稳中求进的总基调，新冠肺炎疫情得到有效管控后，刺激经济增长、确保生产复苏的政策效应仍在显现。全年，广州实现地区生产总值（初步核算数）28231.97亿元，按可比价格计算，较2020年增长8.1%。其中，第一产业实现增加值306.41亿元，增长5.5%；第二产业实现增加值7722.67亿元，增长8.5%；第三产业实现增加值20202.89亿元，增长8.0%。第一、第二、第三产业对经济增长的贡献率分别为0.8%、28.1%和71.1%[①]，第三产业对经济的增长有显著的贡献。目前，广州经济发展和产业结构正向着更合理的方向发展，在新冠肺炎疫情的考验中展现了更强的韧性。

2. 广州居民收入增速高于经济增速

按照世界银行的标准，人均GDP超过1.25万美元（约合人民币8万

---

① 《2021年广州市国民经济和社会发展统计公报》，http://tjj.gz.gov.cn/tjgb/qstjgb/content/post_8154088.html。

元）则被称为高收入国家。广州在 2010 年人均地区生产总值已达人民币
8.5 万元；2021 年广州人均地区生产总值已达到人民币 15.0 万元（见表
1）。可以认为，广州正向发达经济体的标准迈进。[①]

随着广州经济的发展，广州居民也越来越富裕。2015～2021 年，广州城
镇和农村居民人均可支配收入持续增长（见图 1），年平均增长率分别为
8.05% 和 9.99%，而 2015～2021 年广州市人均 GDP 年平均增长率为 4.98%。
2021 年广州城镇居民人均可支配收入为 74416 元，较 2020 年增长 8.95%；
农村居民人均可支配收入为 34533 元，较 2020 年增长 10.45%。2015～2021
年广州城乡居民收入增速稳定，高于广州经济增长速度。

表 1 2015～2021 年广州市人均 GDP

单位：元

年份	人均 GDP	年份	人均 GDP
2015	111060	2019	131400
2016	113400	2020	135047
2017	116051	2021	150366
2018	118511		

资料来源：《广州统计年鉴》（2016～2021），《2021 年广州市国民经济和社会发展统计公报》。

（二）广州居民生活水平处于富裕阶段

1. 居民消费逐年增长，发展型消费比重加大

随着广州经济、居民收入不断增长，广州城乡居民消费水平不断提
高，消费结构持续改善、生活质量显著提升。2021 年，广州城镇居民家
庭人均消费支出 47162 元，增长 6.5%；农村居民家庭人均消费支出
26099 元，增长 13.5%。[②] 可见，广州城乡居民人均消费支出都保持着增

---

① 《人均 GNI 达到高收入国家标准》，《北京日报》，https：//baijiahao. baidu. com/s？ id = 169
5526756761744211&wfr=spider&for=pc，2021 年 3 月 29 日。
② 《2021 年广州市国民经济和社会发展统计公报》，广州市统计局网站，http：//tjj. gz. gov.
cn/tjgb/qstjgb/content/post_ 8154088. html，2022 年 3 月 27 日。

图 1   2015~2021 年广州城镇和农村居民人均可支配收入

资料来源：《广州统计年鉴》（2016~2021），《2021 年广州市国民经济和社会发展统计公报》。

长态势。

2015~2021 年，广州居民支出中属于生存型消费的食品烟酒、衣着、居住三项支出占比从 60.8% 下降至 59.9%，下降 0.9 个百分点；而属于发展型消费的交通通信、教育文化娱乐、医疗保健支出占比从 28.8% 上升至 30.8%，上涨了 2 个百分点（见表 2，图 2）。从以上数据可见，广州居民生存型消费占比总体下降，发展型消费占比呈现总体上升的趋势，总体而言，广州居民消费保持升级态势。广州的恩格尔系数（居民食品支出占总支出的比重）从 2015 年的 32.8% 下降至 2021 年的 31.8%，这在一定程度上反映了广州居民生活水平正处于富裕等级，并向最富裕等级迈进（见图 3）。

2. 城市公共服务水平逐年提升，民生福祉不断改善

得益于广州经济发展水平的不断提高，广州的城市公共服务水平逐年提升。从教育来看，作为华南教育中心，广州教育财政支出占 GDP 比重从 2015 年的 1.65% 增长至 2021 年的 2.08%，在政府社会民生支出各项指标中

表2 2015~2021年广州居民各类消费支出情况

单位：元，%

年份	生存型消费		发展型消费		其他消费	
	支出	占比	支出	占比	支出	占比
2015	22801	60.80	10800	28.80	3900	10.40
2016	24094	60.50	11628	29.20	4102	10.30
2017	24446	60.20	12254	30.10	3937	9.70
2018	25285	60.00	12759	30.00	4137	10.00
2019	26783	59.40	13955	31.00	4311	9.60
2020	27234	61.50	12890	29.10	4159	9.40
2021	28259	59.90	14547	30.80	4355	9.30

资料来源：根据《广州统计年鉴》（2016~2021）、《2021年广州市国民经济和社会发展统计公报》数据计算所得。

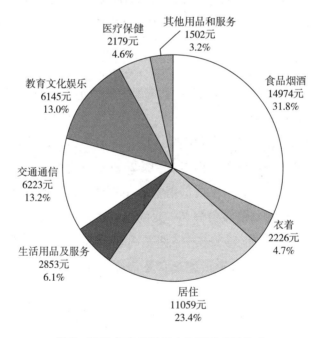

图2 2021年广州居民人均消费支出构成

一直保持第一。从公共医疗来看，广州作为华南医疗高地，居民的健康指标持续位居全国前列。2021年，广州居民人均期望寿命达到83.18岁，高于

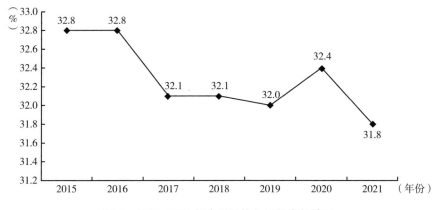

图3　2015~2021年广州恩格尔系数变化情况

资料来源：《广州统计年鉴》（2016~2021），《2021年广州市国民经济和社会发展统计公报》。

全国水平（77.3岁）。从社保支付水平来看，广州居民预测每月最高可领取养老金1482元，居于全国前列。

（三）广州劳动人口比重下降，就业形态呈集聚性与新变化

1. 人口总量持续增长，但劳动人口比重下降

受益于全国大量青壮年流动人口的持续迁入，广州人口总量近年来一直保持增长态势。2011~2021年，广州市劳动年龄人口总量增加了422.26万人，增长40.6%。[①]但从人口结构来看，人口老龄化程度不断加深。2020年广州户籍人口中60岁及以上人口占比已达18.27%，65岁及以上人口占比已达13.01%，接近中度老龄化。随着老龄化程度的加深，广州劳动年龄人口占市总人口比重下降了3.6个百分点。

2. 就业的集聚性和行业分布发生新变化

随着经济社会发展，广州的就业人口更加集中于第三产业。2020年，广州第一产业的就业人数占比从2015年的7.75%减少至5.04%；第二产业

---

① 资料来源：根据《广州统计年鉴》，广州市第五次、第六次、第七次人口普查，广州市2005年和2015年全国1%人口抽样调查数据整理所得。

的就业人数占比从 2015 年的 35.38% 下降至 22.51%；第三产业的就业人数占比从 56.87% 上升至 72.45%（见表 3）。分行业来看，增幅最大的前四个行业分别为金融业（6.95 个百分点），租赁和商务服务业（6.25 个百分点），建筑业（3.40 个百分点），信息传输、软件和信息技术服务业（3.06 个百分点），变化的就业构成与广州的产业发展趋势基本一致。

表 3　2015 年、2020 年广州市人口就业行业构成比例

单位：%

行业	年份	
	2020	2015
第一产业	5.04	7.75
第二产业	22.51	35.38
第三产业	72.45	56.87
农、林、牧、渔业	5.27	7.76
工业	16.08	32.32
建筑业	6.54	3.14
批发和零售业	16.56	19.56
交通运输、仓储和邮政业	5.12	5.58
住宿和餐饮业	4.67	5.90
信息传输、软件和信息技术服务业	5.47	2.41
金融业	8.39	1.44
房地产业	4.59	3.13
租赁和商务服务业	9.69	3.44
科学研究和技术服务业	5.17	2.16
水利、环境和公共设施管理业	0.69	0.75
居民服务、修理和其他服务业	2.46	4.32
教育	3.47	3.54
卫生和社会工作	2.14	1.62
文化、体育和娱乐业	1.08	0.82
公共管理、社会保障和社会组织	2.62	2.12

资料来源：《广州统计年鉴》（2016、2021）。

另外，随着新的社会阶层和新兴就业群体不断涌现，体制外就业的规模日益增长，外卖小哥、快递小哥、滴滴司机等灵活就业群体快速壮大，广州居民的就业形态呈现新的分化。广州市人力资源和社会保障局的统计显示，截至2020年12月，广州市灵活就业人员的就业登记期末有效数达14.77万人，相比2020年3月底增加37.65%。灵活就业正成为疫情之下稳就业的重要渠道。①

（四）广州社会情绪整体稳定，居民幸福感较高

近年来，广州居民社会心态呈现积极向上的态势，广州居民有着较高的幸福感。在新华社发起的"中国最具幸福感城市"②调查中，广州多次进入"中国最具幸福感城市"总榜前十名。③ 2021年，广州黄埔区获得该榜单的"企业家幸福感最强市（区）"称号，并首次获评为"企业家幸福感最强区"。④ 2020年，广州天河区、黄埔区同时获得"中国最具幸福感城区"称号，广州成为唯一一个有两个城区进入"中国最具幸福感城区"榜前十位的城市。

2020年初以来，新冠肺炎疫情对全球经济社会发展造成一定影响，但广州居民的社会情绪总体平稳。调查研究显示⑤，新冠肺炎疫情对广州居民的社会心态与幸福感、安全感影响有限。从调查数据来看，相比于2018年，2022年新冠肺炎疫情影响了广州居民的幸福感，但影响程度有限；各方面的安全感全面提升，医疗服务质量获得感显著提升，社会焦虑情绪整体有所下降。相比"十三五"时期，2022年广州居民对房价上涨、未来预期及社会治安相关的焦虑情绪下降显著。

---

① 《广州鼓励引导灵活就业人员参保，精准服务大学生就业》，广州日报大洋网，https://news.dayoo.com/gzrbrmt/202102/09/158543_53792225.htm。
② "中国最具幸福感城市"评选活动由新华社《瞭望东方周刊》《瞭望智库》联合主办，自2007年以来，评选活动已成功举办14年，具有较大的社会影响力。
③ 《广州日报》，https://baijiahao.baidu.com/s? id=1707660143969361938&wfr=spider&for=pc。
④ 《中国改革报》，https://baijiahao.baidu.com/s? id=1683749360630494546&wfr=spider&for=pc。
⑤ 苗兴壮：《2022年广州社会心态及受疫情影响情况调查报告》，《领导参阅》（内刊）2022年。

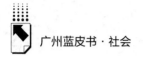

二　2021年广州社会发展各领域情况分析

（一）就业状况基本稳定，技能人才培训效果明显，劳动力市场较景气

1. 新冠肺炎疫情冲击背景下就业状况总体基本稳定

就业乃民生之本，也是社会稳定的重要基石。2021年广州经济社会均受到新冠肺炎疫情的冲击，在此背景下，为稳就业保就业以筑牢民生之基，广州实施就业扩容提质"定心"工程，出台了暖企稳岗"就业3.0版25条"扩就业政策举措。其中，广州作为广东省唯一实施以工代训政策的城市，为受疫情影响的6万多家企业发放18.84亿元补贴。"粤菜师傅""广东技工""南粤家政"三项工程也取得明显实效。多项政策叠加使得2021年广州累计新增城镇就业人员163.83万人，完成年度任务的152.5%，整体就业状况保持基本稳定。

2. 强化技能人才培训带动就业效果突出

技能人才是助力广州经济高质量发展的重要因素。2021年广州聚焦先进制造业和现代服务业，围绕企业产业转型升级所需，通过企业新型学徒制培训的方式开展职业技能提升行动，组织企业院校联合培养技能人才近万人，累计发放培训补贴185.8万人次。以"粤菜师傅"为例，共计培训认定超4.9万人次。全年培训家政人员9.6万人次，完成年度任务的240.96%，带动19.26万人就业；同时，认真做好第46届世界技能大赛备战，共计42名选手入选30个项目，入选人数和入选项目均位居全国前列。在广东省第二届职业技能大赛中，广州金牌数和奖牌数也列全省首位。

3. 人才吸引力不断提升，重点群体就业有保障

近年来，广州强化科技创新发展，整体实力明显提升，"自然指数—科

研城市"全球排名①从 2018 年的第 25 位攀升至 2022 年的第 14 位。② 创新实力的增强离不开优质人才队伍的建设。2021 年,广州拥有在穗工作两院院士 119 名,包括钟南山院士、徐涛院士、赵宇亮院士等一大批科学家。共计发放 1.1 万张人才绿卡,引进人才 7.28 万人,人才增幅达 32.6%。在做好创新人才引入的同时,紧抓重点群体就业。2021 年帮扶城镇失业人员 18.14 万名,就业困难人员再就业 6.65 万名,分别完成年度任务的 172.76%、153.23%。广州生源高校毕业生就业率达 95%。此外,为灵活就业人员搭建线上线下灵活就业专场招聘会 194 场次,提供 13.40 万个就业岗位。

4. 城镇登记失业率保持下降趋势,劳动力市场较好

作为衡量经济社会发展的重要指标之一,城镇登记失业率一直备受关注。2015~2021 年,广州城镇登记失业率维持在 1.90%~2.53%,2021 年为 2.22%,较之 2020 年下降 0.31 个百分点,同时低于全国水平(3.96%)(见图 4)。这也充分说明尽管广州经济社会受到新冠肺炎疫情的冲击,但在多项有针对性的暖企援企政策出台后,广州稳岗位保就业工作取得成效。

(二)深化教育改革创新,进一步提升教育质量和教育治理水平

1. 推动教育改革创新,激发教育事业发展生机活力

广州坚持推动教育公共服务的改革创新,不断健全教育体制机制,不断满足居民对优质教育资源的需求,努力推进形成全面、协调、高质量发展的教育格局。为此,广州出台实施《广州市教育事业发展"十四五"规划》

---

① "自然指数—科研城市"是由英国《自然》杂志增刊《自然指数—科研城市》发布,以"自然指数"为主要衡量指标,评价全球各大城市科研状况。其中,"自然指数"显示的是全球各大城市在 82 本高质量自然科学期刊上的科研论文产出,一个由知名科学家组成的独立委员会根据期刊的声誉,在各自研究的领域挑选出这些期刊。"自然指数"主要采用论文数、贡献份额这两种科研产出计算方法。

② 《千年商都广州:建设南沙重大战略性平台,引领推动大湾区高质量发展》,《广州日报》,https://baijiahao.baidu.com/s? id = 1737106245 288697766&wfr = spider&for = pc,2022 年 7 月 1 日。

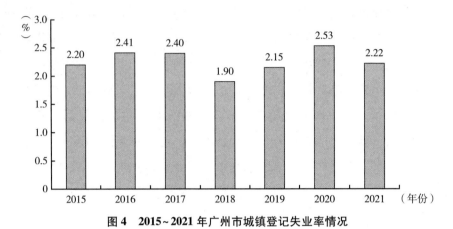

图4　2015~2021年广州市城镇登记失业率情况

资料来源：《广州统计年鉴》（2016~2021），《2021年广州市国民经济和社会发展统计公报》。

《广州教育现代化2035》等多个教育事业规划和政策文件，立足于教育领域发展的新情况新问题，明确了"十四五"时期广州教育领域的八大主要建设任务：一是坚持促进学生的全面发展；二是打造专业化教师队伍；三是加强基础教育的平衡性；四是增强职业教育与城市发展需求的适应性；五是提升高等教育竞争力；六是提高教育国际化水平；七是建设智慧教育示范区；八是坚持深化教育领域改革。这些任务和目标将为广州构建公平卓越、活力创新、开放包容的教育新体系打下坚实的基础。

2. 统筹推进教育治理体系和治理能力现代化

广州响应党中央对完善中国特色社会主义教育体系的最新要求，不断推进教育治理体系和治理能力现代化。一是推进"双减"政策试点。出台《关于做好减轻义务教育阶段学生校外培训负担工作的通知》《关于切实减轻义务教育阶段学生作业负担提高教学质量的通知》等政策，以"三提（提高课堂教学质量、作业设计质量和学生身体素质），两优（优化校内课后服务和作息安排），一少（减少考试次数）"为主要举措，建立作业公示制度、实行作业时间控制、实施"零起点"教学，实现作业管理制度和课后服务"两个全覆盖"，相关做法和经验获得全国推广。二是加强平安校园建设。广州将强化校园安全列入2021年广州"十件民生实事"，开展专项行动提升中小学幼儿园整体安全水平，全市学校安全管理机构和专职安全工作人员、专职保安员配备率达到100%。市、区两级学校视频监控联网接入市监控平台完成率、封闭式管理等33项指标100%达标。[①] 三是大力规范民办教育。大力开展民办学校转公办学校、民办学校与公办学校脱钩工作，全市75所公办学校举办或者参与举办的民办义务教育学校中，已完成规范9所、完成更名42所、签订脱钩协议11所。四是从严规范校外培训。出台《广州市校外培训机构预收费监管办法》等16份政策文件及若干措施，义务教育阶段学科类校外培训机构转型非营利机构、持证机构预收费资金监管、出台学科类培训政府指导价等三项工作均提前完成。五是持续推进教育领域的立法工作。2021年，广州根据学前儿童的发展趋势和实际需要，实施新的《广州市幼儿园条例》；《广州市学校安全管理条例》已经通过市人大审议，为保障学校安全、维护学校正常的教育教学秩序提供法律依据。

3. 以居民需求为导向着力解决教育领域的热点难点问题

广州积极回应居民诉求，下大力气解决群众反映的教育领域的热点难点问题。一是持续推进广州基础教育优质均衡发展。巩固学前教育"5080"攻坚成果，2021年，广州增加公办幼儿园学位约4.75万个、普惠性幼儿园学位约6.36万个，公办园在园幼儿占比53.43%、普惠性幼儿园在园幼儿占比88.18%、规范化幼儿园在园幼儿占比97%。二是引进和扩充优质基础教育资源，助力打造粤港澳大湾区教育高地。2021年，广州积极推进义务教育标准化学校建设，全市义务教育阶段学校基本达标。清华附中湾区学校已经开始首批招生，进一步满足天河区居民对优质中小学教育资源的需求。华南师范大学附属中学黄埔校区、广东实验中学白云校区、广雅中学花都校区、执信中学天河校区、市第六中学花都和从化校区均取得不同程度的建设进展。2021年，广州新增教育集团25个，获评省优质教育集团培育对象21个，示范性高中学位占比超过85%。三是深入推动教育公平发展。适龄残

---

① 数据来源：《2021年广州市十件民生实事如期完成》，南方+公众号，http://static.nfapp. southcn.com/content/202201/12/c6124258.html。

障儿童少年义务教育安置率已达 99%，番禺区获评省级随班就读示范区，全市获评特殊教育示范学校、优质特殊教育资源中心等省级示范项目 11 个，省级特殊教育精品课程 7 门。按"一区一案"实现外来务工人员随迁子女就读义务教育阶段公办学位（含政府购买民办学校学位）占比达 85.6%，同时进一步提升公办高中招收外来务工人员随迁子女的比例。四是推动职业教育提质增优。广州通过内涵式建设，不断提升职业教育质量。2021 年，广州市、区属职业院校新成立职教集团（联盟）8 个，新增国家级、省级示范性职业教育集团各 1 个，全市累计成立职教集团（联盟）28 个，实现市属职业院校集团化办学全覆盖；10 所学校入选省高水平中职学校建设（培育）单位，共建省高水平专业群 20 个，入选学校数和专业群数均居广东省首位，新增省重点中职学校 5 所。①

（三）医疗卫生服务水平不断优化，人民健康水平持续提高

2021 年，广州市卫生健康事业获得长足发展，医疗资源投入不断加强，深化医药卫生体制改革出新出彩，有效抗击新冠肺炎疫情，有力推进健康广州，人民健康水平持续提升。

1. 持续加大医疗资源投入，有力推动医疗服务提质增效

2021 年，广州市持续加大医疗资源投入，医疗资源总量保持稳定增长，华南地区医疗中心地位稳固，城市卫生健康信息化发展指数排名全国第一，城市 15 分钟、农村 30 分钟卫生服务圈已基本建成。②

截至 2021 年底，广州市共建成医疗卫生机构 5814 个。其中，医院 291 个，基层医疗卫生机构 5332 个，专业公共卫生机构 88 个，其他机构 103 个。与 2020 年相比，广州市医疗卫生机构总数增加 264 个，增长 4.76%。2021 年末，广州市共有三级医疗机构 76 家，其中三甲机构 42 家，复旦版全国百强医院保持 9 家，排名前十专科数量增至 40 个。与 2020 年底相比，

---

① 数据来源：广州市教育局《2021 年广州教育工作总结和 2022 年工作要点》。
② 《广州卫健委今年推进 20 项重点工程》，《广州日报》，https：//news.dayoo.com/gzrbrmt/202202/28/158562_ 54206635.htm，2022 年 2 月 28 日。

广州市三级医疗机构增加5家，其中三甲机构增加4家。2021年末，广州市医疗机构共拥有床位10.65万张，其中医院床位9.71万张。与2020年底相比，医疗机构床位总量增加0.49万张，增长4.82%。①

图5　2015~2021年广州医疗卫生机构、医疗机构床位、医院床位数量

资料来源：广州市卫生健康委员会《2021年广州市卫生事业发展情况》，http：// wjw. gz. gov. cn/xxgk/sjtj/content/post_ 8210789. html，2022年4月25日。

2021年末，全市医疗卫生机构在岗职工达到22.73万人，占全省总量的21.39%。在岗职工中，卫生技术人员共18.77万人，其中执业（助理）医师6.62万人，注册护士8.80万人，医护比为1：1.33。2021年末，全市共有全科医生4785名，比上一年度增长10.89%。本科以上学历卫生技术人员占比60.12%，比上一年度增加1.99个百分点。高级以上职称卫生技术人员占比1.54%，比上一年度增加0.76个百分点。

2021年，全市医疗机构总诊疗人次为1.44亿人次，住院人次为328.80万人次，住院病人手术人次为243.07万人次。2021年，全市医疗机构病床使用率为75.51%，其中，医院为77.17%，乡镇卫生院为54.80%，社区卫生服务中心为50.65%。全市医疗机构出院者平均住院日为8.93日，其中，

---

① 本部分数据除特殊说明外，均来自《2021年广州市卫生事业发展情况》，广州市卫生健康委员会，http：//wjw. gz. gov. cn/xxgk/sjtj/content/post_ 8210789. html，2022年4月25日。

图6 2015～2021年广州医疗机构卫生技术人员数

资料来源：广州市卫生健康委员会《2021年广州市卫生事业发展情况》，http：//wjw.gz.gov.cn/xxgk/sjtj/content/post_ 8210789.html，2022年4月25日。

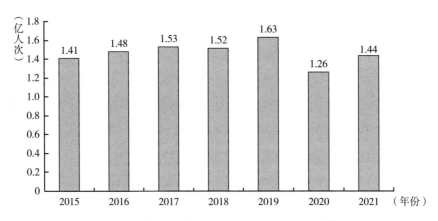

图7 2015～2021年广州医疗机构门诊服务量情况

资料来源：广州市卫生健康委员会《2021年广州市卫生事业发展情况》，http：//wjw.gz.gov.cn/xxgk/sjtj/content/post_ 8210789.html，2022年4月25日。

在医院平均住院日为9.08日，乡镇卫生院7.85日，社区卫生服务中心18.42日。2021年，全市医院医师日均担负诊疗8.95人次，人均担负住院1.79个床日，乡镇卫生院医师日均担负诊疗10.91人次，人均担负住院

图8 2015~2021年广州医疗机构住院服务量情况

资料来源：广州市卫生健康委员会《2021年广州市卫生事业发展情况》，http://wjw. gz. gov. cn/xxgk/sjtj/content/post_ 8210789. html，2022年4月25日。

0.63个床日；社区卫生服务中心医师日均担负诊疗15.74人次，人均担负住院0.23个床日。

2. 医疗卫生体制改革持续深化，加快构建创新型医疗保障制度

广州持续深化医疗卫生体制改革，有序有效推进公立医院综合改革、加强医疗保障体系、重大疾病防控和公共卫生体系建设等重点工作。[1]

广州在全国率先成立政府主导、专业支撑、部门协同、全社会参与的市、区、街（镇）和社区（村居）四级公共卫生委员会。这一公共卫生委员会办公室设在市卫生健康委，下设8个防治专项小组，有效联系各区及市委市政府55个部门。截至去年底，全市11个区、175个街（镇）和2738个村（社区）均参照市级模式相继成立了公共卫生委员会。通过这一体系，将公共卫生工作有效地融入日常工作中，积极推动各行各业各部门建立综合治理、齐抓共管的新格局。

广州统筹推进常态化疫情防控和医疗保障事业高质量发展，加快构建以

---

[1] 广州市卫生健康委员会：《广州市2020年度综合医改考核圆满完成》，http://wjw. gz. gov. cn/gkmlpt/content/7/7211/post_ 7211191. html#562，2022年4月8日。

促进健康为导向的创新型医疗保障制度。广州市印发实施《广州市深化医疗保障制度改革实施方案》,达成的主要成效包括创新开展"穗岁康"商业补充健康保险试点,进一步提供普惠共享的医疗保障;稳步提升医疗保障的覆盖率和待遇水平,确保医保基金充足稳定运行;积极贯彻落实国家组织药品集中采购和使用工作;完善异地就医直接结算服务,推进门诊异地就医直接结算;深入推进长期护理保险制度试点;基于大数据的按病种分值付费改革继续在全国领先;国家医保智能监控示范点创建以优秀的成绩通过评估验收;顺利上线国家医保信息平台,为全国医保信息化建设做出了扎实贡献①。

3. 加强重点人群服务,保障人口全周期生命健康

广州坚持以人民为中心的发展思想,努力构建全周期人口服务管理体系,积极加强妇女、儿童、职业人群、老年人、残疾人等重点人群健康服务。2021年广州市居民健康素养水平升至34.54%,比2020年提升4.09个百分点,孕产妇死亡率、婴儿死亡率都达到有记录以来最低水平。广州市居民健康水平持续提高,2021年全市居民人均预期寿命为83.18岁,其中男性80.43岁,女性86.01岁②。

2021年,广州市家庭发展与老龄健康工作围绕着"优生优育、老有颐养、幼有善育、弱有众扶"的目标,提升"一老一小"服务能力,积极营造生育友好、家庭友好的社会氛围。广州推动的主要工作包括积极促进3岁以下婴幼儿照护服务事业发展、依法实施三孩生育政策及出台配套措施、开展创建"全市托育示范机构"、促进托育工作立法、积极推进医养结合和老年人优待等。截至2021年底,全市开展托育服务的机构949家,可提供托位4.9万个,每千常住人口托位数达2.6个,有关数量质量居全省第一③。

广州全力推进落实健康广州行动年度计划任务,推进实施职业健康保护

---

① 广州市医疗保障局:《市医保局召开2021年度工作总结会议》,https://www.gz.gov.cn/zfjg/gzsylbzj/bmdt/content/post_ 8039311.html,2022年1月21日。

② 广州市卫生健康委员会:《2021年广州市卫生事业发展情况》,http://wjw.gz.gov.cn/xxgk/sjtj/content/post_ 8210789.html,2022年4月25日。

③ 广州市卫生健康委员会:《凝心聚力开新局　奋发有为起好步》,http://wjw.gz.gov.cn/gkmlpt/content/8/8137/post_ 8137750.html#562,2022年3月16日。

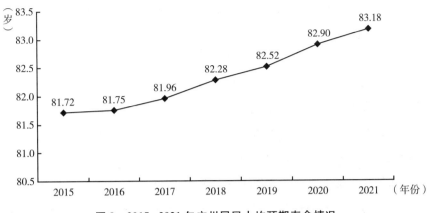

图9　2015～2021年广州居民人均预期寿命情况

资料来源：广州市卫生健康委员会，《2021年广州市卫生事业发展情况》，http：//wjw. gz. gov. cn/xxgk/sjtj/content/post_ 8210789. html，2022年4月25日。

行动工作，贯彻执行《国家职业病防治规划（2021-2025年）》，实施《广州市落实"六个一"加快推进实施职业健康保护行动工作方案》①，主要举措包括组织开展广州市2021年职业病防治法宣传月活动，发动全市各区面向重点人群开展系列宣传，深入开展职业健康知识"七进"活动，召开首届健康企业羊城论坛、职业健康示范企业经验交流大会、相关技术论坛和学术活动，打造"专业引领、蓝盾护航，守卫健康"的精准普法品牌等。②

（四）社会保障制度弹性增强，对发展中的不确定性风险起到有效化解作用

1. 积极适应灵活就业人员需求，失业保险、工伤保险等政策相继落地

近年来，新产业、新业态的迅猛发展催生出大量的灵活就业岗位。灵活

---

① 广州市卫生健康委员会：《健康广州行动推进委员会办公室关于印发〈广州市落实"六个一"加快推进实施职业健康保护行动工作方案〉的通知》，http：//wjw. gz. gov. cn/zdlyxx/ggws/content/post_ 7396661. html，2021年7月23日。
② 广州市卫生健康委员会：《打工必看｜"工伤"分为10大类132种！这些"职业病"，你有吗？》，https：//static. nfapp. southcn. com/content/202104/23/c5156367. html，2021年4月23日。

就业人员规模日渐庞大，已经成为社会保障制度安排中不可忽视的群体。在《广东省灵活就业人员参加失业保险办法（试行）》（粤人社规〔2021〕31号）指引下，目前，广州参加失业保险的灵活就业人员囊括了依托电子商务、网络约车、网络送餐、快递物流等新业态、新平台实现就业，但未与平台或机构等相关企业建立劳动关系的人员，以及无雇工的个体工商户等。针对首次参加失业保险的灵活就业人员，以其参保前灵活就业12个月的平均收入申报失业保险缴费基数（不足12个月的，则按照实际就业月数的平均收入申报缴费基数），失业保险费率标准为1%。符合条件的灵活就业人员失业后，按月领取失业保险金的标准为广州最低工资标准的90%，即2300元/月×90%＝2070元/月。①

此外，根据广东省《关于单位从业的超过法定退休年龄劳动者等特定人员参加工伤保险的办法（试行）》（粤人社规〔2020〕55号）规定，广州市于2021年4月1日起施行新业态工伤保险政策。截至11月，广州包括新业态从业人员在内的特定人员参加工伤保险人数为18.34万人。与此同时，广州尝试突破户籍限制，推行非本市户籍就业人员凭在穗就业登记证明等资料在本市参保工作，有效解决新业态从业人员参加养老保险的问题。截至2021年11月，灵活就业人员在穗参加企业职工养老保险33.46万人，其中，非本市户籍灵活就业人员2.44万人。②

2. 继续贯彻落实"稳就业""保就业"部署，延续减负稳岗降费等措施

2020年以来，新冠肺炎疫情形势依旧严峻。广州认真贯彻落实党中央"稳就业""保就业"的决策部署，着力为企业纾困减负。具体措施包括：第一，继续实施普惠性失业保险稳岗返还政策。对不裁员、少裁员、符合条件的用人单位，大型企业按不超过企业及其职工上年度实际缴纳失业保险费

---

① 《好消息！广州市灵活就业人员可自愿参加失业保险》，广州市人力资源和社会保障局，http://rsj.gz.gov.cn/zwdt/tzgg/content/post_8055131.html，2022年1月27日。

② 《广州市加强对网约车司机、外卖小哥、快递员等群体劳动权益保障》，广州市人力资源和社会保障局，http://rsj.gz.gov.cn/zwdt/gzdt/content/post_7996314.html，2021年12月30日。

的30%返还，中小微企业按不超过60%返还。① 第二，继续放宽技能提升补贴申领条件。技能提升补贴申领条件放宽至企业在职职工参加失业保险1年以上。第三，继续实施困难人员培训生活费补贴和就业见习补贴提前发放政策。第四，做好毕业生基本就业、升学入伍、创业扶持等工作。②

此外，广州还通过阶段性降低保费的方式为企业减负。在失业保险方面，浮动费率原缴费系数为0.6的下调为0.4，原缴费系数为0.8的下调为0.6。在工伤保险方面，在实施省级统筹基准费率标准和继续执行费率浮动办法的基础上，各用人单位的工伤保险缴费费率统一阶段性下调50%。截至2021年8月，阶段性降低失业保险费率为企业减负41.59亿元，阶段性降低工伤保险费率为企业减负12.14亿元，两者累计为企业减负53.73亿元。与此同时，失业保险还加快落实保险金发放工作，对参保缴费满1年、非因本人意愿中断就业、已办理失业登记并有求职要求的失业人员，及时足额发放失业保险金，代缴基本医疗保险费。截至2021年9月15日，累计发放失业补助金25.09万人，发放金额7.65亿元，有效保障了失业困难人员基本生活。③

3. 落实普惠共享发展理念，城乡居民基本养老保险待遇持续提高

《广州市人民政府办公厅关于印发〈广州市城乡居民基本养老保险实施办法〉的通知》（穗府办规〔2021〕8号）对广州城乡居民养老保险做出新规定，与原有政策相比，新办法提高了个人缴费标准，执行年标准360元、600元、900元、1200元、1800元、3600元、4800元七个档次，集体补助标准随同调整、标准一致，政府补贴比例不变，累计政府补贴每人最高可达

---

① 《惠企纾困稳就业保民生　广州市累计发放失业保险稳岗返还3.30亿元》，广州市人力资源和社会保障局，http://rsj.gz.gov.cn/zwdt/gzdt/content/post_ 7984172.html，2021年12月24日。

② 《广州市人力资源和社会保障局等5个部门转发关于延续实施部分减负稳岗扩就业政策措施的通知》，广州市人力资源和社会保障局，http://rsj.gz.gov.cn/zwdt/tzgg/content/post_ 7725263.html，2021年8月8日。

③ 《社保惠企纾困政策精准发力　广州稳就业保民生成效显著》，广州市人力资源和社会保障局，http://rsj.gz.gov.cn/zwdt/gzdt/content/post_ 7804802.html，2021年9月23日。

2.16 万元（以第一档为例）。对于特困人员、低保对象、低收入困难家庭成员、重度残障人员、精神和智力残障人士等 5 类困难群体，最低个人缴费标准同步提高为 360 元/年，由政府代缴。参保人可按新办法规定的新标准，一次性提高原个人缴费和集体补助标准。参保人缴费、集体补助，政府的补贴全部记入参保人城乡居保个人账户，并按规定计息。按照新办法测算的广州城乡居民基本养老保险缴费标准和养老金水平如表 5 所示。

表5　广州城乡居民基本养老保险缴费标准和养老金水平预测

类别	筹资标准(元/年)				缴费15年的个人账户合计(万元)(未计利息)	年满60周岁且累计缴费15年预测可领养老金(元/月)	
	个人缴费	对应政府补贴	集体补助	对应政府补贴		养老金合计(未考虑基础养老金提高)	其中个人账户养老金
第一档	360	420	360	300	2.16	392	155
第二档	600	600	600	420	3.33	477	240
第三档	900	780	900	480	4.59	567	330
第四档	1200	870	1200	480	5.625	642	405
第五档	1800	960	1800	480	7.56	781	544
第六档	3600	960	3600	480	12.96	1169	932
第七档	4800	960	4800	480	16.56	1428	1191

说明：1. 城乡居民养老保险待遇由基础养老金和个人账户养老金组成。基础养老金由财政全额出资，缴费年限超过 15 年的，每超过 1 年，月基础养老金加发 6 元。参保人领取的养老金水平，与其缴费（补助）水平、缴费年限、个人账户计息、领取养老金年龄等因素密切相关。

2. 本表的"缴费 15 年的个人账户合计"是指参保人和村集体按同一档次缴费（补助）15 年、未考虑个人账户计息的个人账户储存额合计；在此基础上，预测年满 60 周岁可领取的养老金，其中基础养老金，按 2020 年标准 237 元/月测算（今后将按国家和省安排稳步提高）。

资料来源：《广州市人民政府办公厅关于印发广州市城乡居民基本养老保险实施办法的通知》政策解读，《增城日报》，http://zcrb.zcwin.com/content/202108/18/c172374.html，2021 年 8 月 18 日。

根据表 5 预测，若参保人选择第一档缴费水平，则个人缴费 360 元/年，对应政府补贴 420 元/年。若参保人村（居）集体经济组织给予缴费补助，按照 360 元/年标准缴费，政府对应补贴 300 元/年。累计缴费满 15 年后，个人账户合计2.16万元（未计利息）。参保人60岁后领取的养老金由基础养老金和个人账户养老金两部分组成，以2020年基础养老金标准测算，参保人每月可领取养老金392元。

4. 创建全国示范性老年友好型社区，医养结合服务质量建设开新篇

广州市老龄委于2021年3月印发《广州市关于开展全国示范性老年友好型社区创建实施方案》，正式启动全国示范性老年友好型社区创建工作。该项工作作为积极应对人口老龄化国家战略的一项具体举措，在各区政府负主体责任的同时，把创建工作纳入经济社会发展规划及区党委、政府的重点工作任务中。一是通过建立多渠道资金筹措机制，将示范社区建设所需资金和工作经费纳入财政预算，以保证经费投入；二是建立健全跨部门的协调机制，调动老龄委各成员单位积极性，研究制定相关配套政策措施，及时解决工作中遇到的困难和问题。在国家卫生健康委老龄司公布的2021年全国示范性老年友好型社区中，广州市海珠区沙园街道广重社区等7个社区（村）上榜。

从2021年起，广州市卫生健康委员会开展医养结合机构服务质量建设专项行动工作方案，切实提升广州医养结合机构服务质量和水平。该方案强调医养结合机构服务标准化建设，在制度安排、服务流程、工作指引、人才队伍建设、信息化建设、示范机构创建、监管机制等方面做出了具体的规定。① 此外，为解决老年人照护需求评估质量参差不齐、标准不一、流程不一等问题，广州市卫健委、市医保局、市民政局、市残联等四部门共同印发出台了《广州市老年人照护需求综合评估管理办法（试行）》，对评估定义、评估对象、评估主体、评估规范、评估程序、评估费用、监督管理等事项进行了统一和明确，为进一步提升医养结合机构服务质量打下了基础。

5. 信息化赋能改善社保业务经办效率，提升企业和群众办事满意度

为提升社保业务经办效率，改善社保经办服务体验和效能，广州市人社

---

① 广州市卫生健康委员会关于印发《关于开展医养结合机构服务质量建设专项行动工作方案》的通知，广州市卫生健康委员会，http://wjw.gz.gov.cn/gkmlpt/content/7/7062/post_7062962.html#558，2021年2月2日。

局等部门分别针对企业用户和居民用户优化社保经办业务办理流程。针对企业用户，广州市人社局采取免企业申请、政府部门大数据比对、优化经办流程等做法，对符合条件的用人单位进行批量主动发放失业保险稳岗返还金。广州人社局还根据社保业务经办实际，打破业务属地化办理的传统模式，全面梳理纳入"全市通办"的高频服务事项，明确通办事项和通办时间，有计划、分批次稳步推进更多高频社保业务实现"就近可办、异地可办"，"跨层级、跨区域"无差别办理。

针对居民用户，一是更新办事指南和办事流程，让办事群众对通办服务事项和办理流程"一目了然"；二是对标对表全国先进地区，结合社保服务"快办行动"，进一步整合事项、优化流程、精简材料、压缩时限，规范落实社保服务告知承诺制，推动数据共享和远程认证，在材料齐全基础上做到"一次办好"；三是充分实现社保业务"网上办""预约办""不见面办"，推动更多社保事项实现全流程网办，及时分流核心区现场业务经办量，减少群众轮候时间。[①]

（五）城市治理能力不断增强，市域社会治理现代化成果显著

2021年，广州以推进全国市域社会治理现代化试点工作为抓手，持续优化城市治理体系和推进治理能力现代化，全力打造市域社会治理现代化示范城市。试点创建各项工作有序有效推进，在突出党建引领、协同共治、改革创新等方面成果显著，可复制、可推广的"广州样本"正加快形成。

1. 加强党建引领，创新基层治理模式

一是加强基层党建。在2021年里，广州制定符合民生领域办实事项目清单1732项，织密建强党组织，优化提升全市176个镇（街）、2759个村（社区）党群服务阵地承载力，建成"城市15分钟党群服务圈"。[②] 此外，

---

① 《助力营商环境优化，广州市实现30项社保业务全城通办》，广州市人力资源和社会保障局，http://rsj.gz.gov.cn/zwdt/gzdt/content/post_ 7975230.html，2021年12月20日。

② 《广州：老城市焕发新活力》，澎湃新闻，https://www.thepaper.cn/newsDetail_ forward_ 14641867，2021年9月24日。

广州还积极探索创新基层工作方法，坚持"一网格一支部"要求，将推动网格支部建设和加强党建工作力量紧密相连，充分发挥"网格+支部"管理模式的优势，推动基层社会综合治理党建工作，引领基层治理。①

二是党建引领基层社会治理创新。广州南沙区在2021年中国社会治理百强县（市、区）评选中脱颖而出获得第一，构建了"令行禁止、有呼必应"的党建引领体系、"政企""企企"红联共建机制，推动建立"党支部+网格化+智能化"工作机制，实现基层党建与基层治理深度融合，把党的政治优势转化为社会治理效能，提升党建引领能力。② 广州天河区以党建引领汇聚治理力量，首创"七力凝聚"模式，建立"天河中央商务区南区联合党委"，推动组建"两新"党组织247个，夯实基层战斗堡垒，目前实现75栋楼宇、2个大型商圈党的组织和工作全覆盖，持续提升基层治理能力。③

2. 提高治理精准化水平，通过打造"红棉指数"探索市域治理新思路

为了提高社会治理"精准化"水平，广州从2021年开始，打造市域社会治理"红棉指数"。"红棉指数"注重发挥政治引领、法治保障、德治教化、自治强基、智治支撑5方面作用，重视统筹党委领导、政府负责、群团助推、社会协同以及公众参与的社会治理体制④，充分发挥湾区资源集聚优势，利用媒体大数据，从需要精准化打造的领域监测社会治理风险，以此来保障社会的稳定发展。"红棉指数"通过打造"5+1"监测指标体系，监测全市11个行政区来提升整体治理水平。首期"红棉指数"以2021年度为监测时段，设置29项二级指标、132项三级指标，采集18个市直部门共

---

① 《广州探索超大城市党建引领基层治理现代化新路径》，九派新闻，https：//baijiahao.baidu.com/s？id=1713494291678864152&wfr=spider&for=pc，2021年10月13日。

② 《广州南沙区社会治理成果发布！解码社会治理高质量发展的"南沙方案"》，《深圳特区报》，http：//k.sina.com.cn/article_ 1893278624_ 70d923a002000ygem.html，2022年1月6日。

③ 左晓斯、张桂金：《基层社会治理"七力凝聚"模式及其启示——基于广州市天河区的经验》，《社会治理》2021年第10期。

④ 《广州：打造市域社会治理"红棉指数"，以"小指数"撬动"大治理"》，上游新闻，https：//www.cqcb.com/guangdongsheng/2022-05-23/4892779_ pc.html，2022年5月23日。

1452 条官方数据，抓取超过 9 万条舆情数据，通过严密的最终数据计算、分析，形成监测报告。通过"红棉指数"的有效建立，深度挖掘了基层社会治理的各领域优势，在大数据的科学分析、专家精准的研判、客观的治理指标基础上助力广州市域治理工作。

3. 打造法治城市标杆，信息化赋能法律服务"最后一公里"

一方面，广州持续以法治建设推动市域治理出新出彩。一是统筹法治保障领域工作，推出社会工作服务条例、物业管理等地方性法规和政府规章。二是持续优化营商环境，以法治支持市场主体高质量发展，至今已建成 3 个粤港澳大湾区法律服务集聚区、2942 个公共法律服务实体平台。三是继续深化"放管服"改革，强化基层治理，累计取消市级行政权力 290 项、市级证明事项 384 项。① 四是在全国率先建成 5G 诉讼服务体验区，首创"广州公法链"，强化科技赋能。

另一方面，广州大力发展"互联网+法律服务"模式。依托实体平台资源，同步推出"羊城慧调解"移动客户端、"天河区法治宣传"等线上服务纾解民困，实现法治宣传、法律咨询、法律援助以及人民调解等综合业务实时查询、便捷受理。实现公共法律服务"网上办""指尖办""马上办"，着力打通公共法律服务"最后一公里"。② 同时，在全市法院和调解机构实现 ODR（智能线上解纷平台）全覆盖，提供智能评估、类案智能推送、在线调解等 13 项解纷功能。

4. 健全立体化社会治安防控体系，提升协同共治水平

一方面，围绕"防风险、保安全、护稳定、战疫情"的方针有效推进平安广州建设，构建"警情、指挥、巡逻、视频、卡口、网络"六位一体立体化社会治安防控体系，持续提升市民安全感。在打击刑事犯罪方面，广州警方实现快侦快破，全市接报刑事警情同比下降 13.3%；在打击电信网

---

① 《广州：全力打造市域社会治理现代化示范城市》，南方网，https：//news. southcn. com/ node_ 73b3c7a22e/c3c9433dd3. shtml，2022 年 5 月 22 日。
② 左晓斯、张桂金：《基层社会治理"七力凝聚"模式及其启示——基于广州市天河区的经验》，《社会治理》2021 年第 10 期。

络诈骗方面，侦破网络诈骗案件同比上升 39.8%，全市电诈警情同比下降 18.7%，立案同比下降 25.8%，实现警情和案件同比"双下降"，成功拦截诈骗转账资金 1.7 亿元；在打击经济金融领域犯罪方面，广州警方深入推进护航金融"利剑 2021"专项行动，维护市场环境与人民财产安全；在打击毒品犯罪方面，全年共侦破毒品案件 658 宗，刑事拘留 1219 人，缴获毒品 890 公斤，全面强化了广州的禁毒防线。[①]

另一方面，广州持续推进"广州街坊"群防共治队伍建设。广泛发动市民群众参与基层社会治理共建共治共享，凝聚起基层社会治理的强大力量，形成具有广州本土特色的新时代城市群防共治队伍。截至 2021 年，已培育"广州街坊"群防共治队伍 451 支，在册成员 52 万多名，组织开展活动 272583 场。同时，广州积极动员"广州街坊"等力量群防共治，依托"综合网格+专业警格"，共建成最小应急处置单元 2.3 万个。[②]

5. 夯实社会治理基层基础，坚持网格化创新试点工作

一是广州不断深化社区网格管理。自 2014 年 10 月全面启动城市社区网格化服务管理工作以来，广州社区网格建设不断完善。2017 年市内网格管理从城市社区延伸至农村社区，实现城乡全覆盖。2021 年，广州持续推进"综治中心+网格化+信息化"建设，规范镇街综治中心实体化运作，进一步打造以综治中心为依托、以综合网格为单元、以信息化为支撑的社会治理基础工作体系。目前全市共划分 20849 个综合网格，共配备综合网格员 21099 人，基本实现"一格一员"或"一格多员"原则。"数字广州基础应用平台"（DGS）不断完善，目前能运行 109 项网格事项，实现事项处理流程

---

① 《不断提升人民群众安全感　建设更高水平平安广州　广州公安晒出 2021 年"成绩单"》，广州市公安局官方百家号，https://baijiahao.baidu.com/s？id = 1727640704094522949&wfr=spider&for=pc，2022 年 3 月 18 日。
② 《广州政法 2021 成绩单：52 万"广州街坊"参与群防共治，刑事治安警情逐年下降》，搜狐网，https://www.sohu.com/a/522026838_100116740，2022 年 2 月 11 日。

"闭环管理"。①

二是广州持续推进网格化创新试点工作。萝岗街道制定出《基层社会治理和网格化试点工作方案》，成立基层社会治理和网格化创新试点工作领导小组，通过"1+1+N"新型网格组织架构与信息化管理相结合的形式，实现网格精细化管理，推动网格化服务管理体系和网格化服务管理能力现代化。②

6. 社区服务日益完善，"慈善之城"建设成效显著

到 2021 年，广州发展社会工作事业已经有 12 年，市、区累计投入 45 亿元，投入规模和总量稳居全省、全国前列；社会工作服务机构数量多质量高结构优；形成了社工服务"社区综合+专项服务"的发展路径，持证社工超 2.7 万人③。社工在融入疫情防控、民生保障、社会治理等社区服务领域方面，提供了精细化专业化服务。与此同时，广州社区服务设施建设也根据民生需求调整加强，社区服务设施数从 2015 年的 2203 个增长到 2020 年的 3396 个，增幅达 54.2%。社区服务中心（站）亦逐年递增，从 2015 年的 1304 个增长到 2020 年的 2956 个，增长了 126.7%，社区服务的基础建设日益完善。

2021 年，"慈善之城"建设成效显著，广州举办了首个"羊城慈善月"活动，在全市范围内开展 30 多项重点慈善活动。广州公益慈善事业在发展过程中聚焦疫情防控、基层党建以及脱贫攻坚等社会重点领域，探索出"党建+慈善"的创新模式，积极打造"红心向党、善心为民"慈善惠民服务特色项目，全市慈善组织累计开展"我为群众办实事"活动约 7200 场次，服务群众超 190 万人次。④

---

① 广州市来穗人员服务管理局：《广州市网格化服务管理"十四五"规划》，http://lsj.gz.gov.cn/gkmlpt/content/7/7938/mpost_ 7938840.html#821，2021 年 11 月 30 日。
② 《广州市黄埔区萝岗街多措并举提升基层社会治理能力》，http://www.mzyfz.com/html/1099/2022-01-28/content-1553243.html，民主与法制网，2022 年 1 月 28 日。
③ 《广州社会工作：12 年累计投入 45 亿元，"社区综合+专项服务"发展》，中国公益新闻网，http://www.cpwnews.com/content-24-50230-1.html，2022 年 1 月 18 日。
④ 《2021 广州慈善十件大事揭晓》，https://www.csgyb.com.cn/news/redian/20220128/32277.html，慈善公益网，2022 年 1 月 28 日。

三　广州社会发展面临的问题与挑战

（一）就业形势不容乐观，结构性就业矛盾长期存在，劳动保障亟须完善

1. 中小微企业受疫情冲击明显，总体就业形势不容乐观

2021年广州经济社会受新冠肺炎疫情冲击明显，经济增长呈现出波动态势，虽然新增就业人数超额完成年度目标任务，但是鉴于疫情对中小微企业影响明显，房屋租金各类成本上升、原材料成本上涨、消费预期减弱等不利因素叠加，诸如旅游业、住宿业、餐饮业等服务行业的部分中小微企业倒闭致使失业人数上升，消费市场的低迷也造成失业人员再就业难度增加。此外，部分外资企业的转移也加剧这一困境。受疫情影响，广州劳动力市场受到一定冲击，就业增长不稳定，公众对就业形势的信心不足。

2. 结构性就业矛盾存在，"就业难"和"招工难"长期并存

结构性就业矛盾并非广州特有，属于全国普遍现象。其中，"就业难"主要体现在部分高校毕业生就业难度加大。高校毕业生规模逐年扩大，而高等院校的教育模式、专业设置与市场需求匹配度不够高，出现部分"高学历、低技能"现象，从而造成了部分高校毕业生就业难问题。"招工难"则是由于高技能人才紧缺。广州技能人才求人倍率长期高于1.5，高技能人才甚至高达2.0。技能人才占劳动人口比重仍较低，明显低于德国、日本等制造业强国。"十四五"时期，广州将加大产业转型升级和科技创新步伐，对技能人才尤其是高技能人才的素质提出了更高的要求，届时高质量劳动力短缺的结构性矛盾可能会更加突出。

3. 灵活就业人员的劳动保障仍不健全，影响新业态新模式发展

新冠肺炎疫情对线下实体经济的冲击较大，由此带来了平台经济、共享经济等新业态线上经济的迅猛发展，催生出较大规模的灵活就业群体，如快递员、骑手、网约车司机等。在灵活就业群体逐渐壮大的同时，其劳动权益却无法得到保障。灵活就业是近年来伴随着新业态经济涌现出的新就业形

式,在国家、地方层面关于灵活就业的社会保障、劳动权益保护的政策法规不完善不健全,使得灵活就业人员的劳动保障权益处于真空状态。灵活就业人员收入稳定性较差,导致其不愿意主动参与社会保险,这进一步让其劳动权益丧失必要保护。因此,完善劳动保障政策是当务之急。

(二)优质教育资源供给与居民需求依然有差距

1.基础教育发展不平衡不充分现象依然存在

目前,广州的基础教育仍存在学校发展区域布局不合理、硬件师资资源配置不均衡的现象。学校布局和硬件方面,以天河区为例,天河区东部、北部的教育资源配置明显落后于天河区的其他区域,发展相对滞后,教育部门举办的幼儿园与村集体举办的幼儿园、公办幼儿园与民办幼儿园在师资配备、硬件设施配置等方面均存在一定差异;优质学校和薄弱学校之间,名牌学校和普通学校之间,公办学校和民办学校之间,民办学校内部的资源配置也存在较大差异。[1] 师资方面,近年来,国家先后颁布了《关于全面深化新时代教师队伍建设改革的意见》《深化新时代教育评价改革总体方案》等文件,对打造高素质专业化创新型教师队伍提出了明确要求,而且高考综合改革、高中实施走班制、广州新中考方案落地实施,均对教师队伍的数量和素质有着更高要求,但广州当前部分行政区的教师队伍建设与这些改革发展要求仍有距离。以番禺区为例,目前,番禺区的临聘教师数占在编教师总数1/4,影响了教师队伍的稳定;名师、骨干教师数量占比不足10%,[2] 而越秀区市、区级骨干教师数量却分别达546人和802人;区级名校长、名教师、名班主任、教坛新秀过千人。[3]

2.职业教育的办学质量、规模和水平有待进一步提升

一是广州部分中职学校办学条件尚未达到国家相关政策要求。2021年,

---

① 天河区政府:《广州市天河区教育事业发展"十四五"规划(征求意见稿)》,2022年4月25日。
② 番禺区政府:《广州市番禺区教育事业发展"十四五"规划》,2022年7月20日。
③ 越秀区政府:《广州市越秀区教育事业发展"十四五"规划》,2022年1月29日。

广州中等职业学校（市区属）生均占地面积 27.98 平方米，生均校舍面积 19.73 平方米，分别低于教育部规定的生均 33 平方米和生均 20 平方米。2019 年，50 所市属学校中，有 7 所市属学校因硬件条件无法满足招生要求而停止招生，在校生人数超过 3000 人的学校不足 10 所。[①]

二是广州职业教育的专业设置对接城市产业发展需求有待进一步优化。目前，广州职业院校产教融合建设仍处于起步探索阶段，校企合作仍停留在表面，合作方式单一，企业参与学校教学程度不高。职业院校专业布局结构与城市产业结构的联动机制尚未完全建立，基于重点产业发展需求的专业动态调整机制尚待完善，专业建设一定程度上滞后于产业发展，可能导致专业布局结构与产业需求的错位。[②]

三是中高职教育协调发展有待进一步提升。中高职教育协调的政策有待进一步健全，如高职院校的招生规模不能完全覆盖中等职业学校毕业生，广州学生在市内升学的需求无法完全满足。中高职专业设置契合度低，课程设置和专业训练缺乏相互衔接。

3. 高等教育办学水平和影响力有较大提升空间

目前，广州有 82 所高校，数量在全国城市中排列第三，研究生和本专科在校生人数合计在全国城市中排列第一。[③] 但广州市本级的优质高等教育资源较少，在市属高校中，仅有广州医科大学的"临床医学"进入第二轮一流学科名单，总体实力与同为一线城市的北京、上海有较大差距。研究生教育规模偏小，2021 学年两所市属本科院校（广州大学、广州医科大学）在校研究生 9750 人，仅占广州市属高校在校生人数的 7.39%，与这两所院

---

① 李媛：《2019 年广州中等职业教育发展状况分析与展望》，载于《广州教育发展报告（2020-2021）》，社会科学文献出版社，2021。
② 广州市教育局：《广州市中等职业教育质量年度报告（2022）》，http：//jyj. gz. gov. cn/gkmlpt/content/7/7989/post_ 7989077. html#244。
③ 《广州在校大学生人数全国第一，透露了什么信息?》，南方+公众号，http：//www. infzm. com/contents/206839。

校的发展定位有差距。① 另外，广州高等学校的国际影响力不足，留学生教育尚处于起步阶段，数量规模较小，人才吸引力不足，与广州市的国际城市地位尚有差距。②

（三）医疗卫生资源供给有待进一步平衡，综合性支持仍需提升

1. 优质医疗资源布局不够均衡，医疗资源供给结构有待完善

在 2021 年针对广州医疗资源供给结构展开的调查中③，发现广州居民对医疗资源供给最强烈的期待集中在"降费"和"提质"两方面，而其中中老年群体对优质医疗资源诉求明显高于其他群体；广州医疗卫生资源分布存在明显差异，造成不同区居民对医疗卫生服务诉求产生明显分化。这表明，现阶段广州市医疗卫生服务体系整合协作有待加强，发展不平衡不充分的问题仍然存在，资源配置结构不尽合理，优质医疗资源布局仍不均衡，基层服务品质仍需持续提升。

2. 医疗卫生体制改革仍需深化，人民群众急难愁盼问题有待解决

"十四五"阶段，深化医疗卫生体制改革工作仍存在难点、痛点、堵点问题，一些深层次体制机制矛盾尚未完全破解。现阶段，随着经济社会发展，人民群众日益增长的医疗卫生服务需求仍未得到完全满足，改革的系统性、整体性、协同性仍有待增强。目前广州医疗卫生机构发展方式仍比较粗放，区域性医疗中心能级有待提升，公立医院高质量发展仍有待推进，以健康为中心、全方位全周期的健康服务体系有待健全，基层服务品质仍需加强，卫生健康科技创新策源力亟待提高。

3. 综合性支持政策不足，家庭"一老一小"照顾资源紧张

随着人口老龄化以及生育政策调整，群众对覆盖全生命周期的人口服务

---

① 根据广州大学和广州医科大学 2019~2021 年招生简章上的计划招收博士、硕士研究生数量估算。
② 李小娃：《2004~2019 年广州普通高等教育发展状况分析与建议》，载于《广州教育发展报告（2020~2021）》，社会科学文献出版社，2021。
③ 广州市社会科学院社会研究所课题组 2021 年重大课题研究成果《以居民医疗需求为导向，优化广州医疗资源供给结构研究》，未公开发表。

体系提出了新需求。研究指出，随着老龄化和少子化的同步加剧，原有的家庭内代际互助方式已难以维持；现有照顾政策对家庭照顾资源支持不足，使得当家庭照顾资源在"老"和"小"之间分配存在结构性紧张之时，往往向"小"倾斜而忽略了"老"①。现阶段，广州医养结合发展还不够协调，积极生育支持政策体系不够完善，生育和照顾成本实际上主要由家庭承担。面对这一现状，在肯定家庭在照顾方面的独特价值的同时，通过完善系统性的政策支持，让全社会共同分担养育和照顾的成本，为家庭赋能，使之能更好地化解人口结构变化带来的压力。

（四）新时代社会保障制度发展面临多元风险叠加的挑战

1. 信息化时代对建立在传统用工方式上的社会保险制度发出挑战

信息化社会的来临使平台经济得到快速发展，国家信息中心发布的《中国共享经济发展报告（2021）》显示，2020年中国从事数字平台经济的企业员工数631万人，依赖数字平台经济提供服务的人数增长至8400万人②，数字平台经济从业人员数量庞大，成为社会保障制度制定时必须关注的群体。信息化时代改变了传统的劳动用工形式，极大地冲击了以工业社会为基础建立起来的社会保险制度。由于信息化时代催生出大量不以传统雇佣劳动关系为特征的工作岗位，因此依据稳定劳动关系建立的社会保险出现参保资格模糊化、缴费主体隐匿化、项目设计融合化、社会保险待遇谈判虚化等新挑战。③ 从企业角度看，平台企业的轻资产模式使其在维护劳工权益方面具有天然的规避性，不与其骑手、外卖员、快递员等建立雇主和雇员关系就能够规避劳动关系责任；从灵活就业者角度看，社会保险参保质量不高，

---

① 钟晓慧、彭铭刚：《养老还是养小：中国家庭照顾赤字下的代际分配》，《社会学研究》2022年第4期，第93~116页。

② 国家信息中心：《中国共享经济发展报告（2021）》，国家发展和改革委员会官网，https：//www.ndrc.gov.cn/xxgk/jd/wsdwhfz/202102/t20210222_1267536_ext.html，2021年2月22日。

③ 高和荣：《人工智能时代的社会保障：新挑战与新路径》，《社会保障评论》2021年第3期。

社会保险断保现象频发、保险政策存在空白等问题也使灵活就业者陷入参保困境。① 面对上述问题，社会保险制度亟待突破劳动关系的传统身份限制，保障灵活就业人员的劳动权益。

2. 人口老龄化呼唤延迟退休政策尽快落地

全国第七次人口普查结果显示，我国60岁及以上人口为2.64亿，占总人口的18.7%；65岁及以上人口1.91亿，占总人口的13.5%，处于"轻度老龄化阶段"。预计到"十四五"末期，我国60岁及以上老年人口规模将达到3亿，进入"中度老龄化阶段"。"七普"数据显示，广州全市常住人口中，60岁及以上人口为213.06万，占11.41%；65岁及以上人口为146.03万，占7.82%。由于人口老龄化可能带来消费能力降低、劳动力供给能力下降，社会保障制度压力增大等后果，所以老龄问题已成为不得不重视的重大民生问题。国务院印发的《"十四五"国家老龄事业发展和养老服务体系规划》，明确提出要实施渐进式延迟法定退休年龄。广州人口年龄结构虽然较为年轻，但是也必须利用好这个人口年龄结构的"黄金"机遇期。目前，广州人均预期寿命已经高达82.9岁，超过国家70岁的平均水平。低龄老年人具有较强的劳动能力，也有参加工作的愿望，开发低龄老年人力资源将有利于应对人口老龄化问题，避免人才资源浪费，同时也能够促进养老金收支平衡，缓解社保支付压力。

3. 新时代养老服务体系亟须迈向高质量发展新阶段

随着人民群众对美好生活的向往日益强烈，"十四五"时期我国迎来了养老服务高质量发展的关键阶段。目前来看，养老服务体系发展不平衡不充分问题依然比较突出。在养老服务供给端，养老服务资源总量、结构和标准等方面存在不平衡不充分问题，进而导致养老服务在多数地区出现形式大于内容、服务项目缺乏定位、服务频次低等问题。② 从需求侧看，老年人的消

---

① 王立剑：《共享经济平台个体经营者用工关系及社会保障实践困境研究》，《社会保障评论》2021年第3期。

② 杨翠迎、刘玉萍：《养老服务高质量发展的内涵诠释与前瞻性思考》，《社会保障评论》2021年第4期。

费需求呈现升级态势，逐渐从满足基本的生活照料需求向多层次、多样化、个性化的需求转变。那些经济基础较好、有着较高受教育程度的老年人更加追求物质上好品质、精神上高品位的养老服务。广州作为国家中心城市，粤港澳大湾区核心引擎之一，必须准确、高效地落实国家积极应对老龄化战略，通过构建广州特色的"大城市大养老"模式，在强调家庭、社区、机构协调养老服务供给的过程中，更好地满足人民群众对美好生活的需要。

（五）社会治理体制机制有待优化，城市治理水平有待提升

1. 动员协调机制仍需完善，多元化主体参与合力尚未形成

首先，在社会治理的过程中，因基层政府受到某些固化思想的影响，基层治理拘泥于行政命令，存在机械化的管理思维，弱化了基层政府的治理效能。其次，政府行政能力与效率仍有提升的空间，多头管理、部门间协同力度不足等情况仍然存在，基层司法人员、执法队伍能力有待提高。再次，虽然基层干部在疫情防控、防灾救灾工作中起到重要作用，但是基层干部往往因为缺乏完善的补贴、激励、晋升等保障机制，其工作积极性和主动性受到抑制。最后，广州社会治理体制在专业化、法治化、智能化等方面逐渐形成了符合超大城市特点的治理模式，但是治理中仍出现对体制内人员的依赖性过高、基层干部工作负担较重等现象，不能满足社会治理参与主体多元化、高标准的需求。

2. 社会组织参与社会治理的扶持和引导机制有待完善

广州近五年来社会组织数量持续增长，但同时其管理能力也受到挑战。广州在构建"共建共治共享"新格局的同时，要运用好社会组织的力量，激发社会组织的活力。但是，目前服务型政府职能转变仍未彻底，社会组织在参与社会治理的过程中，往往受制度制约，缺乏应有的地位与话语权，难以与政府部门形成健康的合作关系，针对社会组织进行引导的法律法规仍有待完善。在此背景下，虽然社会组织弥补了政府在公共服务供给上的不足，但因为缺乏完善的扶持和引导机制，社会组织参与基层治理难以长久。

3.人文资源运用不足，文化的社会治理功能有待发挥

广州是千年商都、岭南文化的发源地，同时也是改革开放的前沿城市，新老文化交融让广州有丰富的历史文化资源可以活化利用，但是在广州社会实践中人文资源对基层治理的推动只停留在表层，不少人文资源暂时无法起到促进文化认同的作用，难以形成行动力与社会治理体系相配合。人文资源的开发水平影响居民的主人意识，继而影响人民群众参与社会治理的积极性与主动性。因此，在市域治理视角下，居民作为社会治理主体的文化认同仍需要进一步培养。

4."全周期管理"意识有待加强，公共服务供给矛盾仍然存在

首先，广州在基层治理的过程中"全周期管理"意识有待加强。在多元化主体治理格局逐渐形成的今天，部门之间仍缺乏协同合作，加上多元治理主体本身发展的局限性，缺乏政府引导而造成"无序参与"的局面，这给基层治理带来了一定的难度。其次，长期以来的城乡二元结构是社会治理的痛点和难点，二元结构所引起的治安、生产安全、公共服务、人居环境等问题在一定程度上制约了治理水平的提升。再次，社会愈发重视经济水平的提高无疑加快了城市化的进程，然而社会资源的供求矛盾也日趋突出，如公共服务资源的供给水平、供给质量、公共服务均等化等问题给社会治理带来了考验。①

四　2022年广州社会发展的展望与对策建议

（一）面对严峻复杂的就业形势，"多方联动+多措并举+创新思路"稳就业

1.加快经济转型升级提高就业质量，实施更为有力的稳就业政策

一是促进新旧动能转换。重点围绕数字经济，加快科技创新，加速传统

---

① 陈科霖、胡淑昀、曾林妙：《超大型城市治理现代化的全周期管理路径研究——基于北上广深的比较》，《特区实践与理论》2021年第3期。

行业改造升级，推动传统产业向数字化、智能化、低碳化方向发展，催生更多新产业、新业态，逐步提高就业人员素质要求，从而提高就业质量。二是面对新冠肺炎疫情对广州实体经济的较大影响，广州出台了一系列针对中小微企业的暖企稳岗扩就业政策措施，取得了明显的效果。疫情对就业的负向影响将在未来一段时间内仍存在，实体经济下行压力增大，部分劳动群体失业风险增加，再就业难度加大，收入不稳定性增强。因此，应建立更为有力的常态化援企稳岗帮扶政策体系，按照受疫情影响程度，针对不同的企业和劳动者分别出台减税降费、减免租金、缓缴社会保险、银行贷款适当展期等"组合拳"政策，精准施策，帮扶企业和劳动者共渡难关。

2. 多方联动拓宽就业渠道，抓好重点群体的就业工作

一是适度扩大研究生招生规模，从而缓解疫情背景下高校毕业生就业压力。通过财政补贴、税收减免等方式鼓励企业扩大高校毕业生招聘规模。二是围绕企业人才需求，完善"互联网+职业技能培训"。充分运用数字化技术，按行业、按工种、按技能等级，聚焦企业紧缺工种需求，开展远程线上技能培训，提高劳动者技能水平，及时应对疫情防控常态化下可能出现的就业需求反弹，为广州产业健康可持续发展夯实技能人才基础。三是加大对初创型企业在融资、用地等方面支持力度，拓宽基层就业空间。四是积极推动"互联网+"就业服务模式，为用人单位、求职者搭建多元化线上线下职位对接平台，定期组织线上双选会等在线招聘，为求职者提供更多就业资讯、就业服务。

3. 创新劳动关系认定，健全完善灵活就业人员社会保障机制

一是"工会+行业协会"共同发力，创新完善劳动关系认定，保障灵活就业人员劳动权益。基于平台经济涉及的劳动用工类型、劳动契约、工资支付、工作时间等相关信息，制定针对灵活就业人员的劳动权益保护标准。充分发挥工会和行业协会的组织桥梁作用，构建集体协商对话机制，切实保障灵活就业人员劳动权益。二是匹配新业态需求，健全完善社会保障机制。认真落实健全多层次社会保障体系的目标，加快推动灵活就业人员社会保障机制建立。在对灵活就业人员开展诉求调查的基础上，创新完善灵活就业人员

广州蓝皮书·社会

参保缴费制度，维护好其劳动权益。三是强化就业形势监测分析。构建制度化、动态化的广州就业形势研判分析机制，及时监测其就业失业状况，建立健全"预测预警+分级响应+多方联动"的失业风险防控体系，完成好稳就业目标。

（二）建设现代化教育体系，提升教育高质量发展水平

1. 加强经费投入和办学机制探索，保障学前教育学位供给

一是加强学前教育财政经费投入。进一步优化普惠性幼儿园的财政投入结构，逐步实现普惠性民办幼儿园财政投入向公办幼儿园倾斜。健全公办幼儿园办园成本分担机制，统筹制定各类各级幼儿园的财政补助和收费政策，合理确定分担比例。二是不断扩大公办幼儿园和普惠性幼儿园的学位供给。积极推进住宅小区配套的幼儿园建设，通过新建、改建和扩建园区，大力改善公办和部分薄弱民办幼儿园的办园条件。三是探索多元办园机制。鼓励有条件的街道、村集体、国有企事业单位、机关、中小学等单位创新体制机制，举办公办幼儿园。① 实行"优质园+"办园模式，完善优质园结对帮扶薄弱园、农村园、民办园机制，扩大优质学前教育资源覆盖面。

2. 推进中小学教育优质均衡特色发展，不断提升基础教育质量

一是持续优化基础教育的资源配置。按照广州城市空间总体规划、人口空间分布以及人口结构变化趋势，不断完善中小学校的布局规划。加强对学龄人口变化的持续监测、分析，建立完善学校学位预警机制，适当超前地规划部署建设中小学校，增强优质基础教育资源的辐射力度。二是通过创建义务教育优质均衡发展区，促进各区进一步提升办学条件，尤其是全面改善相对薄弱学校的办学条件。进一步推进城乡学校的合作共建机制，努力形成区域、城乡和校际共建共享优质教育资源的格局。三是促进中小学特色发展。支持学校立足自身办学历史、办学实际、校园文化特色等，以构建校本特色

---

footnote① 刘霞：《广州学前教育发展状况分析与展望》，载于《广州教育发展报告（2020-2021）》，社会科学文献出版社，2021。

课程为核心,打造一批具有鲜明特色的文理工科、科技、艺术、体育等特色学校,落实和扩大各级各类学校的办学自主权,促进中小学校的自主、特色发展。

3.深化职业教育领域改革,推进中高等职业院校融合发展

一是大力改善中职学校的硬件条件,通过经济保障、政策倾斜等途径,提升薄弱学校的办学能力。二是以广州"十四五"规划和产业规划为牵引,建立中高等职业院校专业动态调整机制。建立健全职业学校专业建设动态调整的机制和规范,确立专业动态调整的原则、周期、标准等,提升中高等职业院校专业能力。三是深化中高等职业院校一体化办学,建立健全市属中高职院校集团化办学模式,通过系统性改革,推进中高等职业院校深度融合发展。

4.优化高等教育资源建设,推进高校内涵式国际化发展

一是逐步扩大市属高校的招生规模。加快现有市属高校的规模扩大和新建高校的筹建进度,尤其是适当扩大研究生教育的规模,以适应广州大学、广州医科大学等国家"双一流"高校建设。二是加快推进市属高校学科内涵式发展。面向"十四五"规划,广州进一步推进理科、工科、农科、医科等学科的建设,坚持学科实力与特色优势并重、综合性研究大学与特色性专业高校并行的办学理念,进一步完善学科专业结构,瞄准国内外科学技术、社会科学前沿,全面系统地推进学科专业建设。三是推进高等教育国际化建设。引进国内外知名高校来穗办学,扩大留学生规模和提高留学生质量,利用在穗的知名高校建设广州经济社会发展所需的技术创新和智库平台。

(三)持续深化医疗卫生体制改革,加强建设全方位家庭支持系统

1.加强基层医疗机构能力建设,提升群众就医获得感

面对居民对医疗资源"提质、降价"的诉求,应以提高医疗质量和效率为导向,推动优质医疗资源扩容和均衡布局,并促进医疗资源高地向周边地区辐射与带动,巩固"顶天立地"医疗卫生大格局,实现医疗健康服务

体系从数量规模扩张的粗放型发展转变成质量效益提升的集约式发展。具体措施包括促进医疗资源均衡布局、健全医康护养服务体系，通过加强基层医疗机构与上级医院资源共享和流通巩固基层服务网底，全面加快医疗高地建设、提升医疗质量与服务水平。

2. 深化医药卫生体制改革，完善基本医疗卫生服务

在进一步深化医药卫生体制改革过程中，需坚持基本医疗卫生事业公益属性，保持改革的系统性、整体性和协同性，使人人享有公平可及、系统连续、优质高效的基本医疗卫生服务。根本措施是完善基本医疗卫生制度，主要措施则包括加快健全分级诊疗体系、推动公立医院高质量发展、完善全民医保制度、健全药品供应保障制度、强化医疗卫生行业综合监管等。

3. 细化针对家庭的政策支持，建立多主体托育与照顾共担体系

在人口变动趋势短时间内难以改变的情况下，通过建立完备、协调的家庭支持政策，提升对人口的吸引力。一方面，完善针对家庭的政策支持系统。从家庭整体需求出发，统筹促进"一老一小"家庭支持政策与教育、税收、住房和公共服务等社会政策的有效衔接，通过差异化的政策工具为不同类型家庭提供有针对性的支持，促进所有家庭平等发展。另一方面，建立合理的多主体养育和照顾成本共担机制。通过完善长期护理保险、普惠养老等"一老"政策和育儿假、生育补贴、普惠托育等"一小"政策，建立完善的照顾服务和托育服务体系，让政府、用人单位、家庭、个人共同承担家庭支持政策所带来的成本，给企业减负，为男女平等提供保障。

（四）坚持以人民为中心，推动社会保障事业可持续发展

1. 持续完善推动灵活就业群体加入社会保险制度的顶层设计

大部分灵活就业者特别是平台就业者由于劳动关系模糊、就业方式灵活而未进入社保体系，劳动权益也难以得到有效保障。对此，需要政府积极介入，根据灵活就业人员的特点创新社会保险参与模式。特别是在参保服务、转移衔接、兜底保障等方面提出切实可行的办法。除了在已经实行的工伤保险和失业保险中要进一步鼓励灵活就业人员参保外，养老保险将是未来另一

个推动参保扩面的重要险种。相比于城镇职工养老保险，我国城乡居民养老保险待遇水平较低，参加城乡居民养老保险很难享受到充分的保障，因此应积极鼓励和推进灵活就业者加入保障水平更高的职工养老保险。

2. 凝聚社会共识，酝酿出台并逐步落实延迟退休政策

人社部"十四五"规划要求推进延迟退休政策实施后，江苏人社厅印发《企业职工基本养老保险实施办法的通知》，其中明确提到，经本人申请、用人单位同意，报人力资源和社会保障行政部门备案，参保人员可推迟退休，推迟退休的时间最短不少于一年。陕西省2022年政府工作报告也明确提到"落实延迟法定退休年龄政策"。可见，渐进式延迟退休年龄等应对措施的出台必须在"十四五"期间提上日程。延迟法定退休年龄的具体时间安排和制度设计需要结合省、市具体情况，按照"小步调整"原则，配套做好待遇计发激励机制等细化工作。此外，延迟退休需要夯实民意基础，汇聚社会更多共识，减少推行阻力。对此，我们要树立积极的老龄化观念，营造健康的社会氛围。对于低龄、健康的老年人更要创造良好的社会环境助力他们平等地参与经济社会活动。

3. 多措并举，促进养老保障体系协同高效集成发展

养老保障体系协同高效集成发展是一项复杂的系统工程。在养老保险方面，要在城乡间、区域间、人群间继续缩小待遇差距，增强退休金的再分配功能，构建包括基本养老保险、职业年金补充保险、商业保险等多层次的养老保障体系，在保证老年人获得稳定可靠的经济来源的同时，也能够分享经济发展成果，并适度提升老年人退休后的生活水准。在养老服务方面，首先，政府做好兜底、保基本的基本养老服务供给，特别是对有特殊困难的老人要加以政策倾斜，如低保老人、"三无"老人、"五保"老人、失独老人等。其次，要着力解决老年人最关注的医养结合和长期护理问题，探索引入社区嵌入式医养机构，优化社区的医疗卫生服务资源配置，让老年人可以在社区中就近获得基本医疗服务和长期护理照顾。最后，对于具有一定养老服务消费能力的老人，可以鼓励他们通过市场化手段获得更高层次、有品质的养老服务。

（五）优化市域社会治理运行机制，推动超大城市治理现代化

1. 优化社会治理运行机制，构建高效基层治理模式

高质量市域社会治理需要构筑良好的政策与制度环境，促成高效机制的建立，畅通治理的实施过程。一是完善多元化治理主体机制。通过政策和制度的支持，赋予不同的社会群体参与社会治理合法的地位与话语权。改变固有的治理思路和行政风格，通过相互合作实现共同治理，提供更好的服务，建立多方合作网络，减轻基层政府压力，突破行政命令治理的局限。二是明确治理重心下沉基层，放权街道与社区，落实党群服务中心运行机制，发挥党建的引领作用以及基层组织的优势。① 三是健全政府各部门的协同机制，避免多头管理，提高行政效率，同时完善针对基层管理和执法的法治体系。四是坚持以人为本，搭建资源整合平台，通过建立信息共享、快速高效的市域信息管理系统，促进运行机制优化与高效。五是建立健全基层干部的培训机制，提升其专业素质和业务水平。六是持续扩展居民表达意愿的渠道，通过多种手段优化居民参与社区治理机制，完善线上与线下收集建议平台，丰富居民反馈手段，满足居民日益增长的多元需求。七是采取多种措施保障基层干部需求，引导和鼓励基层干部开展文体活动，关注基层干部心理健康，缓解工作压力和紧张情绪，完善补贴、激励、晋升制度，从政策和制度上保障基层干部的福利。

2. 充分发挥社会组织力量，深入推进"社工+"战略

提高社会组织的生命力及参与能力。一方面鼓励和支持合法的社会组织充分发展，健全市、区、街道、社区各级社会组织服务中心架构，通过社会组织服务中心平台孵化引导公益性的基层社会组织，赋予这些组织合法性，加大政府资金支持的同时对公益创投项目给予扶持，建立行业标准、服务规范、权责机制等一系列标准化管理指标，全面助力社会组织健康发展。另一

---

① 曹海军、刘少博：《新时代"党建+城市社区治理创新"：趋势、形态与动力》，《社会科学》2020 年第 3 期。

方面要优化社会组织的制度环境，助力社会组织参与到社区治理实践中来。通过制定相关的法规，保障社会组织服务中心与社会组织的合法地位与权益，同时大力发展公益人才，为社会组织服务中心及社会组织的发展保驾护航。①

继续深入推进精细化的"社工+"战略。一是强化细化社工人才培养，分类引导社会工作专业人才参与基层社会治理，使治理精细化、服务专业化。二是健全行业人才的评价、选拔、晋升、激励、薪酬、待遇保障等机制，完善社工参与社会治理与服务的规章制度。三是在行政上，逐步减少社工机构对政府的依赖，社工机构加强自身资源的建设，加强与各行业的合作与统筹，利用各行业资源的同时保留自身特色。四是政府增加购买社会工作专项服务经费投入，保障社工行业运作，扩大其生存空间。五是推动鼓励社区社工在实践过程中关注民生，建立群众与社工之间的交流反馈机制，不断提升社工服务质量。六是创新社工参与社会治理机制，搭建"社工+"服务平台，多渠道推动社会工作在社会治理中发挥更大的作用。

3.活用岭南文化资源，激发居民参与社会治理积极性

社会治理必须在"法治"与"德治"的双重作用下推进，这是对多年来广州社会治理经验的总结，也是新时期对广州社会治理提出的客观要求。一方面，强化政策支持，重视社会多元价值，大力发展文化产业，修缮传统建筑，促进传统手工业和新文化类产品相结合，形成文创产业链，宣扬社会主义核心价值体系与文化正能量。另一方面，在培育个体的文化认知过程中更应融合醒狮、龙舟、鸡公榄等具有岭南特色的文化元素，使个体在未来的发展中受到传统文化潜移默化的影响，并借此建立文化认同，继而强化居民社会责任感、化解社会矛盾、促进团结互助和睦邻友爱，树立民本意识，从而提升居民参与社会治理的积极性，自觉维护社会公德和社会秩序。

4.坚持"全周期管理"思维，推动超大城市治理现代化

超大城市治理的过程中要建立科学的、系统的发展思维，将"全周期

---

① 崔月琴、张译文：《双重赋能：社区居委会治理转型路径研究——基于X社区社会组织服务中心实践的分析》，《清华大学学报》（哲学社会科学版）2022年第2期。

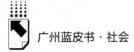
管理"意识引入城市治理的过程中，实现城市治理精细化管理理念和"全周期管理"意识的统一。推动超大城市治理现代化，一是加强党的领导，理清各政府部门的权责关系，理顺管理体制，发挥党的领导以及主心骨的作用，加强党对基层治理参与主体的引导，调动多元主体参与治理的积极性形成向心力。二是强调全周期管理的系统优化思维，优化资源配置，优化城市治理理念，推动城乡一体化。三是重视政治治理、经济治理、文化治理、社会治理以及生态治理"五位一体"的发展，重视群众基础需求以及提供基础服务的重要性，而非盲目发展经济。四是党员干部要清楚"全周期管理"理念，加强学习，树立全局思想，确保社会治理系统高效运转，提升城市治理效能，形成基层治理现代化体制，打破基层治理现代化的困局。①

参考文献

李培林、陈光金、王春光主编《2022 年中国社会形势分析与预测》，社会科学文献出版社，2022。

《2022 年广州市政府工作报告》，2022。

《中共广州市委十一届十六次全会召开》，2021 年 12 月 25 日。

国家信息中心：《我国新经济发展形势分析》，http：//www. sic. gov. cn/News/455/8918. htm。

《广州教育发展报告（2020~2021）》，社会科学文献出版社，2021。

广州市教育局：《广州市中等职业教育质量年度报告（2022）》，2021 年 12 月27 日。

《广州市教育局关于印发 2021 年广州教育工作总结和 2022 年工作要点的通知》，2022 年 3 月 18 日。

《凝心聚力开新局　奋发有为起好步》，广州市卫生健康委员会，http：//wjw. gz. gov. cn/gkmlpt/content/8/8137/post_ 8137750. html#562，2022 年 3 月 16 日。

《广州市卫生健康委关于印发〈关于开展医养结合机构服务质量建设专项行动工作方案〉的通知》，http：//wjw. gz. gov. cn/gkmlpt/content/7/7062/post_ 7062962. html#558，

---

① 《大国小鲜@基层之治 | 在城市治理中落实"全周期管理"意识》，人民论坛网，http：//www. rmlt. com. cn/2020/0923/594298. shtml，2020 年 9 月 23 日。

2021 年 2 月 2 日。

广州市人力资源和社会保障局：《社保惠企纾困政策精准发力　广州稳就业保民生成效显著》，http：//rsj. gz. gov. cn/zwdt/gzdt/content/post_ 7804802. html，2021 年 9 月 23 日。

广州市统计局：《2021 年广州市国民经济和社会发展统计公报》，2022 年 3 月 27 日。

广州市统计局：《广州统计年鉴》（2014~2021 年）。

（审稿人：陈杰）

社会民生篇
Social Livelihood

B.2
基于全国人口普查数据的广州人口
发展趋势及战略建议

宁超乔*

摘　要： 本文基于第六、七次全国人口普查数据的对比，分析十年来广州
市人口发展的新特点和发展态势，预测了广州中长期的人口发展
趋势：到 2025 年，广州常住人口规模持续增大；中长期公共服
务对人口发展有着显著正影响；房地产价格对人口发展有显著负
影响；产业结构的调整对人口的影响较小；生育率变化对常住人
口的调节效果较为有限；未来五年广州将进入老龄化和少子化
"双加速"的转折期。为此，本报告提出了广州加快调整人口发
展战略的四个方向，并提出了急需进行人口服务与管理政策创新
的五个方面：一是加快实施积极前瞻的人口发展战略；二是有序
推进农业转移人口市民化；三是实施以人为核心促进人口协调稳
定发展的政策；四是推动人口红利向人才红利转变；五是构建全

---

* 宁超乔，广州市社会科学院副研究员，研究方向为城市管理、人口管理。

周期高效性实有人口服务管理模式。

关键词： 人口普查 人口发展 人口特征

人口普查十年一次，是最具权威性、最精确、最详细的有关全国及区域全局性人口现状和发展变动情况的基本国情调查，为把握全国及区域的人口情况及变化趋势、制定经济社会发展规划提供重要统计信息支持，对推动人口与经济社会协调发展具有重要而深远的意义。本报告以 2010 年 11 月第六次全国人口普查（简称"六普"）、2020 年 11 月第七次全国人口普查（简称"七普"）数据，以及 2015 年全国 1% 人口抽样调查广州数据、历年统计年鉴人口数据等为支撑，对比研究了广州市十年来人口发展的新特点和发展态势，并对 2025 年的人口总量进行了预测，对影响中长期人口变化的政策和环境因素进行分析，围绕当前急需进行的人口服务和管理政策创新以及未来加快人口服务管理战略性调整等方面，提出对策建议。

一 十年来广州市人口发展的新特点、新趋势

（一）人口高速增长，人口分布向外围扩展

1. 人口高速增长，人口总量在全国总人口中的占比提高0.38个百分点

2010~2020 年，是我国新型城镇化最为快速的十年，全国人口加速向沿江沿海地区、发达地区和城市集聚。广东省是人口迁移和集聚的重点地区，增量规模居全国各省（区、市）的首位，2010~2020 年其人口总量在全国总人口中的占比从 7.79% 提高到 8.93%；作为国家中心城市的广州是重点的人口迁入城市，人口增量达 597.6 万人，增长了 47.05%，人口总量在全国总人口中的占比从 0.94% 提高到 1.32%，增长幅度（0.38 个百分点）仅次于深圳（0.5 个百分点）（见表 1）。根据"七普"数据，2020 年我国城

镇化率已达到63.8%。按照国际经验，当一个国家或地区的城镇化率达到65%左右时，其城镇化增速将逐渐趋缓，城镇化率最终达到70%~80%，但人口持续向一线城市、发达地区集聚的趋势不会改变。广州是全国一线城市，广州人口增长还有一定空间。

表1 2010~2020年国内主要城市常住人口总量及在全国总人口中的占比变化

地区	常住人口（万人）		在全国总人口中的占比（%）		十年来在全国占比变化（个百分点）
	2010年	2020年	2010年	2020年	
全国	133972.5	141177.9	100	100	0
广东省	10430.3	12601.3	7.79	8.93	1.14
广州	1270.1	1867.7	0.94	1.32	0.38
深圳	1042.4	1756.0	0.74	1.24	0.5
北京	1961.2	2189.3	1.46	1.55	0.09
上海	2301.9	2487.1	1.72	1.76	0.04
天津	1293.8	1386.6	0.97	0.98	0.01
重庆	2884.6	3205.4	2.15	2.27	0.12
成都	1511.9	2093.8	1.13	1.48	0.35

资料来源：根据全国第六次、第七次人口普查数据整理。

2. 人口分布趋向均衡①，外围城区人口占比提高6.6个百分点

十年来，广州城市发展速度加快，公共交通体系日益完善，城市框架急速扩大。随着广州城市经济产业布局调整和外围地区公共服务配套的日益完善，在空间分布上，广州人口逐渐由中心城区向外围城区转移，全市人口分布更加均衡。从表2来看，2020年中心城区的荔湾、越秀、海珠、天河区人口总量占全市比重比2010年减少了5.8个百分点，外围城区的白云、黄埔、番禺、花都、南沙、增城六区人口总量占全市比重比2010年增加了6.63个百分点。从化区是广州的生态涵养区，长期以来以控制产业发展为主，2020年人口占全市比重比2010年减少了0.83个百分点。近中心城区

---

① 广州中心城区：荔湾区、越秀区、海珠区、天河区；广州外围城区：白云区、黄埔区、番禺区、花都区、南沙区、增城区；从化区属于生态片区，不包含中心或外围城区。

的白云区是人口迁入的重点区，人口占全市比重从 2010 年的 17.5% 提高到 2020 年的 20.04%，比重增幅最大。

表2 2010～2020 年广州市常住人口区域变动情况

单位：%，个百分点

地区	人口占全市比重		占比变化
	2010 年	2020 年	
全 市	100.00	100.00	0
中心城区	39.73	33.93	-5.8
荔湾区	7.07	6.63	-0.44
越秀区	9.11	5.56	-3.55
海珠区	12.27	9.74	-2.53
天河区	11.28	12.00	+0.72
外围城区	55.60	62.23	+6.63
白云区	17.5	20.04	+2.54
黄埔区	6.55	6.77	+0.22
番禺区	13.9	14.24	+0.34
花都区	7.44	8.79	+1.35
南沙区	2.05	4.53	+2.48
增城区	8.16	7.86	-0.3
从化区	4.67	3.84	-0.83

资料来源：根据全国第六次、第七次人口普查广州数据整理。

3. 人口向城市群流动，广佛组团人口占粤总人口比重提高7.7个百分点

随着粤港澳大湾区建设的推进，加快推进制度机制"软联通"、基础设施"硬联通"、科技创新"智联通"、产业协同"链联通"、交往交融"心联通"，产业融合纳入全球城市顶级序列，巨大的开放空间和发展能量推动大规模人口流动，一体化发展能量被激活，带动人口逐渐向城市群流动。从图1可看出，2020 年，"广州—佛山""深圳—东莞"两个城市组团人口在广东省总人口中的占比达44.60%，较 2010 年提高 7.66 个

百分点。其中，"广州—佛山"组团人口占比由2010年的19.07%提高到2020年的22.36%；"深圳—东莞"组团人口占比由2010年的17.87%提高到2020年的22.24%。由于广佛同城一体化发展的日渐成熟，两个城市之间的人口交流和迁移更为频繁，佛山成为广东省内十年来人口增长速度第三快的城市。

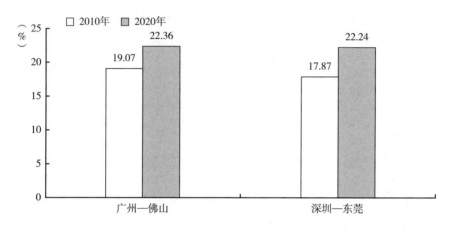

图1　2010~2020年"广州—佛山""深圳—东莞"组团占省内人口比重变化

资料来源：根据全国第六次、第七次人口普查广东省数据整理。

4. 中心四区人口密度均超2万人/平方公里，越秀区人口密度首次下降

由于大量外来人口的涌入，全市人口密度总体呈持续增加态势，2020年，广州市全市人口密度为0.25万人/平方公里，较2010年增长47.07%（见表3）。

全市人口密度差异较大。中心城区人口密度仍保持在较高水平。荔湾、越秀、海珠、天河四区的人口密度均超过2万人/平方公里，越秀区人口密度甚至超过纽约曼哈顿人口密度（2.7万人/平方公里）。周边城市的从化区人口密度则未过千人每平方公里，与密度最大的越秀区相差悬殊。

越秀区人口密度首次下降。十年来，越秀区人口密度从3.42万人/平方公里降到3.07万人/平方公里，这是广州在城市化进程中首次出现中心城区人口密度下降的现象。受限于土地等资源要素，周边城区的人口密度增长率显著高于老城区的荔湾、越秀、海珠三区，彰显了广州近十年来城市发展空间战略调整对人口空间转移的显著效果。

表3 2010~2020 年广州市各区人口密度变动情况

地区	人口密度(万人/平方公里)		密度增长率(%)
	2010 年	2020 年	
全市	0.17	0.25	+47.07
中心城区	1.81	2.27	+25.41
荔湾区	1.52	2.10	+37.15
越秀区	3.42	3.07	−11.40
海珠区	1.72	2.01	+16.86
天河区	1.49	2.33	+56.38
外围城区	0.14	0.22	+57.14
白云区	0.28	0.47	+67.86
黄埔区	0.17	0.26	+52.94
番禺区	0.33	0.50	+51.52
花都区	0.10	0.17	+70.00
南沙区	0.03	0.11	+266.67
增城区	0.06	0.09	+50.00
从化区	0.030	0.036	+20.00

资料来源：根据全国第六次、第七次人口普查广州数据整理。

（二）劳动年龄人口占比下降、增速趋缓，人口素质整体提升

1. 劳动年龄人口总量增长四成，但占比下降、增速趋缓

受益于全国大量青壮年流动人口的持续迁入，十年来，广州15~64岁劳动年龄人口总量增加 422.26 万人（增长 40.6%），呈现快速增长态势（见图2）。近十年来，广州常住人口的年均增长率为4.71%，高于上个十年（2000~2010 年）的平均增长率（2.78%）；劳动年龄人口的年平均增长率为4.06%，高于上个十年的年平均增长率（3.51%）。但劳动年龄人口占全市总人口的比重则下降了3.6个百分点，从成因来看，主要是全国劳动年龄

人口减少。2000~2020 年广州劳动年龄人口年均增长率增幅（0.55 个百分点）小于常住人口年均增长率增幅（1.93 个百分点），说明广州劳动年龄人口增速已经趋缓。自 2012 年以来，我国劳动年龄人口总量及其占全国人口的比重已"八连降"，2020 年较 2010 年共减少 4000 多万人，占比下降了 6.79 个百分点。这说明，从外部环境来看，全国劳动年龄人口正在持续减少，影响广州劳动年龄人口的流入，导致其占比下降和增速趋缓。广州要保持劳动力资源的持续稳定，需进一步依靠政策层面的"吸引力"。

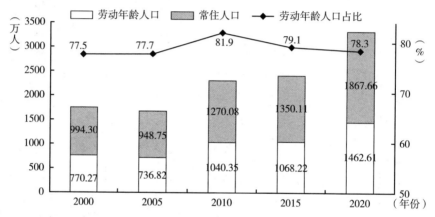

图 2　2000~2020 年广州市常住人口、劳动年龄人口及劳动年龄人口占比变化情况

资料来源：根据《广州统计年鉴》，第五次、第六次、第七次全国人口普查广州数据，2005 年和 2015 年全国 1%人口抽样调查广州数据整理。

2. 每10万人中具有大学文化程度的达2.73万人，人口素质整体提升

2010~2020 年广州人口素质提升显著。十年间全国每 10 万人中拥有大学文化程度的人数由 2010 年的 0.89 万人上升为 2020 年的 1.55 万人。由于超大城市具有强大的人才吸引能力，广州拥有大学文化程度的人数则由 1.92 万人上升为 2.73 万人。

广州人口平均受教育年限高于全省及全国水平。十年来，广州 15 岁及以上人口平均受教育年限从 10.84 年上升为 11.61 年。而全国 2020 年平均水平为 9.91 年，较 2010 年提高了 0.83 年，广东省则由 9.55 年升至 10.38 年（见表4）。

广州人口受教育水平低于其他一线城市。相比而言，北京和上海的人口素质优势更为显著，从每10万人拥有大学文化程度的人数来看，2020年北京为4.20万人，上海为3.39万人。值得注意的是，2010年广州每10万人中拥有大学文化程度的人数高于深圳，但在2020年被深圳反超。近年来，深圳市不断加快海内外人才引进和政策创新，在人才方面具有全国层面的虹吸效应。持续优化产业结构、调整生产方式、吸引高素质的劳动人口流入和改善人口结构，将是广州未来人口调控和经济管理中的重要内容。

表4　2010~2020年国内主要城市人口受教育情况

地区	每10万人拥有大学文化程度的人数（万人）		15岁及以上人口平均受教育年限（年）	
	2010年	2020年	2010年	2020年
全国	0.89	1.55	9.08	9.91
广东	0.82	1.57	9.55	10.38
北京	3.15	4.20	11.71	12.64
上海	2.19	3.39	10.73	11.81
广州	1.92	2.73	10.84	11.61
深圳	1.75	2.88	10.91	11.86

资料来源：根据全国第六次、第七次人口普查数据整理。

3. 天河区占领全市人才高地，中心城区人才虹吸效应显著

天河区成为全市的人才高地。2020年，在全市各区中，天河区是每10万人拥有大学文化程度的人数和平均受教育年限均最高的区，具体来看，天河区每10万人拥有大学文化程度的人数为4.29万人，平均受教育年限高达13.06年。单以天河区来论，每10万人中拥有大学文化程度的人口高于北京、上海等一线城市，优势显著。但周边的南沙区和花都区等依然是广州市的人才洼地，每10万人拥有大学文化程度的人数分别为1.79万人和1.84万人，低于全市的平均水平2.73万人（见图3）。

中心城区人才集聚效应显著。中心城区的天河区、越秀区，每10万人拥有大学文化程度的人数与平均受教育年限相比外围城区（白云区、黄埔

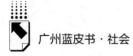

区、番禺区、花都区、南沙区、增城区）、生态片区（从化区）要高出许多，人才集聚效应显著。

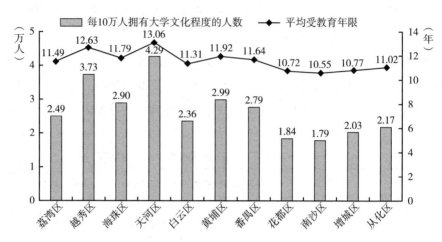

图3　2020年广州市各区人口受教育情况

资料来源：根据全国第七次人口普查广州数据整理。

（三）老龄化和少子化"双加速"，人口"金字塔"结构加速优化

1. 常住人口平均年龄35.4岁，人口具有年轻化优势

广州人口"年轻化"优势显著。2020年广州市常住人口平均年龄为35.4岁，低于全国（38.8岁）。15~59岁劳动年龄人口占比为74.7%，优于全省的平均水平（68.80%）和全国的平均水平（63.4%），优于北京（68.50%）、上海（66.85%）和重庆（62.22%），略低于年轻城市深圳（79.53%）。

广州老龄化水平明显低于大部分一线城市。2020年广州市65岁及以上的老龄人口占比为7.80%，老龄化状况优于全省的平均水平（8.58%）和全国的平均水平（13.5%），优于北京（13.3%）、上海（16.3%）和重庆（17.1%），差于深圳（3.22%）（见表5）。

2. "十三五"时期60岁以上人口占比年均上升9.45个百分点，老龄化加速趋势明显

当前全国及各地老龄化加速趋势明显。十年来，全国60岁及以上人口

占比上升 5.44 个百分点，2020 年达到 18.70%；广东省上升 2.62 个百分点，2020 年占比达到 12.35%；广州则上升 1.67 个百分点，2020 年达到 11.41%。根据国际社会的公认标准，广州已迈入国际社会公认的老龄化社会门槛。[①] 但相比全国而言，广州的人口"年轻化"特征依然显著。

表5　2020 年国内主要城市劳动年龄人口、65 岁及以上老龄人口占比情况

单位：%

地区	劳动年龄人口占比	65 岁及以上老龄人口占比
全国	63.40	13.50
广东	68.80	8.58
北京	68.50	13.30
上海	66.85	16.30
广州	74.70	7.80
深圳	79.53	3.22
重庆	62.22	17.1

资料来源：根据第七次全国人口普查数据整理。

老龄化呈加速趋势。从十年来的人口老龄化速度来看，"十二五"期间，广州的老龄化水平（60 岁及以上人口占比）年均上升 5%，而"十三五"时期，广州 60 岁及以上人口占比年均上升 9.45%，老龄化加速的趋势明显。

户籍人口老龄化趋势更为明显。2020 年，广州市户籍人口中，60 岁及以上人口占比已达 18.27%，65 岁及以上人口占比已达 13.01%，接近中度老龄化。

3. 总和生育率低于全国平均水平，少子化趋势开始显现

由于二孩政策的实施，十年来全国 0~14 岁少儿人口的比重有所回升，2020 年达到 25338 万人，占总人口的比重上升 1.35 个百分点。但是随着全

---

① 国际社会一般认为，60 岁及以上人口占总人口比例达到 10%，或 65 岁及以上人口占总人口比例达到 7% 作为国家或地区进入老龄化社会的标准。

面二孩政策实施后生育堆积效应的释放，二孩生育政策刺激效应减弱，受育龄妇女数量减少、结婚意愿下降等因素影响，2020年全国新出生人口较上年下降了18%，比刚刚放开二孩政策的2016年下降了约33%。从总和生育率来看，全国从2016年的1.5~1.6回落到1.3的水平，略高于一孩时代（2010年）的1.18。

与全国情况趋同，十年来广州市少儿人口共增加了113万人，从2016~2019年来看，2016~2017年因全面开放二孩生育政策，二孩的出生率提升较为显著，但2018~2019年一孩的出生率低于二孩的出生率，说明少儿人口占比回升主要是由于二孩的出生（见图4）。相比而言，广州作为超大城市，具有更低的生育率，2020年广州总和生育率约为1.01，低于全国1.3的平均水平。

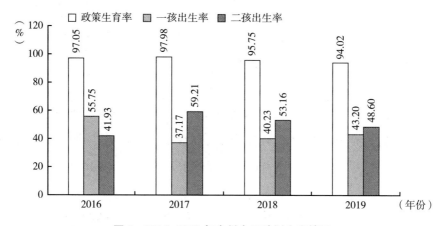

图4　2016~2019年广州人口计划生育情况

资料来源：根据《广州统计年鉴》（2017~2020）数据整理。

值得关注的是，2016~2019年广州已婚育龄人口数量呈持续增长态势（见图5）。这一情况与全国育龄人口减少的趋势相反，主要原因在于大量来穗已婚育龄人口的流入。已婚育龄人口的持续迁入，在当前全面开放"三孩"政策背景下，将带来对托育等服务需求的增加，对广州加快构建生育友好型社会提出了挑战。

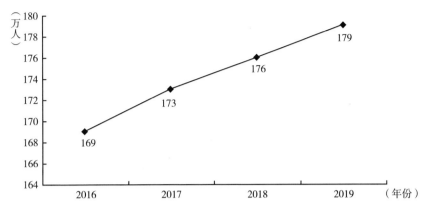

图 5　2016～2019 年广州已婚育龄人口数

资料来源：根据《广州统计年鉴》（2017～2020）数据整理。

（四）人户分离现象加剧，城市政府人口治理压力加大

1. 来穗人口是广州人口增长的主要来源，人口流动呈常态化

2020 年，广州市来穗常住人口达 938 万人，较 2010 年增加了 462 万人，占常住人口增量近七成，是广州新居民的重要组成部分。十年来，来穗人口的年均增速（7.02%）远高于户籍人口的增速（2.03%）。由于全国户籍制度改革中农业转移人口市民化存在"人地钱"挂钩等方面的障碍，人口净流入规模较大的城市在解决完全开放入户方面存在困难，我国的城镇化存在障碍。大量的流动人口持续在家乡和城市之间往返流动成为一种常态化现象，构成了独特的"春运"人口大迁移。

2. 人户分离人口高达1152万，新型城镇化进程趋缓

"人户分离"现象严峻。2020 年，我国"人户分离"人口，即人口常住地与户籍地不一致的人口达到 4.93 亿，约占总人口的 35%，较 2010 年增长 88.52%。其中，流动人口约 3.76 亿人，增加了约七成。从广州市来看，2020 年，广州市"人户分离"人口达 1152 万，其中市内跨街道"人户分离"人口为 214 万，跨区"人户分离"人口为 108 万。尤其需要注意的是，越秀区由于大量优秀教育、医疗资源聚集，其户口空挂现象最为突出。

新型城镇化进程趋缓。"两率差"① 是用来衡量城镇发展的重要指标。大量的流动人口迁移至非户籍区域就业工作，成为当地人口的重要组成部分，但户籍人口城镇化率并未完全跟上常住人口城镇化率，造成了农业转移人口市民化中的关键障碍。从 2018 年开始，广州市实施《政策性入户管理办法》，通过差异化入户等政策推进流动人口有序入户，2020 年两率差虽有小幅缩减，为 5.7 个百分点，但差距依然明显（见表 6）。在新的阶段，人口流动进一步加剧，人口就业模式发生改变，"人户分离"背景下城市的要素配置效率持续提高的问题将日益突出，城市政府综合管理压力将持续增大。

表 6　2017~2020 年广州市常住人口城镇化率与户籍人口城镇化率及两率差

年份	城镇化率（%）		两率差（个百分点）
	常住人口	户籍人口	
2017	86.14	79.69	6.45
2018	86.38	79.78	6.6
2019	86.46	79.90	6.56
2020	86.19	80.49	5.7

资料来源：《广州市国民经济和社会发展统计公报》（2017~2020）。

3. 入户人口大幅度增长，人口调控和服务管理成效显著

2014 年，为加强人口调控和服务管理工作，广州市人民政府印发《关于加强广州人口调控和服务管理工作的意见及配套文件的通知》，近年来又持续推进 "1+1+3" 入户政策实施，进一步放宽人才入户门槛。"十三五"时期，入户人口数量较之前又有了较大幅度的增长。2015~2020 年，广州户籍人口年均增量约 26 万人，明显高于前五年（年均增量 9.6 万人）（见图6）。广州市在人才引进方面的入户数远大于指标入户数，约占入户总数的六成，说明广州市在人才方面的政策依然具有吸引力。

---

① 两率差：常住人口城镇化率与户籍人口城镇化率之差，是流动人口无法通过在城市落户实现城镇化，致使人户分离的重要标志。

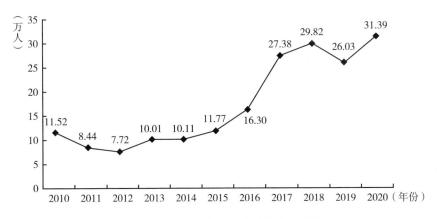

图 6　2010~2020 年广州市户籍人口增量

资料来源：根据广州市第六次、第七次人口普查数据整理。

二　广州市中长期人口发展的预测

（一）2025年广州市常住人口数量将持续增大

方法一：根据全国总人口计算。广州常住人口的变化取决于全国人口、经济发展水平和产业结构、公共服务水平等多种因素，其中，全国人口的变化由于不必考虑机械增长，仅需考虑自然增长，是确定性较高的因素。在未来中国城市发展格局不发生大变化的情况下，广州市在全国新增人口中吸纳的比例将与过去十年保持同一或略高水平。根据"七普"和"六普"的数据，2020 年全国新增人口比 2010 年增加 7205 万人，其中广州增加 597.58 万人，占比为 8.29%。根据中国社会科学院人口与劳动经济研究所于 2021 年 1 月发布的研究①，预测我国 2025 年的总人口约 14.24 亿，相比 2020 年增加 2200 万。按照 8.29% 的吸纳比例计算，广州将增加 182.38 万人，常住

---

① 杨舸：《我国"十四五"时期的人口变动及重大"转变"》，《北京工业大学学报》（社会科学版）2021 年第 1 期，第 17~29 页。

人口数量将达到2050万人；根据联合国发布的2019年《世界人口展望》报告，在低生育率的预测方案下我国2025年总人口约14.47亿①，相比2020年增加3500万，按照8.29%的吸纳数量计算，广州将增加290.15万人，常住人口将达到2157.8万人。

方法二：根据系统动力学建模计算。广州市社会科学院"广州市人口预测2040"课题组于2017年采用系统动力学建模（涉及30余个指标），采用2000~2017年人口普查数据、统计公报数据等进行测算，结果表明：中长期内，超大城市常住人口还将持续增加，但增长速度放缓，人口增加主要来源是机械增长人口。在当前的经济、公共服务政策、相对全国其他城市房价稳定的情况下，2025年超大城市常住人口将比2020年增长16%。按照广州"七普"人口数据为1867.66万人测算，2025年广州的常住人口将达到约2165.7万。但在疫情防控常态化的背景下，人口增长动力有所变化，短期内影响人口增长的因素将更加复杂。

（二）中长期内经济环境和城市政策对人口规模的影响

经济环境和城市政策能够影响城市人口规模的变化。为研究不同政策和环境变化对人口的影响，《广州市人口预测2040》课题组对五种不同环境因素和政策方案变化下的模型参数进行了设定，形成基准方案、高生育率方案和低生育率方案、重服务业方案和轻服务业方案、重公共服务方案和轻公共服务方案、房地产涨价方案和房地产降价方案五组方案（见表7）。

表7　不同政策环境要素下的方案设定

目的	方案	内涵设定
假设政策环境要素不变化	基准方案	假设当前经济增长速度、劳动生产率、产业结构不发生变化的情况
考察生育意愿对人口的影响	高生育率方案	假设广州市人口出生率上升5‰
	低生育率方案	假设广州市人口出生率降低5‰

① 在联合国低生育率预测方案下，中国2025年总和生育率为1.32，与2020年相同。

目的	方案	内涵设定
考察产业结构变化对人口的影响	重服务业方案	假设第二产业增加值逐年匀速下降5%,第三产业逐年匀速上升5%
	轻服务业方案	假设第二产业增加值逐年匀速上升5%,第三产业逐年匀速下降5%
考察公共服务支出变化对人口的影响	重公共服务方案	调整财政资金中教育支出的比例,在2015年9.8%的基础上分别逐年增加,到2040年提高至13.8%
	轻公共服务方案	调整财政资金中教育支出的比例,在2015年9.8%的基础上分别逐年减少,到2040年下降到5.8%
考察房地产价格变化对人口的影响	房地产涨价方案	假设广州相对全国房地产的价格逐年上升,到2040年相对上涨20%
	房地产降价方案	假设广州相对全国房地产的价格逐年下降,到2040年相对降价20%

资料来源：笔者自行整理。

一是公共服务对人口规模有显著的正影响。以教育支出为代表的公共服务对人口有很强的调节作用，到2040年，"高教育支出方案"背景下的人口总量比"基准方案"高出14.0%，比"低教育支出方案"多出36.5%。这说明了当前公共服务特别是流动人口随迁子女教育，对人口具有巨大的吸引力。

二是房地产价格对人口规模有显著的负影响。到2040年，"高房价方案"背景下的人口总量比"基准方案"减少7.46%；"低房价方案"背景下的人口总量比"基准方案"增加7.53%。这说明房价对人口具有较强的调节作用。

三是产业结构的调整对人口的影响较小。超大城市一般有着较为平衡的产业结构，产业结构的调整对人口的影响比较有限。相对而言，第二产业具有更高的资本边际收益，社会投资如向第二产业倾斜将带来相对更高的经济收益，从而吸引更多的人口。到 2040 年，在"重服务业方案"背景下的人口总量比"基准方案"低 1.4%，"轻服务业方案"背景下的人口总量比"基准方案"高 2.5%。

四是生育率变化对常住人口的调节效果较为有限。在当前生育政策不变的情况下，"高生育率方案"和"低生育率方案"对人口的影响不大。到 2040 年，"高生育率方案"背景下的人口总量比"基准方案"仅增加 12 万人，"低生育率方案"背景下的人口总量比"基准方案"仅减少 11 万人。

五是未来五年将进入老龄化和少子化"双加速"的转折期。基于户籍人口部分的出生率和死亡率发展趋势的研究，未来五年超大城市将进入出生人口持续减少、老龄人口快速增加的转折期。我们设定"人口 1"，指初始年份的户籍人口及其后续年份的自然增长部分，从人口 1 的出生人数和死亡人数来看，出生人数在 2015 年即进入持续减少的阶段，而 2025 年之后人口死亡率开始快速攀升，2030~2040 年，人口死亡率将是当前的两倍左右，人口死亡率快速攀升体现了人口老龄化程度加深，这意味着，2030 年广州市的老龄化程度将在现有程度上加深一倍左右（见图 7）。

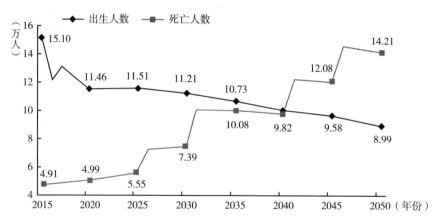

图 7　2015~2050 年基准方案下人口 1 出生人数和死亡人数

资料来源：笔者自行整理。

三 加快人口发展战略调整的思路

（一）基于人口普查数据和中长期人口预测的思考

从近十年广州市人口发展的新特征和新趋势分析和中长期人口预测结论来看，当前广州处于调整人口发展战略的关键时期。

一是调整人口发展模式的关键期。十年来，广州经历了人口快速增长的发展红利期，当前依然处于人口增长的阶段。但随着全国城镇化放缓趋缓，广东省城镇化也进入平台期，从中长期来看广州人口的增长速度将进一步趋缓。但同时也应看到，广州市人口素质经历了突飞猛进的快速提升阶段，经济发展步入高质量发展阶段，人口方面，也应该相应调整发展策略。

二是推动落实中长期人口均衡发展的关键期。从人口结构发展趋势来看，广州将进入老龄化和少子化的"双加速"转折期，从广州户籍人口状况来看已进入中度老年化阶段，总和生育率持续下降，下一步广州在应对老龄化和维持适度总和生育率方面将面临较大的压力，对广州人口长期均衡发展以及公共服务设施建设，推动经济社会可持续发展等方面将会产生深远影响。

三是加快推进新型城镇化建设、实现公共服务均等化的关键期。随着农业转移人口逐渐转变成为城市非户籍人口，来穗人口在城乡之间往返流动将成为常态化。"以人为核心"的新型城镇化进入新的发展阶段，长期处于"人户分离"的巨大规模的来穗常住人口，将对公共教育、医疗卫生、住房保障等公共资源配置提出较高要求，城市政府综合管理与公共服务压力增大。

四是加快城市服务管理模式转变的关键期。经估算，广州常住人口将在五年内达到约2150万，庞大的人口规模，意味着城市系统内部人口结构的日趋复杂化，这就需要更灵敏、精准的城市服务管理模式。而传统的"自

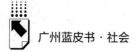

上而下、一贯到底"的科层制城市服务管理模式难以应对日渐现代化的巨型城市系统带来的挑战。随着少子化的逐渐加剧，家庭人口结构将更加趋于小型化，对传统的家庭、社会结构和道德价值观形成冲击，对经济社会发展带来深刻影响。

（二）加快广州人口服务管理战略性调整的思路

总而言之，新型城镇化的推进到了关键期和深水区，超大城市应调整思路，制定面向中长期的人口发展战略。

1. 从"控制人口"到"吸引人口"

面对当前人口发展的新特征、新趋势，应重视对人口发展趋势的"预判性"，正视全国人口增长率下降甚至转为"0"的可能，要重视生育政策对人口规模效应的减弱、社会老龄化程度加深、劳动年龄人口将会加速减少等问题，保持人口规模、进一步提高劳动力人口，保持经济人口发展活力。要重视城市人口的"系统性"，将人口协调稳定发展上升到城市战略层面，将视野拓展到全国和全球的整体人口发展空间范畴上来。要注重时序性，对于资源无限制的城市来说，进一步保持稳定的人口规模和可持续增长，并根据产业需求，优化产业结构将是重中之重。

2. 从"被动管人"到"动态管人"

随着新业态的兴起和城市之间的一体化发展，人口在区域以及开放的城市群之间流动将成为常态。静态的公共资源配置模式越来越无法满足开放的巨型城市之间人口服务和管理供需的精准对接。应重视"动态性的提升"，建立灵敏高效的人口信息与公共决策，公共服务的互动、反馈、应急管理机制，注重将数字技术应用到公共服务、社会治理等政府行政改革中来。

3. 从"以业控人"到"以产业链控人"

广州的产业发展具有较为均衡的特点，应重视人口和产业的相互关系，充分发挥不同产业人口的相互配合作用，不仅要注重产业链的延链补链，也要注重人口的发展，通过人口发展带动产业发展，提升人口稳定性，发挥互补优势，推动城市整体知识外溢。应建立产业链品牌，促进城市整体升级，吸引高端人才流入。

4. 从"候鸟式迁移"到"融合式发展"

当前新型城镇化发展进入农业转移人口市民化的关键阶段。公共服务对人口具有强有力的调节作用。在人口增长趋缓的大背景下，发挥大城市的作用，以提升创业、宜居、文化等公共服务为核心，加快打造更优的生活和城市品质，进一步吸引高层次人才迁入和人口流入，推动机械增长人口部分迁入城市、融入城市。

四 现阶段人口服务与管理政策创新的对策建议

当前广州处于加快推进新型城镇化、提升人口规模、优化人口结构，延续人口红利的机会窗口期。国家积极应对人口老龄化和开放三孩配套政策落地，将对广州下一步人口长期均衡发展、公共服务设施建设、经济社会发展等方面产生深远影响；来穗人口的持续增加和流动性加大对公共教育、医疗卫生、住房保障等公共资源配置提出更高要求。经济下行压力加大，对人口就业的稳定性造成挑战。下一步，广州应把握人口发展趋势，遵循人口发展规律，实施积极稳健的人口调控政策，建立多元包容的人口服务体系，实现人口发展与城市发展的互动，为推动经济持续高质量发展提供保障，为建设国家中心城市提供重要支撑。

（一）加强人口发展综合决策，实施积极前瞻的人口发展战略

要以促进人口与经济社会、资源环境可持续发展为主线，正视中长期内全国及广州人口老龄化、少子化和劳动力衰减等人口特征变化，从人口需求侧的变化出发，重点突破消费动力减弱、人口红利削减、产业转型压力增大等影响经济高质量发展、阻碍推进构建新发展格局的关键性问题。要准确把握人口变动趋势，为经济结构调整、科技发展战略部署、基础设施建设等经济社会发展提供人口决策依据和基础数据支撑。深化人口中长期发展战略和

规划研究，促进人口发展综合决策。要做好人口发展对社会经济发展的风险预警，特别要关注人口发展对妇女、儿童、年轻人等重点群体的独特风险和挑战，建立人口动态监测和预警机制。加强对重点区域（城市更新改造重点区、产业布局重点区域等）、重点行业（受疫情影响显著行业、战略性新兴产业及相关行业、数字经济等）、重点人群（大学生毕业群体、青年人、"一老一小"、来穗人口等）、重点时点（春节前后、节庆、疫情突发控制阶段等）的人口规模结构发展变化的动态监测。

（二）深化户籍制度改革，有序推进农业转移人口市民化

加快推进新型城镇化建设，扩大人口总量蓄能规模。要深刻分析当前所处的新型城镇化发展阶段，高度重视人口迁移流向。要聚焦劳动力跨区域流动，打破养老金、社保等制度性壁垒，推动公共资源按常住人口规模、按需配置。进一步深化户籍制度改革，完善迁入户政策体系，加快放宽入户限制，实施差别化弹性入户政策，促进劳动力要素有序流动。增强户籍服务功能。加大通过市属单位引进人才入户的力度，稳步推动非户籍人口在广州市落户。根据优化营商环境的要求，进一步加大人才引进"放管服"改革，增强户籍服务功能，放宽外围区和副中心的集体户口管理，向重点企业下放引进特殊人才入户审核的权限，进一步简化审批流程，实现引进人才入户"就近办、马上办"。推动与具备条件的城市之间户籍准入年限同城化累计互认。创新居住证制度，提高居住证加载公共服务的"含金量"。加快建立农业转移人口市民化承担分摊机制和配套措施，探索实施"人地钱"挂钩等配套政策。

（三）聚焦重点群体，以人为核心促进人口协调稳定发展

准确把握人口发展趋势和老龄化规律，加强应对"一老一小"问题的能力，探索兜底线、促普惠、市场化协同发展的路径，深化养老托育供给侧结构性改革，加快建设居家社区机构相协调、医养康养相结合的"大城市大养老"的养老服务体系和主体多元、布局合理、管理规范、服务优质、

覆盖城乡、满足多层次需求的婴幼儿照护服务体系。充分调动家庭、社会和政府力量，不断提升养老托育服务供给能力。落实人口长期发展战略，强化生育政策的配套衔接，建设生育友好型社会。积极实施三孩生育政策，促进生育政策和相关的经济社会政策配套衔接。关注随迁子女的教育问题，关注儿童身心健康，改善儿童成长环境，加强未成年人保护。建设青年友好型城市，建立全面、系统、长效的青年发展政策，打造贯穿青年创新创业全流程的"青创广州"工作体系，促进青年人加快成长成材，吸引更多有志青年来穗发展。

（四）扩大人力资源禀赋优势，推动人口红利向人才红利转变

强化机械增长人口在扩大广州人口规模和优化人口结构中的重要作用，加大对人才和青年人口的吸引力度，激活人口发展活力。千方百计扩大就业容量，努力提升就业质量，着力缓解结构性就业矛盾，切实防范和有效化解规模性失业风险。大力发展新兴产业，打造新的经济增长点，催生更多吸纳就业的新市场主体，增强企业吸纳就业的能力。加快产业发展与人口布局优化调整，以人才结构优化促进产业结构转型升级，引导人口、人才、资金、技术等市场要素资源向先进生产力集聚。加大公共实训基地建设力度，整合职业院校和企业实训资源，加大实务操作比重，提高职业技能实训能力，培养更多符合产业发展需求的实用人才，提高广州劳动者的职业技能素质。完善技术技能评价机制，重点解决劳动者技能水平与岗位需求不匹配的结构性矛盾。实施积极的房价控制政策，营造良好的居住环境。

（五）加快数字化赋能，构建全周期高效性实有人口服务管理模式

充分整合相关部门的人口数据和信息资源，统一指标口径和数据标准，建立完善广州人口大数据平台。建立常态化的人口数据预测预报机制，健全人口动态监测和评估体系，利用人口大数据加强对人口总量、结构与布局的实时动态监控以及特征、预测、预警分析，为教育、医疗卫生、幼儿照护、养老等公共服务供需预测、布局调整等提供依据，提升政府决策和风险防范

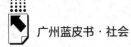

能力。加快人口数据高效便捷的交汇和应用，以信息流为主线加快构建全周期、闭环式、透明式人口服务管理流程，推动组织结构的扁平化、高效化，提升人口服务管理的科学性、精准性和高效性。广泛应用互联网、大数据等新一代信息技术，推动人口服务管理新产品、新平台、新场景建设，加快整合人口数据资源、服务管理资源为一体，提升人口服务管理水平，提高针对复杂动态人口系统的公共应急能力。

（审稿人：简荣）

B.3
广州推进养老事业高质量发展经验与对策研究

广州市基本养老服务体系调研课题组 *

摘　要： 第七次全国人口普查数据显示，截至 2020 年底，广州的人口老龄化形势日趋严峻。关注老年人的生活，保障老年人的生活，改善老年人的生活，已经成为各级党委、政府关注民生、保障民生和改善民生的重要内容。近年来，广州把基本养老服务作为加强党的领导、保障和改善民生、推动共同富裕、完善超大城市社会治理的重要抓手，坚持统筹谋划、创新突破、精准发力，取得明显成效。本文在总结广州建设养老事业的经验做法的基础上，对高质量推进养老事业存在的问题和对策也进行了分析研究。

关键词： 养老事业　人口老龄化　老年人口

国际上通常把 60 岁及以上的人口占总人口比例达到 10%，作为国家或地区进入老龄化社会的标准。第七次全国人口普查数据显示，截至 2020 年底，广州 60 岁及以上的常住人口为 213 万，占常住人口总数的 11.41%；广

---

*　课题组成员：杨金生，市委政研室社会研究处处长，研究方向为社会治理和民生保障政策；王钰梅，市委政研室社会研究处二级调研员，研究方向为社会治理和民生保障政策；怀学兵，市委政研室社会研究处副处长，研究方向为社会治理和民生保障政策；严福长，市民政局养老服务处副处长，研究方向为养老政策与养老服务；陈明，市委政研室社会研究处一级主任科员，研究方向为社会治理和民生保障政策；陈兵兵，市委政研室社会研究处三级主任科员，研究方向为社会治理和民生保障政策。

州户籍老年人口为179.95万，占户籍人口总数的18.27%，广州人口老龄化形势日趋严峻。人口老龄化快速发展的同时，还伴随着高龄化和空巢化等现象，这是改善民生需要重点关注的社会问题。关注老年人的生活，保障老年人的生活，改善老年人的生活，已经成为各级党委、政府关注民生、保障民生和改善民生的重要内容。把做好老龄工作作为保障和改善民生的有力抓手，研究解决人口老龄化带来的新情况、新问题，才能不断开拓工作新局面，积极应对人口老龄化。

一　广州老龄人口的变化趋势与特点

（一）老年人口规模逐年递增

近年来，广州老年人口规模逐年递增。2016年，广州60岁及以上老年户籍人口为154.61万，占户籍人口的17.76%。此后逐年递增，至2020年，60岁及以上老年户籍人口增加至179.95万，占户籍人口的18.27%（见图1）。联合国通用标准表明，当一个地区的60岁及以上人口占总人口比例达到10%，抑或65岁及以上人口占总人口的比例达到7%时，这一地区已经处于老龄化社会①。根据这一标准，广州已经进入老龄化社会。

广州老年人口总量大、增长快，不管是以60岁或者65岁作为起点年龄，其老年人口总量都呈现逐年上升的趋势。2016~2020年，广州60岁及以上老年户籍人口分别为：154.61万人、161.85万人、169.27万人、175.51万人、179.95万人，年均增长率达3.87%；65岁及以上老年户籍人口分别为：103.4万人、107.99万人、114.14万人、121.8万人、128.18万人，年均增长率达5.52%。无论是60岁及以上户籍人口的年均增长率，还是65岁及以上户籍人口的年均增长率，均高于整体户籍人口的增长率（3.14%）。

---

① 孙玉：《农村养老问题研究——以浙江省於潜镇为例》，浙江农林大学硕士学位论文，2017。

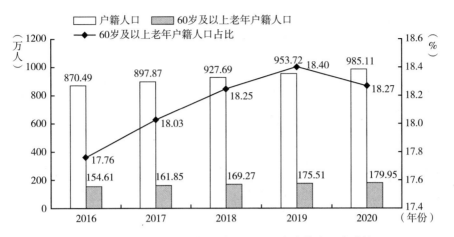

图 1 2016~2020 年广州市 60 岁及以上老年户籍人口变动情况

资料来源:《广州统计年鉴》(2017~2021),第七次全国人口普查数据。

(二)广州老年人口抚养比逐年提高

2016 年以来,广州社会总抚养比、少年人口抚养比和老年人口抚养比均逐年提高,2020 年老年人口抚养比为 29.27%(以 60 岁作为老年人年龄起点),占社会总抚养比的 48.59%;从 2019 年开始,少年人口抚养负担超过老年人口抚养负担(见表 1)。2020 年广州老年人口性别比低于 100,60 岁及以上老年人口性别比为 87.66,65 岁及以上老年人口性别比为 84.37,且随着年龄的提高,性别比越来越低。2020 年广州"纯老家庭"人口 17.45 万人、空巢老人 5.04 万人、独居老人 2.94 万人、孤寡老人 1.56 万人。

表 1 2016~2020 年广州市社会抚养比

单位:%

抚养比	2016 年	2017 年	2018 年	2019 年	2020 年
社会总抚养比	49.37	53.16	56.37	58.55	60.24
少年人口抚养比	22.84	25.55	27.83	29.37	30.97
老年人口抚养比	26.53	27.61	28.54	29.18	29.27

资料来源:《广州统计年鉴》(2017~2021),第七次全国人口普查数据。

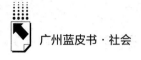

（三）广州中心城区老龄化率高

广州越秀区、海珠区和荔湾区老龄化率超过了25%，是全市老年人口数量在20万以上的三个区，其中，越秀区老年人口数超过30万人。2020年广州各区老年人口数为：越秀区31.43万、海珠区28.45万、荔湾区22.31万、白云区18.47万、番禺区14.69万、天河区14.24万、增城区14.01万、花都区12.34万、从化区8.69万、南沙区7.67万、黄埔区7.64万（见图2）。此外，在穗60岁及以上流动人口数量也在逐年增长，2020年广州市60岁及以上流动人口有39.20万人。

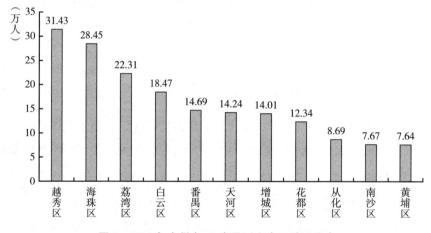

图2　2020年广州市60岁及以上人口地区分布

资料来源：《广州统计年鉴2021》，第七次全国人口普查数据。

（四）中、高龄老年人口占老年人口比重较大

从各年龄组老年人口的情况来看，2020年广州市60~69岁老年人口为99.91万人，较2019年（98.81万人）增加1.10万人，占全市老年人口总量的55.52%；70~79岁老年人口为51.39万人，较2019年（48.43万人）增加2.96万人，占全市老年人口的28.56%；80~89岁老年人口为24.48万人，较2019年（24.36万人）增加0.12万人，占全市老年人口的13.60%；

90 岁及以上老年人口为 4.17 万人，较 2019 年（3.91 万人）增加 0.26 万人，占全市老年人口的 2.32%（见图 3）。广州市各年龄组老年人口中，70~79 岁年龄组老年人口占比在 2016~2018 年呈下降趋势，2019~2020 年有小幅度的回升；80~89 岁年龄组 2016~2020 年总体呈下降态势；60~69 岁年龄组 2016~2018 年连续小幅上升后，从 2019 年开始连续两年下降；90 岁及以上年龄组总体呈上升态势。

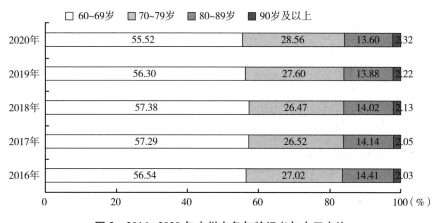

图 3　2016~2020 年广州市各年龄组老年人口占比

资料来源：《广州统计年鉴》（2017~2021），第七次全国人口普查数据。

二　广州推进养老事业高质量发展的成效、思考和做法

（一）主要成效

近年来，广州积极应对人口老龄化问题，把基本养老服务作为保障和改善民生、推动共同富裕、完善超大城市社会治理的重要抓手，坚持统筹谋划、精准发力、创新突破，坚持强化兜底型基础养老服务，持续做好普惠型养老服务，不断完善社区居家养老服务网络，不断加强养老服务基础设施建设，取得了良好成效。

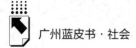

第一,打造全面覆盖的养老服务体系。初步建立居家养老与社区养老相协调、医养与康养相结合的"9064"养老服务体系,覆盖不同年龄段、不同身体条件、不同收入水平、不同服务需求的基本养老服务体系基本形成。

第二,持续优化养老服务供给。目前,广州所有社区建有养老服务机构设施,全市合计有178个街镇综合养老服务中心、1092个长者饭堂。另外,多项养老服务指标居全国前列,如家庭养老床位已超1.6万张,每千名老人拥有养老床位37.6张,均高于全国平均水平;五星级养老机构数量占广东省总数的48.0%。这表明广州养老服务供给质量和供给结构不断优化。

第三,多元养老主体深度参与。政府资助和政策扶持推动社会力量积极参与养老服务。目前,广州养老企业数量为7763家,高居全国各城市第一,占广东省总量的34.6%。其中,社会组织和企业承担了重要职责,他们担负了98%的养老服务综合体建设、97.5%的长者饭堂、75%的养老床位、95%的生活照料服务供给。[1]

第四,深化改革创新养老品牌。近年来,广州多项养老服务指标居于全国领先的位置,居家和社区养老服务改革试点工作被国家民政部、财政部评为优秀等级,多项经验做法(如长者饭堂等养老服务品牌)被中央改革办、国家发改委、民政部、广东省委深改委等复制推广。[2]

第五,养老服务赢得市民群众普遍好评。有关调查数据显示,超过93.15%的受访市民对广州养老服务工作表示满意。

(二)主要考量

紧盯关键环节、重点领域,推动问题逐个解决、难关逐个突破,擦亮广州基本养老服务"金字招牌",建立完善广州养老服务体系。

第一,精准识别基本养老服务的服务对象和服务内容,着力解决"为

---

① 李雪:《基本养老服务体系建设的"广州模式"》,《中国民政》2021年第19期,第3页。
② 《广州市人民政府办公厅关于印发〈广州市养老服务体系建设"十四五"规划〉的通知》,2021年9月10日。

谁服务"的问题。在精准识别服务对象方面，通过健全全市统一的老年人照护需求综合评估制度，实现评估结果民政、卫健、医保、残联等部门共享互认。面向所有老年人提供质量有保证、价格可负担的基本养老服务，并对孤寡、失能等重点老年群体的基本养老服务需求予以优先保障。在精准制定养老服务内容方面，以失能照护为主体，围绕供需对接、服务供给、服务保障、医养康养和权益维护五个维度，制定基本养老服务项目清单。[①]

第二，科学规划基础养老设施布局，着力解决"在哪养老"的问题。首先，保障养老服务设施建设用地，科学统筹规划全市的养老服务机构和养老设施布点，确保每年的基本养老服务设施建设用地得到基本满足。其次，制定完善配建养老设施标准，新建居住区（小区）的养老服务设施要以高于25平方米/百户的标准进行配建，配套设施达标率需达到100%；旧城区和已建住宅区需按照不低于15平方米/百户的标准进行补足。再次，部分企业响应政策号召开展养老服务，可享受优先续租、延长租期及租金优惠等政策。最后，持续建设以"普惠型养老机构+居家+社区养老"为主的养老设施网络。

第三，有效整合社会力量参与养老服务，着力解决"谁来养"的问题。首先，动员社会力量参与，通过税收优惠、场地补贴等政策，鼓励企业、社会公益组织参与基本养老服务供给。其次，引导国有企业积极开展基本养老服务项目。比如一些国有企业开展基本养老服务，对其进行分类独立核算和考核等政策倾斜。目前全市用于养老服务的国有企业物业超过18万平方米。再次，引入公益慈善资源。推动建立养老志愿服务平台，鼓励志愿者参与服务。最后，搭建养老服务供需对接平台，促进养老服务市场化交易。

第四，建立健全基本养老服务供给机制，着力解决"养得起"的问题。首先，大力推广长期护理保险，如修订实施长期护理保险政策文件，进一步完善基本生活照料服务及医疗护理服务。其次，加大财政补助力度，如实施居家养老服务补助、特困照料服务补贴、适老化改造资助、家庭养老床位补

① 《广州市人民政府办公厅关于印发〈广州市养老服务体系建设"十四五"规划〉的通知》，2021年9月10日。

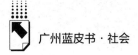

贴等政策。再次,夯实公办及公建民营养老机构托底功能,如对特困老年人实行免费入住公办养老机构。

第五,加快构建全方位全链条监管格局,着力解决"怎么管"的问题。首先,加强养老服务的标准化建设,如建立完善基本养老服务标准体系和服务质量评价体系,通过标准化手段实现养老服务的提档升级。其次,加强市场化养老服务的监管,确保基本养老服务市场放得开、管得住。

(三)主要做法

坚持科学谋划,凝聚创新合力,高质量推出基本养老服务体系建设的广州方案,形成一级抓一级、层层抓落实的良好局面。

第一,高度重视养老服务。广州高度重视老龄工作,连续11年将养老服务纳入十件民生实事清单,实施清单式、责任制、时限制管理,确保项项有跟进、件件有落实、事事有回音。同时,把养老服务设施建设列入一把手主推改革事项,强力推动街镇综合养老服务中心、长者饭堂等养老项目精准落地。

第二,坚持以"一揽子政策"强化系统集成。坚持先行先试、敢闯敢试,搭建具有广州特色的养老服务体系"四梁八柱"。在全国范围内率先以地方性法规明确基本养老服务的概念、服务对象、服务内容、扶持政策。科学编制专项规划《广州市养老服务体系建设"十四五"规划》,确立"大城市大养老"路线,着力打造国内领先的"老有颐养"民生幸福标杆城市。及时完善政策配套。以市委办公厅、市政府办公厅名义印发《关于推动基本养老服务体系发展的实施意见》,制定专项文件,形成养老服务项目用地、设施建设、人才培育、服务供给等一整套配套制度体系。

第三,坚持强化督导考核,保障基本养老服务质量。充分发挥考核"指挥棒"作用,确保各项养老部署落地见效。实施专项考核。将养老服务工作纳入全市考评体系,组织开展养老服务专项考核,涵盖25个市直部门和11个区,考核结果全市通报。落实常态化督办机制,通过建立养老服务改革、养老服务设施建设"每月通报"督办机制,实施闭环管理。强化社会监督。定期开展养老服务社会满意度测评,主动接受群众监督。

三 广州推进养老事业高质量发展的几点经验

成绩来之不易，经验弥足珍贵。广州在推进基本养老服务体系建设中，收获了一些宝贵经验。

（一）结合城市定位找到开展养老事业的根本遵循

习近平总书记的掌舵领航是我们从胜利走向胜利的信心所在、力量所在、底气所在。实践充分证明，坚决做到"两个维护"，坚持发挥党的领导制度优势和总揽全局、协调各方的领导核心作用，用好习近平总书记指导的世界观和方法论，把党的领导贯穿到基本养老服务工作各领域、全过程，是我们抓好基本养老服务体系建设的根本保证。

（二）结合居民要求科学制定养老事业的根本目标

我们党的根基在人民、血脉在人民。实践充分证明，无论面临多大的困难和挑战，无论经济社会发展到什么程度，我们都要紧紧抓住老百姓最关心最直接最现实的利益问题，切实把基本养老服务责任放在心上、扛在肩上、抓在手上，不断增强人民群众的获得感、幸福感、安全感。

（三）结合城市发展需求制定养老事业的根本战略

广州坚持从全局谋划一域、以一域服务全局，主动融入国家战略，主动服务全省大局，提供了基本养老服务体系的广州范例。实践证明，只要我们始终从大局看问题，全力以赴、不折不扣落细落实基本养老服务工作举措，充分调动政府、企业、社会组织、慈善、家庭和个人等各方面的力量共同做好基本养老服务工作，就没有完成不了的任务、实现不了的目标。

（四）结合城市实际努力探索发展养老事业的根本路径

作为改革开放的前沿，广州充分发挥先行示范作用，形成基本养老服务

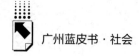

改革全面发力、多点突破、纵深推进的良好局面。实践充分证明，只要坚持解放思想、实事求是，大胆地试、勇敢地改，就一定能在养老服务领域干成一番新事业、拓出一片新天地。

四 广州推进养老事业高质量发展存在的主要问题及对策建议

（一）存在的主要问题

广州基本养老服务体系建设刚刚起步，还有许多短板和不足，仍需继续努力。一是城乡发展不平衡。农村养老服务供给总量、供给质量滞后于城市，城乡、区域发展不均衡问题仍然存在。农村敬老院建设标准普遍低于城区公办养老机构。二是服务供给不充分。优质养老服务供给情况与群众期待相比仍有差距，普惠型养老服务未能充分满足市场需求。居家养老服务运营机构市场化拓展缓慢，自我造血能力不足，未能形成可持续发展的运作模式。居家上门服务、医养康养结合模式精细化仍有较大提升空间。三是要素支撑有待强化。老年人及其家庭养老服务消费意识、消费能力不足，人均养老金特别是城乡居民养老金水平仍然偏低。公建配套短板仍需补齐，部分养老机构租赁场地举办，可能存在租金上涨等原因带来经营困难的风险；养老设施布局规划选址地块难以实际利用。养老服务业人才较为缺乏，全市养老机构中大专及以上学历的从业人员占比不足20%，一线护理人员专业化技能水平不足，"招工难，留不住"现象仍比较普遍。

（二）对策建议

1.进一步完善基本养老服务政策制度

制定贯彻落实《中共中央 国务院关于加强新时代老龄工作的意见》实施方案、"一老一小"整体解决方案、基本养老服务体系发展三年行动方案，对标国家和省养老服务政策，梳理本市政策缺项内容，完善配套相关政策措施。修订民办养老机构资助办法，加大对普惠型养老机构的扶持力度，推动普惠型养老机构服务价格在合理区间运行。

2. 进一步创新居家社区养老服务模式

实施颐康中心建设提升三年行动，做实做细颐康中心综合功能，推动实现50%以上的村居设置颐康服务站，实行统一标识、标准、管理和运营。提升长者饭堂、医养结合、家政+养老"3+X"服务品质，实施居家和社区基本养老服务提升行动项目，做优居家上门服务，整体撬动和推进广州居家和社区基本养老服务体系建设。协同住建部门探索"社区+物业+养老服务"模式。深化"党建+养老服务"，把养老服务设施打造成为党建宣传阵地和社区治理、服务群众、凝聚退休党员的重要平台。完善农村养老设施网络，开展农村留守老年人关爱服务，拓展"党建+农村互助养老"实践。

3. 进一步规范发展机构养老服务模式

推动发展社区嵌入式养老机构和临终关怀、认知障碍照护等专业机构，支持养老机构服务延伸社区。深化公办养老机构改革，强化公办及公建委托运营养老机构兜底保障作用，完善公办养老机构价格形成、分类收费机制，按照全成本建立动态调整机制。引导城市养老机构对农村敬老院开展挂钩帮扶。实施农村敬老院改造提升计划，重点加强长期照护服务。强化养老服务综合监管，推进养老机构"双随机、一公开"监管工作，按照高于社会面的标准抓好养老服务机构疫情防控。委托第三方开展质量督导和社会满意度评价，评价结果与政策支持、信用监管等挂钩。推动全面落实《养老机构服务安全基本规范》，实现2022年底国家强制性标准达标率达到100%。开展防范化解养老服务领域诈骗问题专项整治工作，预防和打击借养老机构之名欺诈等行为。

4. 进一步打造老年宜居环境

全面推进居家适老化，优化提升家庭养老床位服务，实现适老化改造、智能化设备和专业化服务入户，确保有意愿的老年人居家适老化改造和家庭养老床位建床率100%。支持社区养老服务设施配备康复辅助器具，并提供专业指导和租赁服务。推进公共设施无障碍改造，进一步完善社区适老环境,如积极推进既有房屋成片连片增设电梯,结合老旧小区改造增加养老设施等。推进养老服务领域政务服务适老化,推动实现养老政务服务事项"零跑腿",实现高频事项和服务场景的智能化服务更加普遍、传统服务方式更加完善。推进全国示范性老年友好型社区和老年友善医疗机构创建,加快适老化设施设备等研发、生产和运用,拓展老年人群衣食住行等综合服务,建设适老居家生活、交通出行、购物、文体活动、健康支持、政务服务等老年宜居城市。

5. 进一步推进医养康养结合

推进养老机构内设诊所、卫生所(室)、医务室、护理站实行备案管理,推进医疗机构、养老机构临近规划布局或发展医疗养老联合体。加快"医养护"一体化医养结合机构建设,积极推动有空余床位及养老服务基础的医疗机构转型为"医办养"医养结合机构(专区),推动150张以上床位的养老机构内设医疗机构。将家庭养老床位纳入家庭医生签约范畴或开设家庭病床;支持养老服务机构为家庭病床老年人设立家庭养老床位,推动家庭病床、家庭养老床位融合发展。推行医院、养老机构双向转介,推动医院、医养结合机构双向转诊、双向离院。深化医养签约服务内涵,推动养老机构与医疗卫生机构开展多种形式的签约合作,提供老年人健康管理、健康教育、预防保健、疾病诊治、康复护理、安宁疗护等老年健康服务。

6. 进一步强化养老服务要素保障

强化用地保障,加强社区养老服务设施规划建设和使用管理,摸查全市国有企业物业、公建配套、公有住房等用于养老服务的情况以及可用于养老服务的存量资源,按政策规定落实公有房产、国有企业物业优先优惠用于支持养老服务。依托城市更新(城中村改造)高标准配套颐康中心等社区养老设施。强化人才保障,分类培养养老护理人才、专业技术人才和养老服务机构管理人才,每年培训5000名养老护理员,组织职业技能竞赛活动。加强资金保障,加大对基本养老服务的财政资金支持力度,市、区福彩公益金中不低于60%用于支持发展养老服务。强化协同推进,充分发挥市养老服务工作联席会议作用,强化专项考核和督查激励,加强与各部门、社会组织、行业企业的联动，推动养老服务工作高质量发展。

7. 进一步提升智慧养老服务水平

实施智慧养老体系建设专项行动，推进为老服务整合系统建设，拓展平安通智慧养老服务，建立健全基本养老服务对象数据库和服务机构基本信息数据库，实现各部门涉老服务信息互联共享。开展智慧健康养老应用试点示范，建立智慧养老应用场景评价体系，推动适老化智能产品研发运用。坚持传统服务与智能创新相结合，引导帮助老年人融入信息化社会。推进政务服务适老化，在老年人高频活动场所保留必要的传统服务方式。优化高频事项办理方式，推动具备条件的涉老事项实现"零跑腿"，实现高频事项和服务场景的智能化服务更加普遍、传统服务方式更加完善。

8. 进一步推动非基本养老服务发展

发挥市场在配置非基本养老服务资源中的决定性作用，以需求为导向，发展失智照护、临终关怀等契合市场需求的多元化养老服务，构建多层次养老服务体系。办好中国国际老龄产业博览会、广州老博会养老服务综合展和养老服务供需交流对接活动，完善养老服务供需网上对接平台，开展养老服务公益创投。推动大湾区养老产业支撑政策衔接共享，实现养老服务标准和人才评价体系等互通互认。

（审稿人：简荣）

B.4
广州无障碍环境建设发展报告*

戴靖纹 黄紫莹 廖慧卿**

摘 要： 完善无障碍环境建设是"十四五"残疾人保障与发展规划的重点任务，广州的无障碍环境建设随着残障事业的发展逐渐形成较为完备的体系。通过多年的实践探索，广州逐渐摸索出覆盖物质环境、信息交流和服务的建设内容，残工委统筹各部门协同的工作机制，多维度的评估体系和坚实有力的监管制度。广州的物质环境无障碍建设覆盖面广、信息环境无障碍建设紧跟时代发展、无障碍服务不断深入探索、监管力度不断加大，为社会提供了宝贵的广州经验。然而，广州的无障碍环境建设还存在法治水平有待提高、无障碍覆盖尚不充分、常态长效监管机制有待形成、多元主体联动协同有待改善、无障碍观念还需广泛普及等问题。对此，本文提出应当加快无障碍顶层设计、提升无障碍执行效力、落实无障碍治理机制、培育无障碍文化理念等建议，以实现无障碍环境的高质量发展。

关键词： 无障碍环境 无障碍设施建设 政策分析

---

* 感谢市残疾人联合会、市交通运输局、市政务服务数据管理局、市文化广电旅游局、市教育局提供数据资料和大力帮助。

** 戴靖纹、黄紫莹，华南农业大学社会工作硕士（MSW）2021级硕士研究生，研究方向为残障权利与社会政策；廖慧卿（通讯作者），博士，华南农业大学公共管理学院副教授，哈佛大学访问学者，研究方向为残障权利与社会政策。

一 研究背景

无障碍环境建设是残障事业发展的重点任务，更是社会成员平等参与社会生活、实现融合发展的重要支持。自 20 世纪 80 年代我国颁布第一部无障碍建设设计规范以来，无障碍环境建设不断融入社会发展舞台。习近平总书记指出，无障碍建设问题是一个国家和社会文明的标志，我们应当高度重视①；国务院政府工作报告连续五年提及应加快推进无障碍环境建设，《"十四五"残疾人保障与发展规划》要求为残障群体提供无障碍环境和便利化条件，各项规划和行动充分体现了党和国家对社会不同群体基本权利的尊重。

我国有着相当数量的无障碍需求人口。残障群体人数超过 9100 万，且正以每年 200 万~250 万人的速度增长②；规模已达 2.64 亿、占据全国 18% 人口数量的老年群体也在随老龄化程度的加深不断扩大③；除此之外，还有妇女、儿童等，他们需要依托无障碍环境实现独立生活和社会参与，有着最迫切的无障碍环境需求。我国的无障碍环境建设正逐步探索出一条由技术规范推动法律法规体系全面建立、从方便残障群体使用道路出行到维护残障群体权利、从设施建设到多领域行动、从部分地域试点到全面融入国家事业规划和发展的道路。

广州的无障碍环境建设始终走在全国前列。早在 2002 年，广州就作为首批全国无障碍设施建设示范城市之一开始城市无障碍设施改造工作；2004 年，广州出台《广州市无障碍设施建设管理规定》，是我国较早颁布有关无障碍设施建设的地方政府规章的城市之一；2020 年，广州修订颁布《广州

---

① 《习近平湖南考察并主持召开基层代表座谈会纪实》，中国共产党新闻网，http：//cpc. people. com. cn/n1/2020/0920/c64094-31868166. html，2022 年 3 月。

② 杨宜勇、蔡其新：《中国基本公共服务无障碍报告》，《中国无障碍环境发展报告（2021）》，社会科学文献出版社，2021。

③ 数据来源：国家统计局，http：//www. stats. gov. cn/tjsj/sjjd/202105/t20210512_ 1817336. html，2022 年 3 月。

市无障碍环境建设管理规定》（下称《管理规定》），并于2021年被评为"创建全国无障碍环境示范市"，自此广州无障碍环境建设迈入新阶段。

本文聚焦广州无障碍环境建设实践，从广州近年来颁布的各项无障碍建设政策中总结工作内容和工作方法，并对建设状况进行梳理分析，从中找寻突破无障碍建设困境、回应无障碍环境高质量发展需求的路径。

二 广州无障碍环境建设现状

（一）覆盖群体广泛，无障碍环境需求大

广州是无障碍环境需求大市。2021年广州市统计年鉴显示，广州常住人口已达1867.66万人①，按照《关于调整城市规模划分标准的通知》的划分标准，广州是城区常住人口超过1000万的超大城市，因此无障碍环境必然要满足更多居民需求。

表1 广州市持证残障者情况

单位：人

残障类型	一级	二级	三级	四级	合计
视力	5762	2032	1209	3761	12764
听力	9764	5753	6006	2488	24011
言语	838	352	143	151	1484
肢体	9938	25168	20946	21622	77674
智力	3800	6331	5781	4392	20304
精神	10702	14499	4076	1930	31207
多重	5437	2598	1098	331	9464
合计	46241	56733	39259	34675	176908

资料来源：由广州市残疾人联合会提供。

---

① 资料来源：广州市统计局，https://lwzb.gzstats.gov.cn：20001/datav/admin/home/www_nj/，2022年3月。

无障碍环境建设的首要受益者是数量庞大的残障群体。据广州市残联统计，截至 2022 年 3 月，广州共有持证残障人士 176908 人，其中，轻度残障者 34675 人，中度残障者 39259 人，重度残障者102974 人[①]，这一部分人群将会是无障碍环境建设的首要受益者（见表 1）。而这一数据仅仅反映了持证者数量，第二次全国残疾人抽样调查结果显示，广州市残疾人比例为5.26%[②]，结合第七次全国人口普查数据进行估算，广州残障人数已达 98.24 万人，他们的无障碍环境需求不容忽视。事实上，不仅是残障群体，广州 60 岁及以上户籍老年人口达 179.95 万人，占户籍人口总量的 18.27%[③]，按照联合国关于老龄化社会的划分标准广州已处于轻度老龄化阶段，众多受益人群反映出建设无障碍环境必然成为社会发展的重点。

（二）物质环境无障碍覆盖广泛，推进程度高

我国的无障碍环境建设肇始于 20 世纪 80 年代，最初是依托各类无障碍设施建设的政策出台得以发展。广州的无障碍环境建设与全国进程相似，对于物质环境无障碍建设始终保持高度重视，在道路交通、公共建筑及服务设施方面有着较丰富的建设经验和建设成效，且在近几年中，对于社区与居家无障碍环境的重视程度也不断加强。

1.道路交通无障碍环境重视程度高，助力残障者走出家门

广州道路交通无障碍环境建设是无障碍环境建设历时最长的项目，成效较为显著。广州以市交通运输局为责任单位，负责对全市道路交通无障碍情况实施摸排和整改工作。目前，全市新建道路、新建公共交通设施、新开通地铁线路的无障碍设施建设率已达 100%。[④]

---

① 数据来源：由广州市残疾人联合会提供，研究者通过依申请公开途径获得。
② 数据来源：广州市残疾人联合会，http://www.gzdpf.org.cn/Article/A2B/19656.html，2022 年 3 月。
③ 数据来源：《2020 年广州老龄事业发展报告和老年人口数据手册》。
④ 数据来源：广州市残疾人联合会，https://mp.weixin.qq.com/s/EXVt9h9uoHhVi2-ky7X4MA，2022 年 3 月。

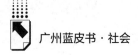

（1）道路无障碍设施基本实现覆盖

据统计，"十三五"期间广州增设无障碍通道49千米①，该数据还将伴随道路的新建和改造不断更新。截至2021年12月，广州市市管城市道路共计88条，已基本覆盖盲道、缘石坡道等无障碍设施②，城市主要道路盲道基本无断点，缘石坡道基本达到零高差。除道路外，广州市近两年加大了对过街设施的无障碍改建工作，目前全市共有市管人行天桥144座、市管人行地下通道27座，已基本实现交通道路无障碍设施覆盖③；在此基础上，过街设施的电梯建设也在同步开展，全市已安装电梯的人行过街设施34座，安装115部电梯。④ 除了破除通行障碍外，信息提示设备也随着国家强制标准的执行逐步推进，广州装有交通信号灯控制路口3490个，其中设有过街提示音响功能的信号灯1226个，启用率35.16%⑤，这些设施为残障人士的出行提供有效的保护和指引。

（2）交通工具的无障碍改造力度提升

公交、地铁和出租车是残障人士实现与社会连接的工具。截至2021年12月，广州中心六区共有营运公交车11625辆，其中，4031辆为无障碍低地板、低入口车辆⑥，占总运营车辆的35%。仅2021年，广州市共完成残障人士无障碍出租车用车需求19019宗⑦，日均用车需求量52宗。常态运营的公交地铁和个性灵活的无障碍出租车，已成为广州残障人士自主出行的重要工具。

（3）交通站场全面完成无障碍改造

2017~2021年，广州客运站场和公交站场始终保持100%的无障碍覆盖

---

① 数据来源：《广州市"十四五"残疾人保障和发展规划》。
② 数据来源：由广州市交通运输局提供，研究者通过依申请公开途径获得。
③ 数据来源：由广州市交通运输局提供，研究者通过依申请公开途径获得。
④ 数据来源：广州市残疾人联合会，https://mp.weixin.qq.com/s/_ JrFy9IiKprxefrHc6dIMA，2022年3月。
⑤ 数据来源：由广州市残疾人联合会提供，研究者通过依申请公开途径获得。
⑥ 数据来源：由广州市交通运输局提供，研究者通过依申请公开途径获得。
⑦ 数据来源：由广州市残疾人联合会提供，研究者通过依申请公开途径获得。

比例，无障碍公交站场从 2017 年的 85 个增加到 2021 年的 92 个，无障碍改造始终与交通站场的设置同步进行（见图 1）。

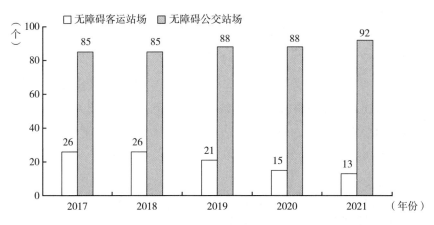

图 1　2017~2021 年无障碍客运站场与无障碍公交站场数量

资料来源：由广州市残疾人联合会提供。

2. 公共建筑无障碍建设推进力度大，保障残障者社会参与

广州的新建公共建筑的无障碍设施建设率同样保持 100%[①]。由于公共建筑及相关服务机构分别隶属不同职能部门，因而公共建筑的无障碍建设依托多主体的共同配合。

（1）公共场所无障碍建设参与主体多元

目前，无障碍设施建设力度较大的公共场所主要囊括教育场所、卫生服务场所、公共服务场所、公园景区及文化服务场所等场域。市教育局负责的学校无障碍改造保障了残障群体的受教育权益；市卫健委负责的卫生服务场所无障碍建设满足了残障群体的医疗服务需求；市工业和信息化局、市金融局等多部门的办事营业厅无障碍设施建设便利了残障群体的基本业务办理；市林业和园林局监管的市属公园景区无障碍建设丰富了残障群体的社会生活场域；市文化广电旅游局的无障碍文化服务场所建设满足了残障群体的文化

---

① 资料来源：由广州市残疾人联合会提供，研究者通过依申请公开途径获得。

需要。

公共场所的无障碍设施供给保障了残障群体均等享有基本的公共服务。无障碍建设主要集中于无障碍通道、无障碍电梯、无障碍厕所和厕位以及无障碍停车位等,部分场所还将无障碍引导标识和低位服务设施纳入建设范围。截至2021年底,广州共有市、区属学校2630所,省部、市属医院36家,电信及综合办税服务厅414个,公园景区11个和市属文化馆、图书馆3个,先后建设了无障碍通道2463条,无障碍厕所及厕位2452个,无障碍电梯449部,无障碍停车位352个,无障碍标识3067个和低位服务设施817个①,成为残障群体社会参与的重要支撑(见表2)。

表2 部分公共场所无障碍设施建设情况

类别	学校	医院	营业厅	文化场所	公园景区
无障碍通道(条)	1943	245	160	5	110
无障碍厕所和厕位(个)	1682	617	1	37	115
无障碍电梯(部)	165	277	1	6	/
无障碍停车位(个)	246	103	/	3	/
无障碍标识(个)	2132	739	135	61	/
低位服务设施(个)	139	258	378	42	/

注:/表示该场所未统计此项数据,不代表该场所不具备相应类目的无障碍设施。
资料来源:由广州市残疾人联合会提供。

(2)无障碍停车位建设关注度高

自2021年8月发布《广州市无障碍停车位设置整改指导意见》以来,广州无障碍停车位的设置率显著提升。结合中心六区道路泊位规划,广州在131条城市道路设置停车位,同步设置无障碍停车位146个;市残联与市交通运输局、市城市管理和执法局等单位组成巡查督办组,抽样督导检查全市停车场4300余个,发现无障碍停车位设置率从2021年4月不到25%,上升

———————

① 数据来源:由广州市残疾人联合会、广州市文化广电旅游局提供,研究者通过依申请公开途径获得。

到 10 月份的 75%①，彰显广州的建设速度。

（3）无障碍公共厕所建设进展加快

依托"厕所革命"，广州加强了公共厕所新建、升级改造和管理工作。目前，广州共有 1404 座公厕，设有第三卫生间或无障碍厕位 1327 个，覆盖率达 94% 以上；仅 2021 年，广州市城市管理综合执法局完成 532 座公厕建设任务，其中新建 171 座，改建 361 座②，全面提高了无障碍公共厕所设施的建设水平。

3. 社区与居家无障碍环境成为建设重点，提升残障者生活自主能力

"十三五"期间，广州完成老旧小区无障碍改造 353 个③；在推动老旧小区改造工作中，同步增设了无障碍通道 19.85 千米④，把社区无障碍改造延伸到残障人士家门口，使得残障者融入社区生活成为可能。

截至 2021 年底，全市共完成 8714 户残障家庭无障碍改造，总体完成率达 119.86%，改造数量和规模位列全省第一，使用满意度 100%；投入改造资金 1595 万元，资金执行率为 96.56%。⑤ 通过以人为本、按需改造的行动逻辑，广州为残障家庭提供针对性的无障碍设计和改造，能够保障残障者在符合个体特征的家庭环境中实现自主生活，为残障者提供有尊严的生活。

（三）紧跟时代发展，信息环境无障碍建设不断外延

信息环境无障碍建设肩负起帮助残障群体"跨越信息鸿沟，共享信息文明"的使命。⑥ 广州的信息环境无障碍建设依托政府门户网站、政务服务平台，不断向其他类型网站延伸。

---

① 数据来源：由广州市残疾人联合会提供，研究者通过依申请公开途径获得。
② 数据来源：由广州市残疾人联合会提供，研究者通过依申请公开途径获得。
③ 数据来源：《广州市"十四五"残疾人保障和发展规划》。
④ 数据来源：由广州市残疾人联合会提供，研究者通过依申请公开途径获得。
⑤ 数据来源：由广州市残疾人联合会提供，研究者通过依申请公开途径获得。
⑥ 李东晓、熊梦琪：《新中国信息无障碍 70 年：理念、实践与变迁》，《浙江学刊》2019 年第 5 期。

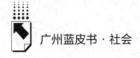

广州政务网站自开通以来一直保持高水平的无障碍改造率。自 2020 年起，广州市政务网站无障碍改造率始终保持 100%[①]，全部政务网站具有无障碍浏览功能（见图 2）。

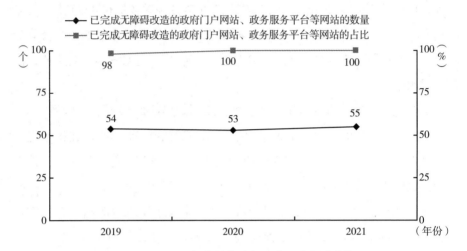

图 2　2019~2021 年广州市政务网站无障碍改造情况

资料来源：由广州市残疾人联合会提供。

广州还对公共服务平台实施无障碍改造。广州便民热线平台在国内首开自助服务长者版[②]，在电脑端同时可以进行无障碍浏览，具有大字幕、大字体、大图标、语音播报、读屏、高对比度文字等功能；政务服务软件也逐步实现以上功能。互联网适老化建设和无障碍建设为长者和残障者提供了便利，提高了信息的可及性。

（四）完善配套服务，无障碍服务不断探索

自《无障碍环境建设条例》实施以来，各地对于无障碍环境建设有了更深入的探索，尤其是《国家基本公共服务标准（2021 年版）》的出台，促进对残障群体平等获得公共服务的探索不断深入。在广州市无障碍环境建

---

① 资料来源：由广州市政务服务数据管理局提供，研究者通过依申请公开途径获得。
② 数据来源：由广州市残疾人联合会提供，研究者通过依申请公开途径获得。

设过程中，不同建设主体也积极尝试探索发展相配套的无障碍服务。

1. 公共交通领域率先探索便民无障碍服务

公共交通无障碍服务方面，运输主体通过加强道路无障碍建设，提供人性化、专业化服务。汽车客运站开设进站绿色通道，残障者、长者通过刷身份证即可通行；在公交车及部分公交车站设置醒目的标识专座，以语音循环播报的方式提醒乘客为有需要者让座。2021 年，广州地铁接待行动不便的乘客 200 余人次[①]，通过"爱心直通车"等一系列服务，提高残障人士、长者等群体乘坐地铁的便利性。2021 年，广州地铁开展了 166 场针对员工和志愿者的无障碍专项培训，联合 14 所大中专院校 3000 多名学生开展超 10 万小时助残志愿服务[②]；此外，为加强无障碍宣传指引，广州地铁通过车站出入口海报、地铁官方 App 等方式公布无障碍设施设置情况，方便有需要的居民自助查询、合理规划出行。

2. 无障碍服务充实残障群体文化生活

广州市属文化馆、图书馆在物质无障碍环境改造基础上，针对视力障碍者提供特别服务。比如广州图书馆多年来持续为视力障碍者提供口述影像服务（以电影为主），辅以参观图书馆、博物馆等活动；从图 3 可看出，2013~2020 年，口述电影服务总体呈现递增趋势，2020 年已突破 30 场次[③]。2021 年，广州图书馆还积极凝聚社会力量，共同策划阅读活动 130 多场[④]，进一步满足视力障碍者的阅读需求。

3. 教育无障碍服务提升残障者发展空间

过去六年（2016~2021），广州平均每年为 25 名残障高考生提供合理便利，服务人数最多的为 2020 年和 2021 年，分别为 31 人。配备专门工作人

---

① 数据来源：由广州市残疾人联合会提供，研究者通过依申请公开途径获得。
② 数据来源：由广州市残疾人联合会提供，研究者通过依申请公开途径获得。
③ 陆秋洁：《视障人士口述影像服务的实践与思考——以广州图书馆为例》，《图书馆界》2020 年第 6 期。
④ 数据来源：广州市残疾人联合会，https://mp.weixin.qq.com/s/xtZQtRAzwc17qJYfJFr7PA，2022 年 3 月。

员为残障高考生提供协助平均每年 5 次①，这些都成为社会群体帮扶残障群体实现个体发展的重要保障（见图 4）。

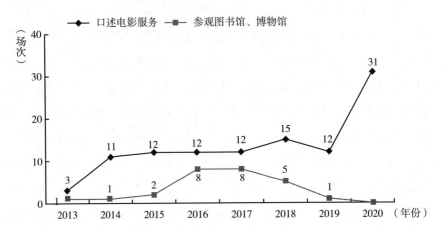

图 3   2013~2020 年广州市图书馆提供机关服务情况

资料来源：由广州市残疾人联合会提供。

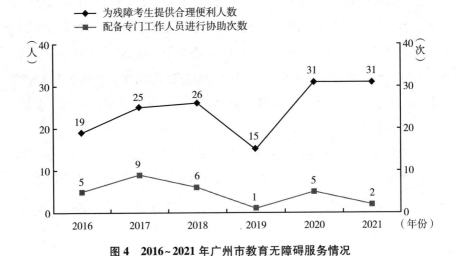

图 4   2016~2021 年广州市教育无障碍服务情况

资料来源：由广州市残疾人联合会提供。

---

① 资料来源：由广州市教育局提供，研究者通过依申请公开途径获得。

（五）创新监管方法，监督力度不断加大

无障碍执行不理想是一个普遍问题，导致有法难依、有法不好依的困局①，为改变这一困局，广州创新实施试用验收制度和巡检制度，引入检察监督职能，监管工作在无障碍环境建设中占据愈发重要的位置。

1. 试用验收制度推动无障碍环境建设落到实处

对于新建、改建的无障碍设施，广州采用残障人士试用验收制度，使无障碍设施真正满足残障者日常生活需求。截至 2021 年 9 月，市残联先后对 28 个建筑进行无障碍设施试用验收，并出具试用报告②，真正保障设施的实用性。

2. 巡检制度保障无障碍环境建设到位

为加强无障碍环境建设，广州通过三级巡检制度加大了无障碍设施的巡检力度。从图 5 可看出，2021 年，广州开展无障碍设施联合巡查 13 次，由多部门组成无障碍巡查督办组，累计发现问题 215 个，提出整改报告 13 份；开展专项巡查 30 次，提出整改建议 230 条，发出问题清单 30 份，仅无障碍停车位专项就先后开展 3 次巡查，寄发整改通知 4300 余份；此外，广州还组织试用体验 14 次，开展设施实际使用体验，提出体验报告 14 份③，成为无障碍环境建设推进的有力保障。

3. 检察监督力量消除无障碍环境建设隐患

广州检察机关聚焦无障碍环境建设存在的问题，对涉及窨井盖、盲道等领域的公益诉讼立案 263 件、办理诉前程序案件 208 件，督促整治窨井盖 1.24 万个、处理盲道和无障碍设施问题 1461 宗④，充分提升无障碍环境建设的效果。

---

① 凌亢：《中国无障碍环境发展报告（2021）》，社会科学文献出版社，2021。
② 资料来源：广东省残疾人联合会，http://www.gddpf.org.cn/xwzx/mtgz/content/post_643766.html，2022 年 3 月。
③ 资料来源：由广州市残疾人联合会提供，研究者通过依申请公开途径获得。
④ 资料来源：由广州市残疾人联合会提供，研究者通过依申请公开途径获得。

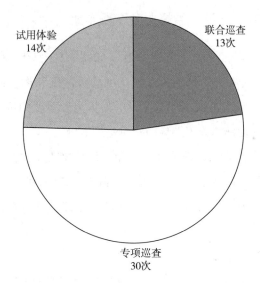

图5　2021年广州市无障碍设施巡检行动开展情况

资料来源：由广州市残疾人联合会提供。

三　广州无障碍环境建设的政策支持状况

我国无障碍环境建设是从无障碍设施建设拓展到无障碍环境发展，从公共领域延伸到家庭，从残障群体的特需特惠转变为全体社会成员的刚需和普惠①，谋求的是"共建、共管、共享"。为实现所有社会成员平等、自主、安全地参与社会发展，广州从无障碍环境建设入手推动一系列无障碍政策落地、完善无障碍设施建设、发展信息无障碍环境、提升无障碍服务、建设无障碍评估体系、增强无障碍监管强制力量，为开展高质量无障碍建设奠定坚实基础。

---

① 吕世明：《第十三届全国人大第五次会议专题》，人民网，http：//lianghui.people.com.cn/2022npc/n1/2022/0310/c441810-32372066.html，2022年3月。

（一）构建无障碍环境建设法治政策体系

立法先行是中国特色残障事业法律体系发展的原则，我国的残障事业伴随依法治国的进程不断完善[1]，广州市的无障碍环境建设也形成较为完备的政策体系。在建设过程中，以法律法规为指导制定地方政府规章，以技术规范作为实施标准，辅以治理机制进行推动，构成广州市无障碍环境建设的整体政策体系，是推动无障碍环境建设的核心力量。

在《中华人民共和国残疾人保障法》《无障碍环境建设条例》《广东省无障碍环境建设管理规定》等上位法的支撑指引下，广州市结合地域特征，于2020年修订颁布《广州市无障碍环境建设管理规定》，是无障碍环境建设工作的核心指导。围绕《广州市无障碍环境建设管理规定》各项要求，广州市还印发《无障碍环境建设协调工作制度》，对无障碍建设行动进行规范，各职能部门纷纷细化工作要求，先后发布多项政策文件，为物质环境无障碍、信息环境无障碍和无障碍服务的推进提供了政策指引（见图6）。

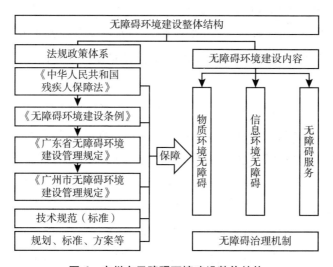

图6 广州市无障碍环境建设整体结构

---

[1] 黎建飞、王喜荣：《中国特色残疾人事业的法律保障》，《残疾人研究》2018年第1期。

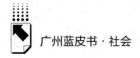

（二）完善物质环境无障碍建设

广州市的物质环境无障碍建设实施范围细致具体，主要涉及道路交通、公共建筑及服务设施、社区及家庭无障碍改造三大方面。

1. 道路交通无障碍着重保障出行道路、交通设施及站场改造

出行道路方面，《广州市无障碍环境建设管理规定》要求城市的主要道路、大型商业区和大型居住区的人行天桥、人行地下通道均应设置轮椅坡道或无障碍电梯等无障碍设施；人行道的路口、出入口位置设置缘石坡道；主要道路均应合理铺设盲道；人行道信号灯应设置声响提示装置等。为提升道路交通无障碍质量，广州市印发《关于开展全市道路无障碍环境专项提升工作的通知》，为残障人士安全走出家门提供首要保障。

公共交通设施方面，广州对公共汽车、城市轨道交通车辆进行无障碍改造，包括设置盲文标识、语音提示设备、配备扶手和轮椅固定装置等，便利残障人士上下、乘坐及内部通行。对此，广州颁布《关于进一步完善无障碍公交车辆配置的通知》，由广州地铁集团等相关单位开展建设与监管工作。此外，广州市早已针对公交站场和客运站场以国家建设标准进行无障碍改造。

2. 公共建筑及服务设施无障碍着力推动无障碍停车位及公共厕所改造

《广州市无障碍环境建设管理规定》指出，残障人士参与社会公共生活所涉及的机构及场所需优先实施无障碍设施改造。除无障碍通道等常见设施外，对公共建筑等公共场所的改造还新增了有关无障碍停车位及无障碍公共厕所的建设改造要求。广州先后颁布《关于组织开展全市停车场无障碍停车位设置整改的通知》《广州市公共厕所无障碍设施建设标准指引》等文件，要求不同类别的停车场按照建筑标准和配比标准设置无障碍停车位，公共厕所应当在如厕引导、管养行动、建筑材料和设施建设上实现全方位的无障碍，这些文件的实施为残障人士的社会参与创造便利条件，方便残障人士走出家门。

3.社区及家庭无障碍改造实行应改尽改

广州市在老旧小区改造的同时也进行无障碍设施改造工作，将无障碍设施作为老旧小区改造的基础类项目，保障残障人士的社区参与。残联颁布《广州市残疾人家庭无障碍改造专项提升工作方案》，除应改尽改外，在国家要求覆盖的群体基础上，将精神残障者和智力残障者纳入保障范围，并大幅提高改造标准，土建类项目由之前平均每户 5000 元提高到最高不超过 10000 元/户，辅具类项目由之前平均每户 1000 元提高到最高不超过 3000 元/户，补助标准高居全国前列。[①]

4.严格执行无障碍设施建设标准

在扩大改造范围的同时，物质环境无障碍建设也走向规范化。无障碍设施应符合安全、适用和便利的基本要求，符合无障碍设施工程建设标准。广州市要求各建设单位须以《建筑与市政工程无障碍通用规范》等国家技术标准进行施工，不符合无障碍设施工程建设标准的公共设施，不得通过竣工验收和办理备案。此外，还对工程建设的设计单位、施工单位及监理单位的无障碍建设职责进行明确划分，无障碍设施从工程设计到进行施工得到了系统的规范。除了对新建、改建、扩建设施实施规范建设外，《广州市无障碍环境建设管理规定》还明确了对已建成但不符合无障碍建设标准的设施进行改造。

（三）发展信息无障碍环境

广州的信息无障碍环境建设主要集中于政务服务与公共场所的无障碍改造，涉及政务网站和移动互联网应用程序改造、政务信息无障碍环境建设及公共场所的信息无障碍服务等方面。

在政务网站和应用程序改造方面，广州出台《广州市政府网站、政务新媒体适老化与无障碍改造工作方案》，要求市、区级政府网站、政务新媒

---

① 资料来源：广东省残疾人联合会，http://www.gddpf.org.cn/xwzx/mtgz/content/post_ 643766.html，2022 年 3 月。

体均要按照《信息技术互联网内容无障碍可访问性技术要求与测试方法》等国家技术标准完成适老化与无障碍功能改造，首批改造涉及全市54家政府网站及26家政务新媒体[①]，为残障群体的政务办理减少信息壁垒。

政务信息无障碍环境建设方面，《广州市无障碍环境建设管理规定》要求将政府年度工作报告、发展规划和年度计划、统计公报的重要数据及与残障群体权利密切相关的政府规章和行政规范性文件四类政务信息提供盲文版或有声版，有效保障残障群体的信息获取权益。同时，广州还明确要求保障残障群体在公共场所的无障碍信息获取，包括在公共场所设置语音提示功能等。

（四）提升无障碍服务

仅有无障碍设施还不足以满足残障人士参与社会生活、平等获得公共服务的需求，只有辅以得当的无障碍服务，才能真正实现无障碍环境。目前，广州市的无障碍服务涉及多个领域，是保障残障群体平等获得公共服务的重要力量。

公共交通出行方面，广州市在各站场及交通枢纽处设置无障碍窗口和绿色通道，并在高峰期增加工作人员，做好无障碍服务保障工作。同时，广州市还加强了无障碍出租车运营服务管理，满足轮椅乘客的便利运输需求。此外，对于需携带导盲犬或扶助犬的残障人士，广州市还积极保障其携犬乘坐公共交通工具的权利。而在停车费用上，则要求由政府设置的停车场减半收取残疾人专用机动车停放服务费，并鼓励经营性停车场免收或减收其停车费用。在政务服务场所，广州市要求通过提供字幕、语音服务以及设置低位服务台及服务窗口等，便捷残障人士政务办理。在教育领域，广州市对残障高考考生实施一生一策，提供合理便利。

（五）建设无障碍评估体系

广州市设立了多维度的无障碍评估体系：一方面，要求针对无障碍环境

---

① 数据来源：《广州日报》，https://view.inews.qq.com/a/20211221A014XP00，2021年12月21日。

建设的实施情况开展每五年至少一次的评估，以确保无障碍建设行动符合社会发展进程；另一方面，广州市将无障碍环境建设纳入各责任单位的文明行为评价指标体系，激发各责任主体开展无障碍环境建设的动力。

（六）增强无障碍环境监管强制力量

无障碍环境建设亟须通过强制力确保无障碍规划落于实处。广州市形成了无障碍设施残障人士试用制度和巡检制度，引入检察监督职能，辅以一定的处罚规定，发布了《关于组织开展无障碍环境建设问题排查整改工作情况的通知》，确保无障碍环境建设。

1.积极落实无障碍设施残障人士试用制度

《广州市无障碍环境建设管理规定》允许相关组织聘请监督员，对无障碍环境建设与管理情况进行监督；相关工程建设项目在组织竣工验收时，建设单位应提前一周邀请残障代表参与试用，并出具试用工作报告。对此，《广州市无障碍环境建设协调工作制度》要求建立联合联动制度，各责任单位应当制定残障人士试用意见的实施方案，并推动《关于印发房屋建筑工程质量、消防、人防等融合监管工作指引（1.0 版）的通知》《关于广州市园林绿化工程落实无障碍设施试用制度工作指引（试行）的通知》《关于结合工程质量监督落实无障碍设施试用制度的函》《关于落实城市道路、城市轨道工程无障碍设施试用制度的函》等文件先后出台，创新了无障碍环境建设的监督方法，提升了无障碍环境建设的督查力量。

2.推动无障碍巡检制度开展

广州市建立联合巡查、专项巡查、试用巡查三级巡检制度，通过各责任单位的联合行动，定期检查无障碍设施维护使用情况，对使用不便的无障碍设施及时督促所有权人和管理人进行整改，通过建立市无障碍督导队，对全市无障碍设施建设、使用管理和服务情况进行巡查，最终形成问题清单，提出整改意见促进整改完善。

3.发挥公益诉讼检查监督力量

广州市充分发挥检察监督职能，通过行政主导力量提升监管力度。广州

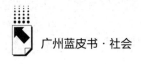

市通过全市各级检察机关,对无障碍环境进行精细摸排,在全面核实的基础上,启动公益诉讼诉前程序,通过制发检察建议书的方式,督促相关行政机关进行整改。

4. 加大处罚力度

广州市对不符合无障碍环境建设标准的行为加大了处罚力度。一方面,针对不符合无障碍工程建设标准的设施,由主管部门责令改正,并依法给予处罚;对于占用无障碍停车位或停车场经营者未阻止占用行为的,将由公安机关和交通管理部门依法处罚。另一方面,针对无障碍设施建设不规范所造成的损害,无障碍设施所有权人或管理人需承担赔偿责任。同时,无障碍环境的违法信息被纳入广州市公共信用信息管理系统,形成联合惩戒。对于有关责任单位及其工作人员违反无障碍相关规定,责任领导人员及直接责任人员将依法给予处分。

5. 引入媒体力量参与监管

广州市引入媒体力量共同参与无障碍行动。广州市以广州日报等主流媒体作为无障碍政策普及宣传平台,通过广州日报对无障碍相关政策进行宣传解读,及时跟进各项无障碍环境建设行动,积极发挥舆论监督作用,有效地敦促无障碍整改工作。

四　广州无障碍环境建设的问题与挑战

广州市的无障碍环境建设伴随各项政策制定与实践活动已全面铺开,取得了可观成效,然而与广大人民群众的美好生活需要相比,仍然存在一系列关键的问题和挑战。

(一)法治水平有待提高

地方法规、政府规章和相关技术标准是完善地方无障碍环境建设的关键。一方面,广州市的无障碍环境建设立法层级有限。广州市目前主要以市人民政府颁布的《广州市无障碍环境建设管理规定》作为实践指导,该

《规定》属于地方性行政规章，其规制力度相对有限，容易导致执行力不足。

另一方面，广州市的无障碍环境建设相关技术标准仍待探索。我国已有江苏、北京、杭州等省市为推进无障碍环境建设制定了相关的地方标准、指南和图集等技术性文件[1]，能较好地满足差异性的需求，促进了地方无障碍环境设计和建设水平的提高。但广州市的无障碍环境建设标准目前主要使用国家技术标准，还缺乏对地方标准的探索。

（二）无障碍环境建设概念不清、深度不足、领域发展不平衡

无障碍环境发展不充分首先体现在无障碍建设概念指向不明确。无障碍是一个宽泛的概念，对于建设内容的具体界定并不清晰。例如，《广州市无障碍环境建设管理规定》第十条指出，城市的主要道路、主要商业区、大型居住区的人行天桥和人行地下通道，应当按照无障碍设施工程建设标准进行无障碍建设。然而将规定落实到责任单位时，对"主要道路"等范畴仍界定不明，易造成无障碍建设的不连续、不系统、不全面。

其次，广州市无障碍建设存在广度充分而深度不足的情况。无障碍建设在物质、信息、服务领域已经全面铺开，然而建设质量不高、设计不合理、建设不规范、管护不到位、使用体验不佳等问题仍然常见，无障碍仅停留在"有"，尚未走向"好"。在市残联委托开展的2021年广州市无障碍环境满意度调查中，无障碍环境整体满意度评价为75%[2]，说明广州无障碍环境建设还有较大提升空间。

此外，广州市的无障碍建设还存在领域发展不平衡的问题。目前的实践集中于物质环境建设，信息领域的无障碍环境建设还聚焦政府门户网站，无障碍服务也多为单独探索，相应的配套治理机制也多从物质层面进行实施，前瞻性相对不足。

---

① 王烨、陈从建、苏海花、严莹、周序洋：《中国无障碍环境建设标准体系报告》，《中国无障碍环境发展报告（2021）》，社会科学文献出版社，2021。

② 资料来源：由广州市残疾人联合会提供，研究者通过依申请公开途径获得。

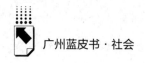

（三）常态长效监管机制有待形成

有效执行离不开有力监管，只有提高监督管理力度，才能推进无障碍建设。广州市不断探索提升监管强制力度，如提出巡检制度、引入检察力量等，然而这些监管力量更多是通过相关政策的出台推动，而非常态长效的监管工作机制，且对于建设过程中涉及的多主体监管行动仍需加强，处罚力度、整改时限等也需进一步明确，监管责任仍需进一步落实到位。

（四）多元主体联动协同有待改善

无障碍环境建设是一项综合性、跨部门的系统性工程，只有各部门齐抓共管，社会各群体共同努力，无障碍环境建设才能全面推进。①

一方面，内部联动机制尚不健全。广州市要求无障碍环境建设由残工委牵头，并出台《工作制度》明确不同部门的责任范畴，其本质是确保责任到位并促进政策执行；然而由于无障碍环境建设工作涉及的部门较多，各部门之间沟通交流不足，统筹单位协调组织不充分，一个无障碍问题的解决需要多个部门共同参与，而这又可能导致责任分散。

另一方面，外部联动形态尚未形成。《"十四五"残疾人保障和发展规划》明确指出，要建设党委领导、政府负责、部门协同、社会参与、市场推动、残疾人组织充分发挥作用的工作机制，然而目前广州市无障碍环境建设仍然关注充分发挥政府力量，诸如助残社会组织、社会公民的价值尚待挖掘。

（五）无障碍理念普及尚不到位

无障碍环境建设真正实现飞跃的根本因素是观念意识，无障碍环境建设理念应当从个人规范层面推广到社会层面、从特殊群体推广到全体社会成员。

---

① 张东旺：《中国无障碍环境建设现状、问题及发展对策》，《河北学刊》2014 年第 1 期。

广州市引入媒体力量关注无障碍环境建设，但目前广州的无障碍环境建设注重的是发挥政府的监管力量，无障碍理念尚未融入对民众宣传中，无障碍设施无用论、残障人士不宜独立出行论和无障碍环境成本论成为无障碍环境建设推进的观念禁锢①，社会成员对无障碍环境建设的了解与认识不足②，对无障碍环境建设的关注度较低，对无障碍环境建设缺乏认可和配合，民众无障碍意识亟待提升，支持和包容的社会环境尚未形成。

五 广州市无障碍环境建设发展的建议

党的十九届四中全会提出"建设人人有责、人人尽责、人人享有的社会治理共同体"的治理理念，这意味着我国应充分满足社会弱势群体对美好生活的追求。平等参与社会生活是残障群体人权的具体体现，政府和社会有责任提供无障碍环境，保护残障人士社会参与权的实现。通过完善社会政策保障无障碍环境建设，保障残障人士共享社会发展成果。

（一）加快无障碍环境顶层设计

从地方规章走向地方法规，提升无障碍的立法层级能够强化责任落实和工作到位。以深圳市为例，2021 年由深圳市人大常委会颁布的《深圳经济特区无障碍城市建设条例》，是全国首部无障碍城市地方性法规，其法律效力更强，强制性和约束性更能确保无障碍建设的有效执行。广州可以借鉴深圳经验，通过提升立法层级保障无障碍建设推进。

将完善无障碍建设技术标准体系纳入工作计划，开展地方性标准探索和制定。作为先行城市，广州市可以在贯彻落实无障碍法规政策的基础上，高于国家技术标准，制定无障碍改造、无障碍认证等地方性技术标准，以满足地方发展需求。在日本、美国等无障碍建设先进国家，已经形成技术标准与

---

① 吕洪良：《中国无障碍法治建设价值取向报告》，《中国无障碍环境发展报告（2021）》，社会科学文献出版社，2021。
② 吕世明：《我国无障碍环境建设现状及发展思考》，《残疾人研究》2013 年第 2 期。

法规纲要相衔接①、政府标准与民间机构标准在技术上相互参照协调②的先进经验，广州市也可以以此为参考开展实践。

（二）加强无障碍建设政策的执行

明确无障碍定义可以进一步明确无障碍的建设范畴。对于一些关键的建设概念，可以进一步对其进行标准化，标准化能明确建设对象、厘清建设责任，避免相互推诿。

无障碍建设要具有前瞻性。无障碍建设要不断加快推进已建道路和建筑物的无障碍设施改造，严格做好新建建筑物、道路的建设监管；另外要加大信息无障碍环境建设力度，确保残障群体共享数字经济发展的成果；同时，进一步为残障群体参与社区生活创造条件，这种社区生活不仅包括公共场所，还应细化至他们生活相关的场域，如工作场所等。

将残障群体的普遍性需求与特殊性需求相结合，将一般性制度安排与专项制度安排相结合，构建起兼顾平等与差别的无障碍保障手段。残障群体作为国家公民应享有与其他公民同等的权利，同时作为有特殊需求的弱势群体应得到相应照顾。普遍性需求应将"通用设计"理念贯穿其中，这种基于共同发展的理念可以体现在道路无障碍铺设、网站无障碍改造等方面。特殊性需求则关注提供特殊保障以真正实现无障碍生活需求，这种特殊性需求可能表现为无障碍出行燃油补贴、无障碍居家环境改造项目等，为他们的无障碍社会参与提供特殊扶助与安排，无障碍建设应当注重设施与服务相结合。

（三）落实无障碍治理机制

提升无障碍建设内部联动，应当加强残工委和残联的统筹协调作用。无障碍建设涉及的相关部门高达25个，各部门应建立协同治理关系，才能有效解决碎片化问题。以深圳市为例，深圳市通过形成联席会议制度，提升无

---

① 贾巍杨、王小荣：《中美日无障碍设计法规发展比较研究》，《现代城市研究》2014年第4期。
② 林婧怡、周燕珉：《发达国家建筑无障碍法规与标准体系的发展状况及对我国的启示》，《中国无障碍环境发展报告》，社会科学文献出版社，2021。

障碍环境建设的协作效力。广州市也应不断加强残工委和残联的统领作用，创新协调方法，保障无障碍环境建设推进。

促进无障碍建设全民协作，应当加强多元主体的责任与行动。无障碍环境建设应立足于更长远的现代化，政府负责宏观计划、政策制定、组织孵化、购买服务等职责；残联突出其服务性和专业性，承担好政府委托或授权的无障碍监管等事项；残障社会组织应依托自身特色和优势承接政府购买的项目，为残障群体提供多样化服务；全社会公民则应当承担起公民责任，积极响应并参与到无障碍建设之中。

形成常态长效机制，确保无障碍环境建设有效监管。无障碍设施建设的排查整改、督导队伍建设、巡查制度落实等应当被纳入常态化工作范畴，充分发挥专业队伍督查、新闻舆论监督、试用制度等监督体系的作用，提升监管效能，推动整体无障碍环境建设质量升级。

（四）培育无障碍文化理念

无障碍环境建设要立足于转变人民观念。在无障碍环境建设中，要牢固树立残障人士的权利主体观念。要充分认识到残障人士不仅是社会保障的客体，更是享有平等参与权利的主体和自我生活的掌控者，应充分尊重残障人士的社会参与权和生活选择权。

发展无障碍环境实际上是消除歧视，是尊重生命权利和尊严的体现，应加大无障碍文化理念的推广力度。通过无障碍理念教育，促进无障碍文化的培育和推广，使得无障碍文化理念真正融入社会成员的日常生活，创造共倡、共建、共享的文化环境。

参考文献

广州市统计局：《2021 年广州市国民经济和社会发展统计公报》，2022 年 3 月 27 日。

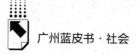

广州市统计局：《广州统计年鉴》（2015~2021）。

广州市老龄办：《2020年广州老龄事业发展报告和老年人口数据手册》。

《习近平湖南考察并主持召开基层代表座谈会纪实》，中国共产党新闻网，http：//cpc. people. com. cn/n1/2020/0920/c64094-31868166. html，2022年3月。

杨宜勇、蔡其新：《中国基本公共服务无障碍报告》，《中国无障碍环境发展报告（2021）》，社会科学文献出版社，2021。

张东旺：《中国无障碍环境建设现状、问题及发展对策》，《河北学刊》2014年第1期。

吕洪良：《中国无障碍法治建设价值取向报告》，《中国无障碍环境发展报告（2021）》，社会科学文献出版社，2021。

吕世明：《我国无障碍环境建设现状及发展思考》，《残疾人研究》2013年第2期。

贾巍杨、王小荣：《中美日无障碍设计法规发展比较研究》，《现代城市研究》2014年第4期。

林婧怡、周燕珉：《发达国家建筑无障碍法规与标准体系的发展状况及对我国的启示》，《中国无障碍环境发展报告》，社会科学文献出版社，2021。

（审稿人：简荣）

B.5
广州推动港澳青年人才来穗就业创业的
政策研究*

刘帷韬　闫志攀　高琦**

摘　要： 促进劳动力和人才跨界流动是适应中国经济社会发展形势的客观
需要。随着粤港澳大湾区建设和改革开放的深入推进，珠三角九
市与港澳两区的青年人才交流合作取得了快速发展。当前粤港澳
大湾区跨境劳务合作推进具有人文与地缘优势、劳动力互补优势
和区域经济一体化推动等有利条件，但同时也面临着港澳青年身
份认同感不强、政策信息获取碎片化，人才政策制定及宣传不到
位、创新要素流动不畅、高水平人才发展平台数量不够以及城市
间人才协作机制不健全等问题和障碍。为有效吸引大湾区港澳青
年人才来穗，应建立健全港澳青年人才引进的多层次机制，通过
精准化、特色化、市场化人才政策的制定及宣传，进一步强化三
地间的人文融通和交流；不断推进高水平人才发展平台建设，增
强城市国际化影响力和人才基本公共服务保障能力，提供优越的
发展空间和生活空间；深入探索城市间政务和人才协同机制，实
现人才效用的最大发挥和大湾区共同发展。

关键词： 港澳青年人才　就业创业　人才跨界流动

---

* 本文是广州市哲学社会科学"十四五"规划 2022 年度课题"广州深入营商环境创新试点研
究（2022GZGJ22）"的阶段性研究成果。

** 刘帷韬，博士（后），广州市社会科学院国际商贸研究所副研究员，研究方向为国际贸易、
产业经济、营商环境；闫志攀，广州市社会科学院财政金融研究所助理研究员，研究方向为
城市经济学；高琦，经济学博士，广东外语外贸大学马克思主义学院助教，研究方向为产业
经济、政治经济。

粤港澳大湾区是我国青年高度集聚之地，大湾区的建设不仅会带动国家的发展，也会影响粤港澳三地青年的发展。2019年2月18日，中共中央、国务院发布的《粤港澳大湾区发展规划纲要》特别强调，要加强粤港澳青年交流，促进青年互动，帮助港澳青年融入全国发展大局、积极参与到国家建设中来。支持港澳青年跨境就业创业，既是促进粤港澳青年交流合作与融合的重要机制，又是提升大湾区科技创新能力的重要支撑，推动港澳青年深入参与粤港澳大湾区全面建设，为大湾区国际化提供智力支持，打造世界级创新人才高地和国际科技创新中心。广州应在充分发挥现有政策及服务平台与机制作用的基础上，实施更加开放、精准的人才政策，进一步强化三地青年的人文融通，引进培养一批具有国际水平的科技人才和发展平台，促进大湾区各城市间的协同合作以实现大湾区的共同发展。

一 粤港澳大湾区吸引港澳青年就业创业的基础条件

（一）国家政策大力支持与大湾区的稳定形势为港澳青年就业创业提供了安全稳定的前提保障

国家高层次、多方位的政策支持为粤港澳大湾区发展、港澳青年就业创业奠定了有利的宏观背景。习近平总书记于2020年10月来到广东考察时强调要推进粤港澳大湾区建设、推动更高水平对外开放、加快建设现代化经济体系。2019年2月至2021年4月，共有231份涉及粤港澳大湾区政策文件相继出台，建立了全面的政策体系，促进大湾区高效快速发展。其中，"港澳青年"在这些政策文件中共出现2810次，成为出现频次最高的词汇。2019年4月，广州市推出了粤港澳大湾区内地城市首个支持港澳青年发展的综合性政策文件——《发挥广州国家中心城市优势作用支持港澳青年来穗发展行动计划》，为港澳青年在内地发展提供了更多机遇和更好条件。

港澳地区的稳定局势为粤港澳大湾区发展、港澳青年就业创业提供了基本的安全保障。"一国两制"方针的长期执行有力地保证了香港和澳门的长期稳定繁荣，为实现粤港澳跨境劳务合作的长期发展奠定了政治基础。尤其是 2020 年《中华人民共和国香港特别行政区维护国家安全法》的颁布实施，对于在新形势下坚持和完善"一国两制"，维护国家主权、安全和发展利益，确保香港的长期稳定和繁荣，具有重大而深远的意义。粤港澳大湾区稳定的政治局势和积极的经济发展为跨境劳务合作及港澳青年来粤发展提供了基本的前提保障。

（二）地缘、人缘优势和基础设施互联互通为港澳青年就业创业提供了良好的外部环境

区位邻近，地缘优势明显。粤港澳三地相互邻近的地理位置为港澳青年来广州就业创业提供了便利和可能，粤港澳大湾区是中国沿海开放的前沿阵地，珠三角地区作为广阔的内陆发展区，在"一带一路"建设中占有重要地位。

自然地理和文化环境相似，人缘优势明显。香港、澳门二区与珠三角九市有着相似的文化、人缘，使它们在古老的岭南和广府文化以及当代的创意设计方面都具有独特的互补优势。三地间长期以来的文化交流与合作巩固了大湾区居民共同的文化观念和精神追求，为人才、技术和资本等要素的聚集与港澳青年来广州就业创业提供了基础。

基础设施互联互通，三地间的海陆空交通体系相互联系相互补充。广东省政府和各地政府推出的一系列政策和跨界交通项目都大大压缩了区域内城市之间的通行时间距离（如广深港高铁、穗莞深城际铁路）。在机场区位可达性方面，根据珠三角地区机场的分布情况，对应区域城市间的陆路交通联系，逐渐形成了"一主两副、东西对称"分布格局；港口运输则依托珠三角地区港口的分布呈现出"核心—外围"分布格局。

（三）大湾区内创新资源的高度集聚为人才协同发展提供了充足的要素储备

广州丰富的创新基础要素为港澳青年创业与投资提供了充足条件。相对于港澳地区人才政策支持力度有限、生活及创业成本高昂以及技术型人才缺

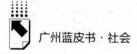

乏的劣势，广州积极实施港澳青年创新创业及就业优惠政策，塑造了比港澳地区更好的创新创业氛围，拥有相对于港澳地区更低的生活成本和丰富且充足的各层次各行业劳动力。截至 2021 年 9 月，广州已建成港澳台青年创新创业基地 45 个，其中 5 个被认定为粤港、粤澳青年创新创业基地，1 个获评广东青年五四奖章，吸引 600 余个团队、3000 多名青年落户。

（四）经济优势互补和产业地域分工为港澳青年就业创业提供了较为完善的产业发展基础

三地间产业经济发展优势互补。珠三角的制造业比重较高，而香港和澳门的服务业高度发达，三地产业具有互补性。珠三角作为全国乃至全球重要的制造业中心，拥有雄厚的产业基础和较为完整的产业链，但也面临着产业层次低、专业技术含量低等问题。此外，珠三角由于现代服务业起步较晚、发展水平不高、赶不上制造业转型升级的发展，难以达到互联互通的效果。而香港的制造业占比仅在 7% 左右，其处于国际领先地位的支柱产业可以带动珠三角制造业的进一步发展，如仓储物流、金融类及专业类服务等现代生产性服务业。同时，澳门与葡语系国家保持着密切的贸易关系，使其成为香港和珠三角九个城市在葡语系国家和"一带一路"层面的"精准联系人"。粤港澳三地可以利用大湾区的战略平台，充分利用各自的特点，共同建设世界先进的制造业基地和现代服务业基地，形成一个相对优势互补、错位协调发展的格局。

（五）区域经济一体化与全方位跨境合作为港澳青年就业创业提供了不断优化的要素配置

区域经济一体化有助于提升大湾区生产要素配置效率和区域协调能力。三地对接联通是促进要素高效便捷流动、推进一体化的基础条件。粤港澳一体化改善了大湾区创新创业环境，在人员流动方面，已促成通关便利化水平不断提高；货物流动方面，口岸清关手续进一步简化；专业资格认可方面，已在建筑工程、医疗、教育、律师、会计、旅游等 8 个重点领域实现对港澳职业资格的认可或做出便利安排。随着大湾区经济一体化进程加快，三地间关税壁垒和非关税壁垒大量减少、商品和服务的贸易自由化程度提高，带来劳动力等生产要素跨境流动的壁垒降低，从而加快了香港、澳门等周边地区向大湾区输出资本规模和水平的提升。广东自由贸易试验区的设立，使粤港澳合作进入以经贸制度、法律对接、互联网经济等高端服务业和服务贸易自由化为主导的全新合作阶段。

全方位跨境合作成为港澳青年来粤发展的重要推手。三地多领域的合作一直在不断向前推进，合作范围不断扩大，如今已深入创新及科技、金融服务、航运物流、CEPA 及专业服务、国际法律、生态环境及可持续发展和青年发展等 12 个方面。跨境合作不仅聚焦提升大湾区营商环境，而且实施多项便利措施促进跨境人员往来交流，为港澳青年来粤发展创造更为舒畅的生活空间。

二 广州推动港澳青年人才来穗就业创业的成效

（一）双创平台搭建效益明显，项目成果收获颇丰

截至 2021 年 9 月，广州已经建立 45 个港澳青年创新创业基地，在第一批的 8 个粤港澳大湾区港澳青年创新创业基地授牌名单中，广州获批 4 个，占据广东省的一半；全市各基地吸引港澳 348 个创业项目、600 余个团队、3000 多名青年落户；产生专利 1401 件，获得创投资金 10.13 亿元。无论从创新创业基地的数量和孵化项目以及成果来看，广州都位居广东首位。

其次是深圳市、珠海市和中山市，其中，深圳市港澳青年创新创业基地累计孵化港澳创业项目 499 个；珠海市青年创业谷累计孵化港澳初创企业（项目）244 家；中山市粤港澳青年创新创业合作平台在孵港澳项目 31 个，已孵化创业项目 452 个，涵盖人工智能、信息技术和新型服务业等领域。相对而言，虽然广州与此三市在吸引创业项目数量上相近，但在创新成效和支持力度上表现得更为抢眼。另外，佛山市、惠州市、东莞市、江门市和肇庆市主要集中在双创基地的建设，其中，佛山市粤港澳科技展示交流中心和三

山粤港澳青年创业社区有接近十家企业入驻；惠州市仲恺港澳青年创业基地累计引进企业（项目）28家，创业基地在孵港澳项目13个；江门市有数十个港澳青年创新创业基地，其中，华侨华人创业创新基地大厦（火炬大厦）聚集了初创企业和创业团队的孵化器，现时入驻专案超过110个；肇庆市新区港澳青年创新创业基地来访项目参观量累计600余次，深度接近400家意向入驻企业，达到了整体33%的入驻率。相对而言，广州市不仅在项目数量上占据绝对优势，而且各创新创业基地均取得较好成绩，呈全面开花之势。

（二）三地交流活动日益频繁，影响范围日益扩大

在交流活动方面，广州实施粤港澳大湾区香港/澳门青年实习计划和"百企千人"实习计划，累计吸引4000余名港澳学生来穗实习。连续7年举办"青创杯""赢在广州"等创业大赛，累计征集港澳地区项目2000多个。推动缔结穗港澳姊妹学校279对，持续举办穗港澳青少年文化交流季等活动，打造一批"一日游精品线路"，近两年吸引港澳青年近4万人次参加。连续举办了"黄埔杯""创青春"广东青年创新创业大赛暨粤港澳大湾区青年创新创业大赛，共吸引涵盖生物医药、区块链、文化创意、人工智能等领域的400余个港澳项目参赛。

其他城市虽也多次举办内地与港澳青年的交流活动，但都未形成一种长效交流机制和特色的品牌活动。相比之下，广州"五乐计划"涵盖支持港澳青年在穗学习、实习、交流、就业、创业、生活等方方面面。三年来，广州累计投入3亿元用于支持港澳青年来广州发展，初步形成功能完善、特色明显、成效突出的港澳青年创新创业支撑体系。

（三）基础教育日渐便利，社会保障日益完善

广州积极推动港澳青年在教育、医疗、养老、住房等基本民生保障方面与内地居民享受同等待遇，出台港澳居民子女在广州接受义务教育的相关政策。当前，广东省已形成包括1所港澳子弟学校、2所香港子弟学校和广深佛18所中小学港澳子弟班在内的港澳子弟教育体系。其中，广州6个区9

所学校开设 25 个港澳子弟班，入读港澳籍学生 600 余人。全市共有 14 所外籍人员子女学校，包括全国首家港澳子弟学校；在广州就读的港澳台中小学生超过 1.8 万人。相比之下，深圳港澳班办学历史较为悠久，共有 11 所学校开设港澳子弟班；佛山已经设立可招收港澳子弟的外籍人员子女学校 1 所，正在筹建外籍人员子女学校 1 所；其他城市港澳子弟班所提供的基础教育有限，多地尚处于探索阶段。

在社会保障方面，广州市社保中心积极参与"湾区社保服务通"建设，保障在穗工作生活的港澳居民在参保缴费、领取待遇、延缴趸缴等方面享受社会保险同等"市民待遇"。截至 2021 年 10 月底，港澳居民在穗参加基本养老保险（含按月领取养老保险待遇人员）的有 15568 名，参加失业保险8500 名，参加工伤保险 8542 名。

（四）职业资格互认力度逐渐增强，互认范围逐渐扩大

在职业资格互认等软联通措施上，广东省多市仍处于探索和逐步推进阶段。其中，深圳前海合作区针对法律、建筑和保险界分别推出了 3 项支持举措。积极探索开展穗港澳教师资格互认，31 名港澳人士在广州通过中小学教师资格认定。目前共有 26 名港澳医师在广州注册行医，63 名港澳人才持有导游证在广州执业，5 名香港注册建筑师参与庆盛枢纽站场综合体项目咨询服务，有港澳居民律师 53 名、港澳律师 30 名。可见，广州在职业资格互认上的创新突破不仅在一定程度上为港澳地区人才来穗就业创业提供了先决条件，同时也为粤港澳大湾区人才的流通融合提供了重要经验。

（五）大湾区内部人才流动特征明显，人才活力不断涌现

2017~2020 年广州人才净流入占比分别为 0.5%、0.5%、0.6%、0.19%，人才净流入且持续稳定增长。从 2019 年三季度粤港澳大湾区内部人才流动情况看，大湾区内 9 市市内流动率除肇庆外均高于 50%，其中广深两地人才留在本市的比例最高，分别为 76.56% 与 79.44%，且互为人才跨市流动的首选地。其他 7 个城市的人才跨市流动首选地中，佛山、江门、肇庆、中

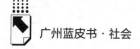

山、珠海人才的首选地为广州；东莞、惠州人才的首选地为深圳；受地缘和产业积累等影响，广州仍是大湾区内多数城市人才流出的首选。广州的人才活力不仅体现在数量上，还体现在质量上。最新数据显示，在广州工作的"两院"院士达115名，高层次人才有1224名，外籍高端人才有3117名，人才绿卡持有者达7056位。

三 广州推动港澳青年人才跨境就业创业的障碍分析

（一）港澳青年身份认同感不强，内地吸引力有限

历史上，香港和澳门的大学一直以实用主义的教育理念为基础，政治、道德、历史、哲学、国民教育几乎不存在，尤其是国民教育的缺失，导致港澳公民缺乏民族认同意识。近年来，香港的道德教育、中国历史教育、爱国主义和国家认同教育得到了加强，但效果并不明显。例如，香港大学对民意研究计划进行了调查，2006 年的调查结果显示，29 岁以下年轻人的"中国人"身份的认同感为30.5%，而到2016 年这个比例下降到3.8%；30 岁及以上的调查结果显示，2008 年和2016 年"中国人"认同感比例分别为41.1%和20.5%。

内地薪酬相对较低，人才吸引能力有限。地区薪酬水平是决定其人才吸引力的重要因素之一。根据智联大数据，2019 年春季，粤港澳大湾区总体平均薪酬为9227 元/月。其中，经济最发达的香港平均薪酬为23745 元/月。澳门、广州、深圳的平均薪酬次于香港，每月在 1 万元以上。大湾区内的其他城市的平均薪酬在 8000~9000 元/月浮动。从平均工资对比来看，广州与香港差别较大，这也是阻碍港澳青年来广州就业的重要因素。

（二）人才政策制定不系统、不精准，宣传不深入、不到位

人才政策同质化严重，人才引进机制不完善，无法精准引进急需人才和"对口"人才。近年来，广州出台各类人才政策，加大高学历人才引进力度，但这些项目与其他城市相比无明显特色。此外，大湾区各地区政府都在

采取各种方法引进人才，比谁的力度更大，呈现同质化的无序竞争。

人才吸引机制的市场活力不足。世界上 70% 的高级人才是通过外国猎头公司引进的，在纽约湾区和旧金山湾区，猎头公司是引进高级人才的主要渠道。在广州，高技能人才主要是通过省、市人力资源项目（人力资源部门）引进的，无法高效、精准地引进急需人才和"对口"人才。

人才政策宣传不深入、不到位，政策效果大打折扣。港澳青年对人才引进等政策了解渠道多为自行在互联网搜索和朋友介绍，广州针对港澳学校或在粤的港澳青年的主动宣传较少、范围不广，导致大多数港澳青年毕业生对相关政策知之甚少。政策未有效传递到更为广泛的港澳地区，公众对人才政策及其他优惠政策的认知度很低，难以与柔性人才需求单位建立合作关系，人才政策无法发挥应有的作用。

（三）政策宣传途径单一，线下宣传力度不足

政策宣传途径单一，需要加强资源的整合。港澳年轻人主要通过 Facebook、微信等媒体获取内地资讯，渠道较为单一。这种通过媒体渠道获取的信息是间接获取的，通过实地考察、游学等方式获取第一手资料的方式无法在港澳广泛推广。

三地法律规范差别巨大，深入全面了解耗时耗力。粤港澳大湾区具有与三个著名国际湾区不同的特点："一国两制"、三个关税区、三种货币和三种法律制度。广东、香港和澳门在商业注册、商业法律制度以及金融和税收制度方面有很大差异。就业和创业法律法规的差异是香港和澳门年轻人跨境就业和创业的障碍。

（四）具有国际影响力的人才发展平台数量不足，高端人才凝聚力不够

人才发展平台缺乏，高端人才凝聚力不足。从高校数量看，广州市内的知名高校数量远低于国内其他同等级城市，即使在整个大湾区内也缺乏具有国际影响力的人才发展平台，且大部分分布在香港，广州在就学资源

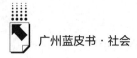

方面无法对港澳台青年形成足够的吸引力。其次，粤港澳大湾区内世界500强企业以及全球百强创新机构和世界级的知名研究机构较少，聚才育才用才的能力欠缺。

三地合作办学机制不健全，对青年就学吸引力不足。根据教育部公布的合作办学机构和项目名单，广州只有两个与香港和澳门合作办学机构和项目，仅占国家和省合作办学机构和项目总数的0.32%和10.1%。三地之间的合作教育机构很少，也没有足够的专门机构来协调和监督三地合作办学的情况，没有制定合作办学制度，自身教育资源的匮乏和联合办学的机制不健全使得广州对港澳青年的就学吸引力较低。

（五）大湾区城市间协同观念意识薄弱，创新要素流动渠道不畅，人才协作水平较低

城市间协同观念意识薄弱，不利于大湾区的整体发展。大湾区城市间发展竞争激烈、各地城市都在追求自身利益最大化，很难在大湾区的整体发展中定位，导致城市之间缺乏整体协调。各城市间虽一直有相互合作的区域性规划，但它们不能取代单个城市的规划，大湾区各城市总是将自己的计划置于区域问题之上。故而大湾区各城市之间在制定发展目标、引导要素流动、建设基础设施和产业布局等方面存在冲突，并导致城市的激烈竞争，进而削弱大湾区的整体竞争力。

地区协同理念滞后导致人才不能"尽其用"，人才协作效益递减风险呈现。目前，以行政体制为基础的城市定位概念仍占据主导地位，城市之间的人力资源竞争高于协同效应，城市的人力资源开发缺乏更广泛的大局意识和对整个区域的愿景。因此，城市之间没有分享人才特别是高层次人才的意愿，城市间的交流与合作水平较低，不利于整个大湾区的总体发展。

（六）城市营商环境有待优化，国际化影响力有待进一步提高

城市间营商环境差距较大，影响高水平国际湾区建设。除了香港和澳门在营商环境建设上遥遥领先外，粤港澳大湾区的其他九个内地城市由于经济

实力、行政级别、产业发展程度、对外开放程度等原因，在营商环境建设上与港澳有较大的差距，无法顺畅地实现人力、资金、科技、信息等要素的自由流动。至于资本整合，香港企业或个人到内地投资受到很多限制，目前仍执行与外资相关的法律法规。比如，三地知识产权法规不同，国家知识产权局批准的专利必须由香港和澳门特别行政区政府重新批准和授权。因此，粤港澳大湾区必须慢慢消除障碍，促进香港、澳门和内地之间的经济、社会、文化和政治的顺畅衔接。

四　广州吸引港澳青年的路径及对策

（一）强化人文融通，激发港澳青年社会认同感，讲好广州故事

加强思想政治引领，增强港澳青年民族认同感。针对目前港澳人才的身份认同、文化认同和价值认同不足的问题，需要充分利用广州丰富的历史资源、人文纽带和经贸联系优势，增强港澳人才对祖国、对广州的认同感和归属感，把港澳人才的发展融入广州的发展之中。推动在港澳人才中培养党员，为党和国家的事业吸引更多港澳人才。

加深港澳青年对广州的了解，讲好广州故事。针对港澳人才对内地了解不够而"不敢来、不想来、不愿来"的问题，应进一步增进港澳人才对广州及粤港澳大湾区的了解。充分发挥高校联盟、职业联盟、民间组织、港澳人士在广州工作居住等方面的作用，利用港澳媒体讲好港澳人才在广州创新创业的成功故事，宣传好广州的人才吸引政策。

（二）制定精准化、特色化人才政策，强化人才吸引方式

实施更加积极、开放、有效、精准的人才政策。明确各城市在大湾区的优势及定位，在竞争中相互合作，统筹考虑，结合自身产业结构和优势，有针对性地引进所需要的人才。巩固提升现有人才政策效能，狠抓政策执行落地，重点打通部门间的制度壁垒，进一步取消各领域、各环节对人才政策落

地的前置条件，确保人才补贴、奖励金按时拨付到位。强化政策顶层设计，抓紧出台加快建设创新创业人才高地的决定和实施细则，配套制定出台更具突破性的人才绿卡、人才住房保障政策，促进人力资源服务中介机构创新发展办法等政策文件，下大力气解决人才最关心的落户、就医、购房购车、子女入学等问题。

丰富人才政策宣传形式，主动化、深入化宣传人才政策。尽量减少信息传递不通畅、政策传达不到位导致的人才损失。不仅要将在广州、广东的港澳青年作为宣传对象，更要进一步走进港澳地区学校，走进港澳的人才市场及招聘平台，线上线下举办服务宣讲活动，让更多的港澳青年更加直观地了解政府优惠政策。

（三）加强人才基本公共服务保障，积极打造线上服务平台

引才留才不单是给钱给政策，更要创设宜居宜业的优良环境。涉及基本的医疗及住房问题，尝试在保健定点医院开辟绿色通道，按人才相应保健级别提供优先优惠待遇，实行租、售、补多元化、梯度式的人才安居保障方式，降低港澳青年在广州的生活成本，进一步扩大广州与港澳地区的生活成本优势。在粤港澳大湾区内部经济制度、法律体系、社会关系的环境差异背景下，组织相关部门进行积极引导，主动为港澳青年扫清相关阻碍，向"保姆式"服务转变，积极打造和完善港澳青年及各地区外籍人才从办理手续到融入工作生活的"一站式"线上服务平台。

（四）筑巢引凤，努力搭建高水平人才发展平台，深入构建产学研对接体系

联动大湾区其他各城市推动高校联合发展，努力搭建高水平人才发展平台。一是选择一批学术发展潜力大的学校，推动研究型大学发展，同时推动一批应用型大学发展，形成定位清晰、各具特色的大学体系，有序建立高等教育集群。二是选择有发展潜力的企业集群，加强对企业的财政补贴和税收优惠，促进科技领域的创新企业和投资机构的发展。三是积极引导国内外知

名高校、科研机构和企业在粤设立分校与分支机构，鼓励与粤港澳大湾区各地建设新型研发机构、大型项目实验室等合作平台。

加强产、学、研之间的深度融合。一是应建立一个专门处理产学研合作冲突的协调机构，加强与大湾区各地的合作。二是完善研发资金投入机制，设立政府专项资金，资助重点行业的优质产学研项目，对企业集中研发投入给予一定的政策倾斜，鼓励企业加大研发投入。三是鼓励高校教师、科研人员到企业兼职以及企业人员到高校兼职，积极推动建立"师徒制"，使人员流动更加灵活；鼓励高校、企业和科研机构以开放实验室、联合实验室等形式开展科研合作，通过项目合作与交流共同促进创新要素流动。

（五）深入探索城市间政务、人才协同机制，推动实现湾区共同发展

推进政务与人力资源协同发展，深化人力资源开发体制机制改革。共同开拓国际化的人才通道，优化海外人才工作站全球布局，加快实施"大湾区引进国外人才智力行动计划"，建立科技创新中心，通过海外合作渠道引进科技人才，打造"海外专家湾区行"新名片。完善外籍人员签证体系，积极探索技术移民试点，积极落实国家有关粤港澳大湾区税收优惠政策。尽管广州作为珠江三角洲、广东乃至华南地区的政治、经济、文化、科技中心、信息枢纽和交通枢纽，具有一定的优势，但在广交会等实体平台之外的对外交流方面仍缺乏国际影响力。

（六）提高城市国际化水平，增强城市吸引力

提高城市国际化水平，增强生产要素集聚。高度重视国际展会的影响力，做好对知名展会所带来的国际国内优质资源的二次开发和城市宣传。对于品牌知名展览、会议所带来的优质客商（高端商务人士、设计师、专家学者、实业家等）和高端技术、创意产品、新型商业模式，通过会展公共服务数字平台加以转化，孵化出新的价值。兴盛的国际会展也能极大地提高城市对外交往功能、贸易促进功能、形象宣传功能和知识传播功能等。

以金融国际化引领城市国际化。广州和香港在金融方面的深度合作，要

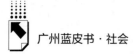

以此为基础，充分利用自己的优势资源。以金融国际化引领经济、文化、科技、教育等国际化，推动城市基础设施、人居环境国际化，形成全方位开放新格局，努力建设现代化国际港口城市、亚太地区重要国际开放门户、"一带一路"倡议的重要枢纽城市。

参考文献

陈铀、吴伟东：《港澳青年跨境就业创业政策研究——基于广州、深圳、珠海的政策对比分析》，《青年探索》2021 年第 2 期。

方木欢：《粤港澳大湾区港澳青年创业的政策机制与优化路径》，《青年探索》2019 年第 5 期。

方木欢：《港澳青年创业扶持政策实施的多源流分析》，《当代青年研究》2020 年第 6 期。

胡妍：《活力广州成港澳青年创业热土》，《小康》2021 年第 14 期。

李沐纯、张紫瑄：《粤港澳大湾区青年创新创业政策的文本分析》，《特区经济》2021 年第 4 期。

丘文：《多措并举全力推进广州建设全球人才创新创业高地》，《广州社会主义学院学报》2021 年第 4 期。

谭恺：《新时代粤港澳大湾区发展对青年创业的机遇分析》，《知识经济》2019 年第 33 期。

杨爱平、郑晓云：《港澳青年融入大湾区内地城市发展的行政推动机制研究——以港澳青年创新创业基地建设为例》，《青年探索》2022 年第 2 期。

（审稿人：简荣）

B.6

广州社会力量参与
救助服务的发展与经验

彭 杰 陈 谋 袁娟娟*

摘 要： 根据 2012 年民政部《关于促进社会力量参与流浪乞讨人员救助服务的指导意见》的文件精神，广州自 2013 年开始通过购买社会服务参与流浪乞讨人员救助服务。到 2021 年底，广州全市共有 19 家社会组织开展了 28 个与流浪乞讨人员救助相关的服务项目。本文在描述广州社会力量参与救助服务发展历程（2012～2021 年）的基础上，结合广州市社会力量参与生活无着的流浪乞讨人员救助服务的实践，分析总结了过去十年广州社会力量参与救助服务的经验。

关键词： 社会力量 "流浪乞讨人员" 购买服务

一 引言

2012 年，民政部发布《关于促进社会力量参与流浪乞讨人员救助服务的指导意见》（下文简称"2012 年民政部指导意见"），指出要认识到社会力量参与流浪乞讨人员救助服务的意义，发挥社会力量在救助服务中的积极

---

* 彭杰，博士，华南师范大学哲学与社会发展学院社会工作系讲师，研究方向为医疗社会学、社会政策；陈谋，广州市救助管理站市区分站工作人员，研究方向为救助管理；袁娟娟，社会工作师，广州市鼎和社会工作服务中心服务总监，研究方向为流浪乞讨人员社会工作介入服务。

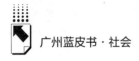

作用，加大对社会力量参与救助服务的支持力度。

根据上述文件精神，广州开始了通过购买社会服务让社会组织承接救助服务的探索，促进社会力量参与流浪乞讨人员救助服务。2013年，广州有两家社工机构分别开展了一个与流浪乞讨人员救助相关的服务项目。此后几年，仅有一家社工机构持续地开展救助服务。为激发社会力量参与流浪乞讨人员救助服务的积极性，2017年，广州市民政局出台《"社工+流浪救助"实施方案》，进一步推动政府购买服务项目覆盖全市11区和6家救助管理机构。2020年，广州市民政局出台《关于促进社会力量规范参与生活无着的流浪乞讨人员救助服务的实施意见》，促使全市社会力量参与流浪乞讨人员救助服务工作走向制度化、规范化、标准化。

从2013年开始，发展到2021年底，广州共有19家社会组织参与到流浪乞讨人员救助服务中，累计开展了28个与流浪乞讨人员救助相关的服务项目。截至2021年底，仍然有11个项目在持续开展救助服务。

从贯彻民政部相关文件的精神到具体项目落地，再到参与流浪乞讨人员救助服务的社会组织与服务项目不断增多，这个过程，是广州探索社会力量参与流浪乞讨人员救助服务发展的过程，也是广州逐步形成社会力量参与救助服务经验的过程。本文在简单呈现2012~2021年广州社会力量参与救助服务的基础上，结合广州市社会力量参与生活无着的流浪乞讨人员救助服务的实践，试图分析总结过去十年广州社会力量参与救助服务的发展过程和经验模式。

二　广州社会力量参与救助服务发展的过程（2012~2021）

（一）社会力量参与救助服务探索阶段（2012~2014）

根据"2012年民政部指导意见"精神，广州市民政局从2013年开始设立关于街面流浪乞讨人员救助服务的社会力量参与项目，并于2014年试点实施了"街有佳友——穗星露宿者回归社会计划"和"福彩有爱，弃讨返乡"流浪乞讨人员社会工作救助服务项目，采取"社工+志愿者"形式跟进重点服务对象，积累了一定的经验。

"今后，我们将探索政府购买社工服务的方式，为城市街头的露宿者提供救助和帮扶。"广州市救助管理站市区分站负责人表示，随着社会保障的发展和完善，城市街头的露宿者，已不仅指生活无着落的流浪汉，还有以打短工为生、收入不足以支付房租而不得不露宿街头者和职业乞讨者，他们占了大多数。

根据广州城市街头的露宿者情况，结合相关工作经验，主要负责市区救助的职能部门负责人明确表示，街面救助工作将探索向社工机构购买专业服务的方式，重点帮扶体智健全有求职意向的露宿者、罹患疾病的露宿者、年老体弱无工作的露宿者以及临时离家出走急需心理支持的露宿者等四类露宿者，帮助他们化解心理难题，重新回归家庭、融入社会，初步计划每年帮扶200名露宿者，主要协助他们紧急就医和临时就业。①

（二）社会力量参与救助服务探索阶段（2015~2016）

2015年，广州市民政局立项、实施"广州市流浪乞讨人员社会工作介入服务项目"，进一步探索社会力量参与救助服务工作。该项目每年度金额为100万元，覆盖广州越秀、荔湾、海珠、天河、白云等中心城区街面流浪乞讨人员，项目周期自2015年至2020年。

按照"助人自助"的理念，项目充分运用个案帮扶、转介援助和跟踪回访等介入方法，针对流浪乞讨人员不愿进站受助、不愿"弃讨返乡"、不愿就业劳作、乐于不劳而获、甘于流浪乞讨等问题，为流浪乞讨人员提供情绪疏导、情感抚慰、心理辅导、关爱帮扶、返乡教育等延伸救助服务，力求劝其自食其力、"弃讨返乡"，协助救助管理机构和流动服务队缓解流浪乞

---

① 谭秋明：《社工志愿者帮忙找到工作"80后"拾荒者月入四千》，《广州日报》2014年6月10日。

讨人员"反复救"问题，提高救助管理成效，以进站受助、返乡安居和就业劳作等成效作为衡量标准，实现流浪乞讨人员自强自立、社会组织彰显自身价值、社会服务管理减压增效的"三赢"目标。正是这个项目的实施为广州市此后的社会力量参与救助服务奠定了良好的基础。

据不完全统计，从 2003 年到 2014 年，广州累计救助各类流浪乞讨人员超过 40 万人次，每年救助量就占到广东省全省的三分之一。为了救助工作更加有效率，广州市民政部门积极探索并创新多种社会治理方式，通过救助管理部门与社工机构、志愿团体、慈善组织等社会力量联合，形成政府和社会联动的"政社联动"救助方式。这一方式充分发动社会各种力量，参与到救助工作中来。

（三）社会力量参与救助服务推广阶段（2017~2019）

2016 年，民政部发布《关于动员社会力量完善生活无着流浪乞讨人员发现机制的通知》（民函〔2016〕328 号），指出要通过政府购买服务的方式，引入专业社工组织、专业社会工作者开展街头外展巡查和救助服务。广州市民政局于 2017 年发布《"社工+流浪救助"实施方案》，推动政府购买服务项目覆盖街面和站内，广州市各个救助管理站和各区民政局立项、实施多个"社工+流浪救助"项目，服务覆盖各个救助管理站及各区街面，大大提升了社会力量在救助服务中的参与程度，使得广州在服务方式方法、服务覆盖面、服务深入度和服务成效等方面，均走在全国前列。2019年底，广州市救助管理站市区分站、广州市鼎和社会工作服务中心受邀到民政部培训中心，为全国救助管理机构同行分享社会力量参与救助服务的经验和心得。

根据表 1 的统计，2017 年前，广州累计有 3 个相关项目开展服务，持续到 2017 年的项目仅有 1 个。但 2017 年当年，有 7 个新立项的项目，当年共有 9 个项目在立项和开展救助服务。同时承接服务的社工机构由 1 家发展到 5 家，购买服务也扩展到了黄埔、海珠、越秀、白云等区。

（四）社会力量参与救助服务创新阶段（2020~2021）

2020年7月，广州市民政局出台了《关于促进社会力量规范参与生活无着的流浪乞讨人员救助服务的实施意见》。该文件加大对社会力量参与救助服务的政策支持、资金支持、技术支持、场地支持等，规范参与程序、参与方式及途径、评估考核、宣传报道、监督管理，促使社会力量参与流浪乞讨人员救助服务工作走向制度化、规范化、标准化，形成社会力量参与救助服务的广州标准、广州特色，提升救助管理理念、规范参与方式、创新服务模式。

2020年8月，市民政局又发布了《关于促进社会力量规范参与生活无着的流浪乞讨人员救助服务联动机制项目实施方案的通知》，由广州市鼎和社会工作服务中心、广州市尚丙辉社会工作服务中心、广州市暖加公益促进会牵头，组建了广州市社会力量参与救助服务联动机制，服务覆盖广州11个区和6家救助管理机构。联动机制试图统筹全市社会力量，打造社会力量参与救助服务的机制、网络、平台，由指导单位、支持单位、专家团队、召集单位、参与单位、联合办公室等组成，现有专家团队4支、参与单位41家、志愿者骨干806人，协助政府部门做好流浪乞讨人员救助管理服务工作，在寻亲返乡、心理疏导、源头治理、跟踪回访、联合服务、专项救助行动等方面发挥出一定的积极作用，发动社会力量参与流浪乞讨人员救助服务，整合资源，理顺关系，规范救助服务标准，探索救助服务模式，打造救助服务品牌。

广州市救助管理工作监督员、联动机制专家团队成员认为，联动机制经过一年的实践和探索，已经形成"政府主导、社会参与、专家赋能、慈善助力、合力救助"的服务格局，通过"救助+社工+慈善+志愿服务"形式，促进社会力量有序参与、公益慈善力量助力、社会资源有效整合，协助政府救助部门常态化开展街面巡查、情绪疏导、寻亲返乡、源头治理和跟踪回访等专业化服务，成效显著。

广州市民政局负责人表示，要在社会力量参与救助管理工作多年的实践

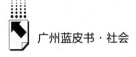

基础上，通过政府推动，建立社会力量参与救助服务的联动机制，搭建服务平台，整合社会资源，发动更广泛的社会力量积极参与，提供多元化、专业化、个性化的救助服务，实现行政力量和社会力量的有效结合与良性互动，营造关爱流浪乞讨人员的良好社会氛围。①

三 社会力量参与救助服务的发展变化

（一）社会力量参与救助服务从自发性到职业性

早期，广州长期参与派餐、派衣、派物等志愿服务的大小团队近 20 个，绝大部分未登记注册，主要是出于团队负责人和志愿者的自发性。广州市（区）民政局、各救助管理机构自 2014 年开始陆续购买专业社工服务参与流浪救助服务，采取项目化方式设立社工、志愿者等服务岗位，在开展服务的同时也帮助各志愿团队长期培育专才志愿者，社会力量呈现出职业化的趋势。

（二）社会力量参与救助服务从短期施舍到长期帮扶

早期的社会力量参与救助服务更多是出于市民对流浪乞讨人员的同情和怜悯心理，所提供的服务也更多是派餐、派衣、派物等"施舍"行为。随着社会力量认知、能力的提升，其所开展的服务也出现质的飞跃，更加关注通过中短期的帮扶使流浪乞讨人员认识到流浪乞讨的危害性，最终彻底摆脱流浪乞讨困境。例如出现医疗支持、康复支持、家庭关系辅导、寻亲安置、社会福利申请、就业辅导、流动学堂等帮扶服务。

（三）社会力量从被忽视到凸显

政府救助管理部门越来越重视社会力量对流浪救助服务的参与，期望改

---

① 覃汉鹏：《创新联动机制　推动社会力量参与救助服务》，《中国社会报》2021 年 11 月 8 日。

变过去大包大揽的习惯做法，要求"专业的事情交给专业的人来做"。社会力量在流浪救助服务中发挥的作用越来越受到救助管理部门认可和重视，通过政府购买服务，将服务进一步进行专业化、系统化设计，促进服务质量提升，使社会力量参与救助服务的作用越来越凸显。

（四）社会力量参与救助服务从单一到多样

早期社会力量参与救助服务内容和形式都较为单一，开展相关服务的人员也较为单一，未能充分发挥社会力量的潜在能力。随着服务的持续深化和救助管理部门的有力推动，有更多类型的深度服务产生，其内容和形式都呈现多样化的特征。同时开展相关服务的人员也更加多样化，各类专才志愿者参与到服务中，为社会力量参与救助服务提供专业支持和保障。

（五）社会力量参与流浪救助服务从分散到联合

过往各种社会力量分头参与，独自作战，存在信息壁垒。虽然各有优势，但是未能形成合力，缺乏联合协作和转介机制，既不利于社会力量充分发挥作用，也不利于流浪乞讨人员寻找最合适的途径解决问题[①]。随着政府部门的顶层设计和推动，社会力量与政府部门之间、社会力量与社会力量之间的联动将会更多，其服务也有更多的联合。例如，广州市社会力量参与救助服务联动机制共有 41 家成员单位，各有特色，优势互补。其中包括有流浪乞讨人员救助经验的尚丙辉社会工作服务中心、有多年街头探访经验的暖加公益促进会和鼎和社工服务中心、寻亲经验丰富的"让爱回家"志愿服务队等，此外，还有多年持续对流浪乞讨人员进行学术研究的高校专家加盟。通过打通服务壁垒，发挥各自专业优势、相互协作，做到经验共享、成果共享、服务共享。

---

① 倪晓锋、徐宇珊：《社会力量参与社会治理的深圳实践》，《特区实践与理论》2019 年第 6 期。

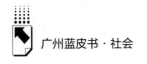

（六）社会力量参与救助服务从同一性到个性化

流浪乞讨人员的需求和服务有较强的同一性，社会力量和救助管理机构所提供的服务也大多是基本的衣、食、住、行方面的救助；但是随着经济环境和社会文化氛围的转变，流浪乞讨人员出现了更多个性化的需求，并不是基本的衣、食、住、行方面的救助所能满足的，而是需要更多个性化的服务。伴随着社会力量的发展和成长，其在情绪疏导、情感抚慰、就业支持、寻亲返乡、源头治理、跟踪回访等方面，越来越能够提供个性化的救助服务。

四　社会力量参与救助服务的经验

经过2012～2021十年的发展、积累和沉淀，广州社会力量参与救助服务从自发、无序、单兵作战，向规范、有序、协同作战转变，成为政府救助体系不可或缺的组成力量，彰显社会力量在政府救助体系中的补充、丰富、完善和创新功能，并形成"政府主导、社会参与、专家赋能、慈善助力、合力救助"的经验模式。

（一）政府主导成为社会力量参与救助服务的有力保障

一是政府部门通过顶层设计推动社会力量参与救助服务专业化、规范化、职业化发展。2017年，广州市民政局发布《广州市"社工+流浪救助"实施方案》，指导各区民政局、各救助管理机构购买社工服务和引导社工、志愿者参与到救助服务中；2020年，广州市民政局出台《关于促进社会力量规范参与生活无着的流浪乞讨人员救助服务的实施意见》，要求加大对社会力量参与救助服务的政策支持、资金支持、技术支持、场地支持等，规范参与程序、参与方式及途径、评估考核、宣传报道、监督管理。二是政府购买服务项目推动社会力量长期专注于救助服务工作。2012～2021年，广州设立、实施流浪乞讨人员社会工作服务项目近40个，总计投入财政资金超

3000万元，覆盖全市的6家救助管理机构和11区街面救助服务。三是推动建立广州社会力量参与救助服务联动机制。2020年8月，在广州市民政局指导下，广州市民政局社会事务处整体统筹，广州市救助管理站市区分站具体负责，广州市救助管理站、广州市民政局精神病院、广州市慈善会、广州市志愿者协会、广州市社会工作协会、广州市接收社会捐赠工作站等单位提供大力支持和帮助，广州市鼎和社会工作服务中心、广州市尚丙辉社会工作服务中心、广州市暖加公益促进会三家社会组织牵头，构建了广州市救助服务联动机制。

（二）社会参与成为社会力量参与救助服务的内生动力

社会力量从前期的自发性参与，到有序参与和有效参与，社会力量自身的能力建设和资源管理等内生动力被充分调动起来。一是建立会议制度。原则上每月召开一次社会力量联合会议，根据工作需要或政府部门领导要求，可临时召开会议，研判救助服务整体工作状况并及时跟进。二是建立咨询制度。重大事项确定、重要文件制定和重要活动的举办应充分听取专家团队等意见和建议，在专家团队等指导下开展，并及时函报相关情况。三是建立监督制度。定期开展自查，督促在法律、法规框架内开展工作，防止违法违规问题发生。四是建立保密制度。对于从政府部门获取的相关资料和参与救助服务相关的敏感数据等要妥善保管，未经允许，不得外泄。五是建立宣传制度。广州市民政局相关处室统一归口管理社会力量参与救助服务宣传工作，未经允许，任何机构不得向媒体提供相关信息稿件。

（三）专家赋能成为社会力量参与救助服务的智力支撑

依托广州市民政局救助服务特约监督员机制和广州社会力量参与救助服务联动机制，组建了由社会工作、管理学、法律、心理学等领域的社会力量参与救助服务的专家团队，为社会力量参与救助服务重大事项确定、重要文件制定、重要活动举办、相关理论研究、能力建设提出意见和建议。在专家团队指导下，广州社会力量组织编撰《广州市流浪乞讨人员救助工作案例汇编》《广州市流浪乞讨人员救助工作故事汇编》《广州市流浪乞讨人员救助工作论文汇编》等 7 部汇编，在《中国社会报》《中国社会工作》等报刊公开发表典型案例、专业论文等近 10 篇。有学者指出，广州的社会工作服务机构、志愿服务组织、公益慈善组织等社会力量资源丰富，很多社会组织长期参与救助服务工作，动员和汇集了各方力量，充分发挥了社会各主体优势、提升了救助服务的质量。这是一项创新举措，将为全国救助管理工作提供有价值的经验。①

（四）慈善助力成为社会力量参与救助服务的服务保障

在广州市民政局、广州市慈善会、广州市救助管理站市区分站等有关部门的大力支持下，社会力量设立慈善专项基金，为全国首个专门帮扶流浪人员的基金，旨在发动更广泛的社会力量，形成共同参与、合力救助的工作局面，募集善款、物资近 38 万元，聚焦广州市流浪乞讨人员中的高龄长者、残障人士、女性、携带未成年人流浪等高危群体持续性的个案跟进、跟踪回访、就业指引等救助服务工作，已经为近 70 名重点服务对象提供救助和帮扶，为近 800 名流浪乞讨人员提供防疫及生活物资支持。一是发动爱心企业，筹集种子基金。积极发动爱心企业，激发企业的社会责任感和共同参与意识，发动多家企业捐赠，筹集种子基金 3 万元。二是发动社会力量，积极公开募捐。通过广州市民政局"广益联募"平台长期线上募捐，通过举办"99 公益日"、公益慈善项目大赛等方式，公开募捐。三是设立"子计划"项目，为志愿团队拓宽募资渠道。在项目募捐内容里设立"子项目"，为"森爱志愿者服务队"等志愿团队募集参与救助服务所需经费，有效解决无公开募捐资质的志愿团队筹集服务经费的难题。

（五）合力救助成为社会力量参与救助服务的工作保障

一是政社联动。社会力量与市民政局社会事务处、全市 6 家救助管理机

① 郭翔宇、廖培金：《广州将建立社会力量救助服务流浪乞讨人员联动机制》，央广网，2020年 8 月 25 日。

构、12支街面救助小分队，市慈善会、市志协、市社工协会，属地和源头地公安、城管、街道办等均建立常态化沟通和协作机制，不断延伸政府救助链条，提升特殊困难群众寻求政府救助的易及性。二是社志联动。社会力量与志愿团队、热心市民，以及外地省市志愿者团队进行多方联动，开展联合服务，优势互补，整合社会力量、社会资源，提升服务质量。三是社企联动。充分挖掘和调动爱心企业的社会责任感和潜在资源，为有就业能力、就业意愿的流浪乞讨人员提供就业培训、就业岗位、就业支持和物资捐赠、入学支持等。通过政企联动，构建供需对接平台，既能体现爱心企业的社会责任、使命和担当，又能给生活无着的流浪乞讨人员带来实实在在的获得感。四是社研联动。联手华南师范大学、华南农业大学、广州大学等专家学者，开展政策理论和实务研究，总结提炼实践经验，先后完成广州市流浪乞讨人员救助工作论文汇编、案例汇编、故事汇编和《广州市救助工作发展报告》等多部汇编及报告，并公开发表多篇学术论文，为推动社会力量参与救助服务全面健康发展提供有力支撑。

（审稿人：简荣）

表1 2013~2021年广州社会力量参与流浪乞讨人员救助服务的发展

机构	项目	2013年	2014年	2015年	2016年	2017年	2018年	2019年	2020年	2021年
广州市穗星社会工作服务中心	街有佳友——穗星露宿者回归社会计划（公益创投项目）	立项	开展服务1年							
广州市启智社会工作服务中心	"福彩有爱，弃讨返乡"流浪乞讨人员社会工作救助服务项目	立项	在广州市天河区试点开展服务半年							
	广州市流浪乞讨人员社会工作个人服务项目	—	立项	开展服务	开展服务	开展服务	开展服务	开展服务	项目结束	—
	广州市救助管理站流浪乞讨人员专业社工服务项目	—	—	—	—	立项	开展服务	开展服务	开展服务	开展服务
	广州市番禺区救助管理社会工作服务项目	—	—	—	—	立项	开展服务	—	开展服务	开展服务
	流浪乞讨露宿人员"社工+义工"街头驻点及巡查劝导项目	—	—	—	—	开展服务半年	—	—	—	—
广州市鼎和社会工作服务中心	广州市民政局义工参与流浪乞讨人员社会工作服务项目	—	—	—	—	立项	开展服务1年	项目结束	—	—
	海珠区流浪乞讨人员社会工作服务项目	—	—	—	—	—	—	开展服务1年	—	—
	广州市救助管理站市区分站社工驻点服务项目	—	—	—	—	—	—	立项	开展服务	项目结束
	天河区流浪乞讨人员社会工作服务项目	—	—	—	—	—	—	—	立项	开展服务
	促进社会力量参与流浪乞讨人员救助服务联动机制创建项目	—	—	—	—	—	—	—	立项并开展服务	开展服务

续表

机构	项目	2013年	2014年	2015年	2016年	2017年	2018年	2019年	2020年	2021年
广州市阳光天使社会工作服务中心	广州市番禺区救助管理社会工作服务项目	—	—	—	—	—	—	开展服务1年	—	—
广州市航宝社会服务社	黄埔区流浪乞讨人员救助服务社会工作介入项目	—	—	—	—	立项	开展服务	开展服务	项目结束	—
广州市黄埔区惠民社会服务中心	黄埔区"社工+志愿者"流浪乞讨人员救助服务项目	—	—	—	—	—	—	立项	开展服务	开展服务
广州市心明爱社会工作服务中心	海珠区流浪乞讨人员社会工作介入服务项目	—	—	—	—	立项	开展服务1年	—	—	—
广州市恒泽社会工作服务中心	海珠区流浪乞讨人员社会工作介入服务项目	—	—	—	—	—	—	—	开展服务	—
广州市松鹤社会工作服务中心	海珠区流浪乞讨人员社会工作介入服务项目	—	—	—	—	—	—	—	—	开展服务
广州市越秀区关怀街友公益服务中心	2018年越秀区流浪救助服务社会工作项目	—	—	—	—	立项	开展服务1年	—	—	—
广州市白云区普得居家养老服务中心	广州市白云区流浪乞讨人员社会工作介入服务项目	—	—	—	—	立项	开展服务	开展服务	开展服务	开展服务
广州市白云区瑞德社会工作服务中心	广州市救助管理站市区分站"社工+义工"驻点服务项目	—	—	—	—	—	立项	开展服务1年	—	—

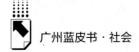

续表

机构	项目	2013年	2014年	2015年	2016年	2017年	2018年	2019年	2020年	2021年
广州市尚丙辉社会工作服务中心	越秀区流浪救助服务社会工作介入项目	—	—	—	—	—	—	开展服务	开展服务	开展服务
	荔湾区"生活无着流浪乞讨人员社工介入救助服务"项目	—	—	—	—	—	—	—	—	开展服务
广州市新跨越社会工作综合服务中心	荔湾区"生活无着流浪乞讨人员社工介入救助服务"项目	—	—	—	—	—	立项	开展服务	开展服务	—
广州市增城区合众社会工作服务中心	广州市增城区"社工+流浪救助"服务项目	—	—	—	—	—	立项	开展服务1年	—	—
广州市增城区耀星社会工作服务中心	广州市增城区"社工+流浪救助"服务项目	—	—	—	—	—	—	—	开展服务	开展服务
广州市花都区启明社会工作服务中心	广州市花都区救助管理站流浪乞讨人员社会工作介入服务项目	—	—	—	—	—	—	立项	开展服务	开展服务
广州市艾华社会工作服务中心	社工(义工)+流浪救助服务项目	—	—	—	—	—	—	立项	开展服务	开展服务
广州市普爱社会工作服务社	广州市受助人员安置中心社工服务项目	—	—	—	—	—	—	立项	开展服务	开展服务

社会治理篇

Social Governance

B.7

广州新媒体从业青年价值观调查报告

简荣 陈杰 梁柏*

摘 要： 随着经济社会的快速变迁，新的社会阶层规模日益扩大、影响力不断上升，已经成为推动广州经济社会发展的重要力量。新媒体从业人员是新的社会阶层的重要组成部分，以 18~35 岁青年为主。调查分析他们的价值观倾向，对在新的社会形势下加强青年价值观引导工作具有重要意义。本文通过问卷调查发现，新媒体从业青年理性、爱国，显示出道路自信、理论自信、制度自信、文化自信。他们既关心国家时政和社会热点，又注重个体价值实现，把个人利益与国家、社会利益相结合，并努力追求两者的平衡。在市场经济日益发展的背景下，新媒体从业青年有着独立自主、理性务实的价值观，如崇尚知识，毫不避讳地表达对物质的追求等。与此同时，他们有着较大的生存和发展压力，社会参与

---

* 简荣，广州市社会科学院助理研究员，研究方向为社会分层、社会治理、公共服务；陈杰，博士，广州市社会科学院社会研究所副所长、副研究员，研究方向为社会治理、社会政策；梁柏，华南农业大学助理研究员，研究方向为高等教育管理。

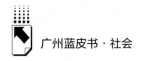

意愿较高，但参与渠道较少，秉持着注重实惠、金钱物质等方面的价值追求。为此，本文提出了五项加强引导新媒体从业青年价值观的对策建议。

关键词： 新的社会阶层　新媒体从业青年　青年价值观

一　引言

新的社会阶层人士作为经济社会转型重要时期产生的重要社会群体，伴随社会主义市场经济发展而壮大，是中国社会主义事业的重要建设力量，为广州的经济社会发展做出重要贡献。中共中央修订的《中国共产党统一战线工作条例》明确，新的社会阶层人士主要包括民营企业和外商投资企业管理技术人员、中介组织和社会组织从业人员、自由职业人员、新媒体从业人员等。① 新媒体从业青年是新的社会阶层人士的重要组成部分，主要指在新媒体企业中从事生产管理活动的 18~35 岁青年，他们具有文化程度较高、思想活跃敏捷、价值取向多元等特征，是我国新时代社会主义建设事业的生力军和中坚力量。因此，深入研究新媒体从业青年成长的新特点和新规律，掌握他们的社会态度、价值观和政策诉求，因势利导地引导其思想，使其成为坚定的社会主义建设者和接班人，对实现中华民族伟大复兴具有重要战略意义。

二　调查内容、方法及样本情况

本次调查主要考察新媒体从业青年的经济价值观、政治价值观、社会价

---

① 常庆林：《新的社会阶层的发展演进与主体特质》，《广东省社会主义学院学报》2021 年第 4 期，第 4 页。

值观和文化价值观。本研究的调查对象为在广州新媒体企业工作的 18~35 岁青年,调查方式为结构化问卷调查。由于缺乏具体的抽样框,本次调查无法采用常用的等概率抽样方法进行抽样。课题组参考同伴推动抽样法(RDS)进行抽样。首先向新媒体企业定向发放问卷。在每家企业内选取 8 名青年员工作为招募种子,向他们派发问卷。招募种子完成问卷后,请其向 4~6 名同事或从事新媒体工作的朋友转发问卷,以此类推。有研究表明,RDS 的样本招募过程满足马尔柯夫(Markov)链式理论要求,随着过程的展开,抽样样本将趋于平衡稳定,所得样本能有效地代表总体。[①] 最后共回收问卷 524 份,其中通过答卷真实性测试的有效问卷为 477 份,有效回收率为 91.03%。

样本构成的基本情况如表 1 所示。在性别构成方面,男性占 40.9%,女性占 59.1%;户籍构成情况,广州市本地户籍者占 34.1%,广东省其他地区户籍者占 36.3%,非广东省户籍者占 29.6%;在代际分布方面,"85 后"(指 1986~1989 年出生)占 21.6%,"90 后"(指 1990~1994 年出生)占 32.9%,"95 后"(指 1995~1999 年出生)占 39.2%,"00 后"占 6.3%;在政治面貌方面,中共党员占比为 14.5%,非中共党员占比为 85.5%;在教育程度方面,大专及以上教育程度的占比为 89.1%,大专以下教育程度的占比为 10.6%(见表 1)。

表 1　调查样本基本情况

单位:%

人口变量	指标	占比
性别	男性	40.9
	女性	59.1
户籍	广州本地	34.1
	广东省其他地区	36.3
	非广东省	29.6

① 袁方:《同伴推动抽样法在吸毒人群研究中实际应用的探讨》,《现代预防医学》2008 年第 15 期,第 2 页。

续表

人口变量	指标	占比
代际	"85 后"	21.6
	"90 后"	32.9
	"95 后"	39.2
	"00 后"	6.3
政治面貌	中共党员	14.5
	非中共党员	85.5

三 调查结果分析

(一)经济价值观

经济价值观是指人们对经济事物、经济现象、经济行为等的基本评价准则、态度观点以及对人与人之间经济关系的看法。经济价值观能通过人们对经济事物、经济现象、经济行为等的评价、态度以及行为取向进行测量。[①]本次调查主要分析新媒体从业青年的职业价值观、金钱观、消费行为。

1.新媒体从业青年重视自我价值实现和职业发展前途

本报告把职业价值划分为内在价值和外在价值两个维度。内在价值维度主要指职业给青年带来的主观感受,包括符合个人兴趣爱好、能发挥自己才能、工作自主性强等 3 个指标;外在价值维度主要指职业给青年带来的回报,包括有更多收入、有自己支配的工作和休息时间、有较高社会地位、能接触不同社会人士、自我提升机会多、行业前景好等 6 个指标。由此编撰四级量表(非常同意、比较同意、不太同意、完全不同意)对新媒体从业青年的职业价值观进行测量。

通过统计,笔者发现新媒体从业青年对内在价值维度的指标更为看重,

[①] 陈章龙:《价值观研究》,南京师范大学出版社,2004,第 280 页。

非常同意和比较同意"符合个人兴趣爱好"的占比合计为88.1%,非常同意和比较同意"能发挥自己才能"的占比合计为87.9%,非常同意和比较同意"工作自主性强"的占比合计为82.7%,明显高于外在价值维度各项指标的非常同意和比较同意占比合计(见表2)。这表明,新媒体从业青年重视内在价值的实现。

另外,对于外在价值维度中的"能接触不同社会人士""自我提升机会多""行业前景好"等指标,新媒体从业青年选择"非常同意"和"比较同意"的占比合计也都超过七成。这反映新媒体从业青年进行职业选择时也十分重视个人的前途发展。

表2 新媒体从业青年职业价值观分析

单位:%

维度	指标	非常同意和比较同意合计占比
内在价值	符合个人兴趣爱好	88.1
	能发挥自己才能	87.9
	工作自主性强	82.7
外在价值	有更多收入	66.8
	有自己支配的工作和休息时间	57.5
	有较高社会地位	40.6
	能接触不同社会人士	79.1
	自我提升机会多	81.0
	行业前景好	74.7

2. 新媒体从业青年有追求金钱的倾向,反映了重实惠、重物质的价值目标

金钱观反映个人对金钱的态度观念,是经济价值观的重要内容。树立正确的金钱观,对于引导青年健康成长具有十分重要的意义。本次调查设置了一组包含6个指标的四级量表,利用四级量表(非常同意、比较同意、不太同意、完全不同意)来测量新媒体从业青年的金钱观。

调查结果显示,非常同意与比较同意"金钱能带来幸福"和"我认为钱越多越好"的受访者占比合计分别为83.8%和77.5%,分列前两位;非常同意与比较同意"金钱是地位的象征"和"我相信钱可以解决所有问题"的合计占比分列第三、第四位,分别为56.2%和49.3%;非常同意与比较同意"我会用金钱多少来衡量一个人是否成功"和"金钱是万恶之源"的受访者相对较少,占比分别为41.7%、34.1%(见图1)。这表明新媒体从业青年中出现了追求金钱的倾向,他们秉持重实惠、重物质的价值目标。这预示着当前的青年工作,必须加强对新媒体从业青年等新阶层青年的金钱观引导,防止他们因过于注重物质价值而忽视了理想、精神追求。

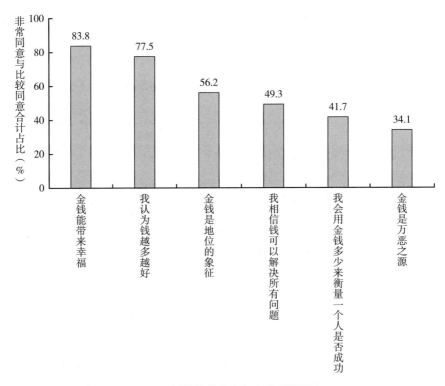

图1 新媒体从业青年金钱观测量

3. 知识技能是新媒体从业青年最欣赏的谋生资本

人们对谋生资本的看法也是经济价值观的重要表征指标。本报告通过设置问题"请选出您最欣赏的谋生资本",考察新媒体从业青年对谋生资本的看法。通过加权计算选择比例后,发现新媒体从业青年最欣赏的谋生资本是

"知识技能",加权比例为92.1%,远高于其他的谋生资本选项;其次是"美貌",加权比例为62.0%;第三位是"胆量",加权比例为58.5%;第四位是"辛勤劳动",加权比例为57.2%。"救济"和"运气"的加权比例相对较低,分别为44.4%和43.8%,分列最后两位(见图2)。

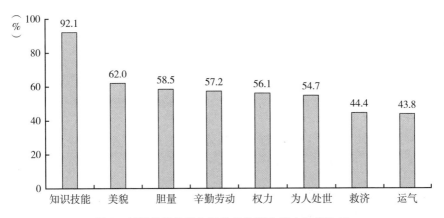

图2 新媒体从业青年最欣赏的谋生资本加权比例

上述结果表明,在知识经济时代里,拥有良好的知识技能已经成为人才的重要判断标准,对新媒体从业青年的经济价值观有着重要影响。同时,新媒体从业青年还把"胆量"和"辛勤劳动"摆在第三、第四位。这表明新媒体从业青年作为在劳动力市场就业的典型群体,赞同在市场中必须大胆闯荡,同时要靠辛勤劳动获得收入的观念。

然而,值得注意的是,新媒体从业青年把"美貌"放在第二位。美貌是天生的,如果仅依靠美貌进行谋生,那么社会分配将处于不公正的状况。① 新媒体行业与强调"美貌"的网红经济联系密切,新媒体从业青年认为"美貌"是最重要的谋生技能之一,说明他们深受"网红现象"影响。还需要注意的是,选择"救济"和"运气"的受访者占比也超过了40.0%,这反映了新媒体企业里部分青年还存在得过且过、混日子的思想观念。

---

① 施媛媛:《当代中国社会经济价值观调查报告》,《甘肃理论学刊》2009年第6期,第12页。

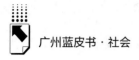

4. 新媒体从业青年的消费特点以知识型和享受型为主

消费观深刻影响青年的消费行为,在我国经济社会建设日益发展、物质日益丰富、消费主义观念日益盛行的背景下,考察青年群体的消费观具有重要的现实意义。本次调查通过设置题目"以下关于购物及消费行为的描述,是否符合您的个人情况?",利用四级量表(十分符合、比较符合、不太符合、完全不符合)来考察新的社会阶层青年群体的消费行为和态度。

调查结果显示,十分符合与比较符合"我会购买线上付费知识课程"的受访者占比合计为67.0%,排在所有指标的第一位;十分符合与比较符合"外出旅游时,会为了更好享受而花更多钱"的受访者占比合计为57.0%,排在第二位。这表明新媒体从业青年具有知识型、享受型的消费行为特点。十分符合与比较符合"当下流行什么,我会马上购买,走在潮流一线""买衣服要买名牌,质量是其次的"受访者占比合计均没有超过20.0%(见表3)。这反映了新媒体从业青年的消费行为以提升自我和提高个人生活品质为主,体现了新媒体从业青年消费观务实的一面。

表3 新媒体从业青年的消费观倾向

单位:%

消费类型	指标	十分符合与比较符合的合计比例
知识型消费	我会购买线上付费知识课程	67.0
享受型消费	外出旅游时,会为了更好享受而花更多钱	57.0
潮流型消费	当下流行什么,我会马上购买,走在潮流一线	17.9
	买衣服要买名牌,质量是其次的	17.3

(二)政治价值观

1. 新媒体从业青年有着十分高的国家认同感和民族认同感

国家认同感和民族认同感反映了个人对于国家和民族的态度倾向,是最重要的政治价值观衡量指标。本次调查设置了4个指标,利用四级量表(同意、比较同意、不太同意、完全不同意)衡量受访青年的国家认同感。

结果反映，新媒体从业青年有着十分高的国家认同感和民族认同感。同意和比较同意"我经常为国家取得成就而感到自豪""如果有下辈子，我还是愿意做中国人"的受访者合计占比均超过了90.0%，分别为95.6%和94.5%；同意和比较同意"不管中国发生什么事情，即使有机会离开，我也会留在中国"的受访者合计占比接近九成，为89.3%。同意和比较同意"当别人批评中国人的时候，我觉得像在批评自己"的受访者合计占比虽然低于前三项，但也超过了七成（73.8%）（见图3）。

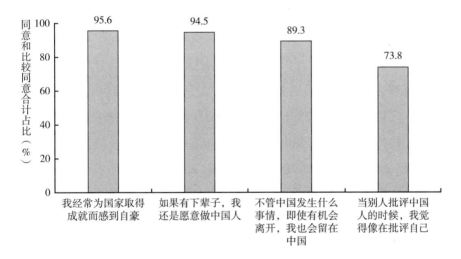

图3 新媒体从业青年的国家认同感情况

目前，新媒体从业青年多出生于20世纪八九十年代，少部分出生于2000年后，他们亲历了2008年北京奥运会、2010年上海世博会、建国70周年阅兵、建军90周年阅兵、2020年抗击新冠肺炎疫情、2021年冬奥会、中国空间站建设工作全面开启等一系列重大事件，目睹中国国际地位和影响力显著提升的过程，因而普遍具有较高的国家认同感和民族认同感。尤其是新冠肺炎疫情防控期间，全国人民万众一心抗击疫情，这让青年们切实地感受到中华民族的团结，能极大地提升其爱国主义情怀与民族认同感，更加认同中国走的特色社会主义道路。

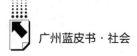
2. 新媒体从业青年的政治观更倾向于民主政治

民主观和法治观是政治文化的重要内容。一方面，民主政治是中国特色社会主义的重要保障，发展中国特色社会主义民主政治，是中国共产党始终不渝的奋斗目标。[①] 另一方面，民主与法治相辅相成，不可分割，法治是社会主义民主政治的重要保障。[②] 因此本次调查设置了两个题目"您是否认同民主协商比权威人士决策更有利于解决问题"和"您是否认同优良的制度设计比政治强人更能将国家治理好"，通过四级量表（十分认同、比较认同、不太认同、完全不认同）来测量新媒体从业青年的民主观和法治观。

本次调查结果显示，十分认同和比较认同"民主协商比权威人士决策更有利于解决问题"的受访者占比合计 62.9%，不太认同和完全不认同的受访者占比合计 37.1%。认同民主政治的受访者占了大部分，表明新媒体从业青年的政治价值观更倾向于民主政治。

另外，新媒体从业青年的法治意识强，十分认同和比较认同"优良的制度设计比政治强人更能将国家治理好"的受访者占比合计 80.9%，不太认同和完全不认同的受访者占比合计 19.1%。体现了随着全面依法治国的深入，法治观念逐步深入人心。

3. 新媒体从业青年对公共部门的信任度比较高

政治信任是指人们对一个国家或地区的政治制度、政府等公共机构的认可和支持，是考量人们政治价值观的重要维度。[③] 本次调查从机构信任和制度信任两个维度，利用四级量表（十分信任、比较信任、不太信任、完全不信任）对新媒体从业青年的政治信任进行考察。

从机构信任维度来看，新媒体从业青年对我国政府等公共机构的信任度

---

① 高尚全：《中国特色社会主义五大特征》，《上海集体经济》2002 年第 5 期，第 1 页。

② 王慧扬：《论当代中国社会主义法治观》，《贵州师范大学学报》（社会科学版）2014 年第 1 期，第 10 页。

③ 孟天广、杨明：《转型期中国县级政府的客观治理绩效与政治信任——从"经济增长合法性"到"公共产品合法性"》，《经济社会体制比较》2012 年第 4 期，第 14 页。

比较高。其中，信任度最高的前三位机构分别是中央政府、解放军、司法机关，"十分信任"和"比较信任"的受访者合计占比分别为 97.9%、97.7%、95.6%（见图 4）。值得关注的是，对地方政府的信任度排在了各类公共机构的末位（91.2%），显示了典型的"中央高地方低"的结构特征。

从制度信任维度来看，新媒体从业青年对人民代表大会制度和现行法律制度的信任程度均为 97.7%，表明我国依法治国的建设成果得到了新媒体从业青年的充分认可。

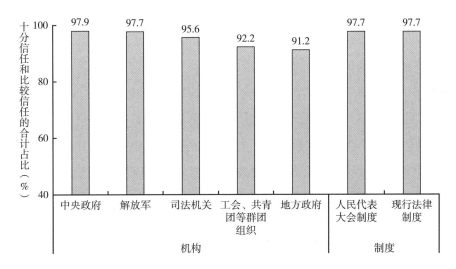

图 4　新媒体从业青年对我国政府等公共机构和制度的信任度

4. 新媒体从业青年对政府满意度较高，同时希望政府稳定物价和提高人们收入

新媒体从业青年较高的政治信任感来源之一在于较高的政府满意度。本次调查列出了十项政府职能，利用四级量表（十分满意、比较满意、不太满意、完全不满意）分别询问受访者对政府履行各项职能的满意程度。

调查结果显示，新媒体从业青年对中国政府"维护国家利益、提升国家地位""维护社会秩序、保持社会稳定""保障人民合法权益"等三项职能履行的满意度最高，"十分满意"和"比较满意"的合计占比分别为：96.0%、93.7%、92.7%。另外，新媒体从业青年对中国政府履行"维护社会公平正义""发展社会服务事业、改善民生""惩治腐败""提升社会道德水平、改善社会风气""促进就业，增加就业机会"等五项职能的满意度也都超过80%，"十分满意"与"比较满意"的合计占比分别为：87.8%、88.3%、84.9%、85.3%、82.4%（见表4）。新媒体从业青年对政府履行"保持物价稳定"和"增加居民收入"两项职能的满意度分别为77.8%、74.8%，分列十项政府职能的最后两位，这既反映了在我国社会转型时期，收入和物价给青年群体带来的生活压力，同时也反映了青年群体对政府持续提升居民生活质量的诉求。

值得注意的是，虽然新媒体从业青年对政府的满意度均较高，但当被问及"你是否赞同'一心为百姓着想的政府官员不多了'的说法"时，共有67.0%的受访者表示"比较同意"和"十分同意"，显示新媒体从业青年对政府满意度和对政府官员的满意度并不完全对等，他们对政府官员的满意度并不高。

表4　新媒体从业青年对政府履行各项职能的满意度

单位：%

政府职能	十分满意和比较满意合计占比
维护国家利益、提升国家地位	96.0
维护社会秩序、保持社会稳定	93.7
保障人民合法权益	92.7
维护社会公平正义	87.8
发展社会服务事业、改善民生	88.3
惩治腐败	84.9
提升社会道德水平、改善社会风气	85.3
促进就业,增加就业机会	82.4
保持物价稳定	77.8
增加居民收入	74.8

5. 新媒体从业青年对国家时政和社会发展较为关注，参与公共事务的意愿较高

政治行为是政治价值观在行为模式上的投射，因此本次调查设置了 8 种政治活动，通过测量受访者的参与情况，考察新媒体从业青年的政治行为。

调查结果显示，在 8 种政治活动中，"主动阅读或搜索政治或社会类新闻报道"的参与度明显高于其他政治活动，共有 60.2% 的受访者参与过该项活动，列所有活动的首位；另外，分别有 35.6%、29.8% 的受访者参与过"与周围人或在网络上讨论政治或社会问题""因政治或社会原因，抵制或不购买某种产品"，参与度居所有政治活动的第二、三位。"向政府部门反映意见或上访""参与村（居）委会选举或重大决策讨论表决""向新闻媒体写信反映意见""参与宗教活动"等活动的参与度不高，分别只有 12.6%、11.9%、11.9%、10.1% 的受访者参与过，参与度分列各项活动的最后四位。上述数据反映，新媒体从业青年对国家时政和社会发展较为关注，但实际参与度并不高。

值得注意的是，新媒体从业青年参与公共事务决策或监督意愿较高。本次调查结果显示，愿意"参与村（居）委会选举或重大决策讨论表决""向新闻媒体写信反映意见""向政府部门反映意见或上访"等三项活动的受访者占比分别为 61.8%、60.0%、58.5%，分列各项活动的前三位（见表 5）。"参与过"的受访者占比与"没参与过但愿意参与"的受访者占比之间的差异，既反映了新媒体从业青年的公民权利本位意识，又反映了新媒体从业青年参与公共事务决策或监督渠道较少。

另外，还应注意到，参与过宗教活动的受访者占比为 10.1%，没参与过但愿意参与的受访者占比为 28.3%，两者合计达 38.4%。这表明宗教在新媒体从业青年等新的社会阶层群体中有一定市场，提示我们要预防境外反华势力借助宗教信仰或宗教活动在青年群体中开展政治活动。

表5 新媒体从业青年的政治参与情况

单位：%

社会活动	参与过	没参与过但愿意参与	没参与过且不愿意参与
主动阅读或搜索政治或社会类新闻报道	60.2	30.0	9.9
与周围人或在网络上讨论政治或社会问题	35.6	41.9	22.4
因政治或社会原因，抵制或不购买某种产品	29.8	42.6	27.7
参与线上/线下集体性维权行动	12.8	49.9	37.3
向政府部门反映意见或上访	12.6	58.5	28.9
参与村（居）委会选举或重大决策讨论表决	11.9	61.8	26.2
向新闻媒体写信反映意见	11.9	60.0	28.1
参与宗教活动	10.1	28.3	61.6

（三）社会、文化价值观

1. 新媒体从业青年认为物质丰盛是幸福感的重要来源

幸福观是人们对"美好人生"的认识与追求，包含了一整套与此有关的信念、价值、态度及行为意向，即人们对"幸福"观念的追求。[1] 幸福观受社会思潮的影响较大，对青年群体的幸福观进行分析，对理解青年社会价值观具有重要意义。本报告通过设置一组包括8个指标的四级量表（同意，比较同意，不太同意，完全不同意），从物质幸福和精神幸福两个层面测量新的社会阶层青年的幸福观倾向。

新媒体从业青年的幸福观具有物质主义倾向。调查结果显示，同意与比较同意"获得名利才会幸福""一个人要有很多钱和贵重物品才会幸福"的受访者占比合计分别为63.3%和55.7%，分列所有指标的前两位，反映了新媒体从业青年把名利、金钱和贵重物品作为幸福的重要追求。另外，同意与比较同意"有亲人和朋友陪伴才会幸福"的合计占比为50.3%，排在所

---

[1] 丛晓波、王菲菲：《走向和谐：转型期中国人幸福观的差异与整合》，《哈尔滨工业大学学报》（社会科学版）2015年第5期，第6页。

有指标第三位（见表6）。总的来看，与物质幸福有关的指标排在前面，与精神幸福有关的指标排在后面，反映了新媒体从业青年重视物质幸福，相对轻视精神幸福，尤其是同意与比较同意"为社会服务、帮助别人，才能获得真正的幸福"的占比合计仅为37.6%，排在倒数第二位，与中国社会的传统价值观倡导并不一致。

表6　新媒体从业青年幸福观倾向

单位：%

测量指标	同意与比较同意合计占比
获得名利才会幸福	63.3
一个人要有很多钱和贵重物品才会幸福	55.7
有亲人和朋友陪伴才会幸福	50.3
在知识和思想上不断提高才会幸福	43.8
实现自己的理想才会幸福	41.7
生活和做事能够依照自己的想法才会幸福	41.5
为社会服务、帮助别人，才能获得真正的幸福	37.6
生活中的小幸运对我来讲很重要，这才是真正的幸福	35.2

2. 新媒体从业青年认同按能力和贡献分配的公平观

社会公平对维护社会稳定具有重要作用，因此分析人们如何看待社会公平问题就具有重要意义。社会历史条件、文化传统、经济社会发展水平等因素都会影响着人们对社会公平的理解。[1] 因此，本次调查从分配方式和可接受的工资差距两个层面，考察新媒体从业青年的公平观。

新媒体从业青年认同按能力和贡献分配的公平观。本次调查让受访者选出1~3项个人认为最合理的分配标准。结果显示（见图5），86.2%的受访者选择了按能力进行分配，74.8%的受访者选择了按贡献进行分配。在当前社会，按能力分配是一种被人们普遍认为公平合理的分配方式，同时我国的分配制度是"按劳分配为主体，多种分配形式并存"。[2] 新媒体从业青年认

---

① 贾春增：《外国社会学史（修订本）》，中国人民大学出版社，2008。

② 施媛媛：《当代中国社会经济价值观调查报告》，《甘肃理论学刊》2009年第6期，第12页。

同以能力和贡献作为分配标准的公平观，是契合我国主流核心价值观的。

本次调查结果同时还显示，在同行业，新媒体从业青年可以接受的月工资差距普遍在 2 倍以下，占比为 70.5%；在不同行业，新媒体从业青年可以接受的月工资差距普遍在 5 倍以下，占比为 67.1%。根据《中国统计年鉴（2021）》数据，在私营单位中，信息、金融业、科学研究和技术服务等行业的年平均工资分列各行业的前三位，分别是 101281 元、82930 元、72233元；农林牧渔（38956 元）、住宿和餐饮业（42258 元）、批发和零售业（53018 元）分列各行业的最后三位。最高行业平均工资约是最低行业平均工资的 2.6 倍。可见，新媒体从业青年能接受的工资差距与统计结果相差不大。可以认为，新媒体从业青年能坦然接受收入差距，即他们认为同行业间和不同行业间的收入差距是在合理范围内的。

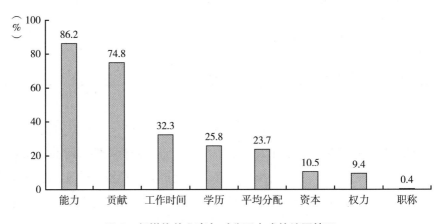

图 5　新媒体从业青年对分配方式的认同情况

3. 新媒体从业青年高度认可中国优秀传统文化，有着较高的文化自信

本次调查对于新媒体从业青年的文化价值观考察主要侧重于对待传统文化的态度和中外文化对比两个方面。

在对待传统文化方面，本次调查设计了一个四级量表（完全不同意、不太同意、比较同意、非常同意）对他们的文化价值观进行测量。

调查结果显示，94.8%的受访者同意"将中国传统文化的经典作品作为儿童基础教育读物",92.0%的受访者同意"中国传统文化(如戏曲)应采用创新的形式进行推广"(见表7)。可见,继承和推广中国优秀传统文化是新媒体从业青年的基本价值取向。

表7 新媒体从业青年对待传统文化的态度

单位:%

类别	非常同意	比较同意	不太同意	非常不同意
将中国传统文化的经典作品作为儿童基础教育读物	39.6	55.2	4.4	0.8
中国传统文化(如戏曲)应采用创新的形式进行推广	39.0	53.0	6.9	1.1

在中外文化对比方面,当被问及"您是否同意'比起外国的电影和音乐,我更喜欢中国的电影和音乐'的说法"时,72.3%的受访者选择了"比较同意"或"十分同意"。这说明比起外国文化和文化产品,中国的文化及文化产品对新媒体从业青年来说是具有相当吸引力的。从另一方面说,新媒体从业青年有着较高的文化自信,相信中国的文化行业能出高质量的、吸引人的文化精品。

四 调查结论和对策建议

(一)调查结论

(1)总体上,在综合国力显著提升的背景下,新媒体从业青年理性、爱国,显示出其道路自信、理论自信、制度自信、文化自信。

(2)新媒体从业青年的利益表达和维权意识较强,对公共事务的知情权、参与权、表达权、监督权的要求不断提高,越来越积极主动发表意见、表达意愿、提出诉求。但调查结果同时也显示,由于受参与渠道不畅等因素影响,青年的实际政治参与度并不高。

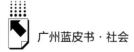

（3）新媒体从业青年关心国家时政和社会热点，但同时注重个体价值实现。知识经济引领着社会经济的发展，努力地学习知识和充分运用知识已经成为青年在社会谋生立命的关键。在知识与财富的联系越来越紧密的背景下，青年的主体价值意识越来越强烈。但同时国际上一些霸权政治事件，尤其是中外在抗击新冠肺炎疫情上的表现，令青年们深刻意识到个人命运是与国家发展紧密联系的，这促使他们把个人利益与国家、社会利益相结合，并努力追求两者的平衡。

（4）在市场经济日益发展的背景下，新媒体从业青年有着独立自主、理性务实的价值观。首先，青年的价值目标更加切合实际，更合理看待物质利益的追求，把个人财富作为幸福的判断标准，但同时又有着较高的社会公益活动参与度，渴望回馈社会。其次，新媒体从业青年的价值观选择更加务实，更倾向于选择既能实现自身价值目标又能收获更多实际利益的职业。最后，青年的价值观评价标准也日趋务实，面对越来越复杂的社会环境，青年在评价价值取向时，从实际需要出发，不受传统道德思想束缚，在调查中，他们毫不避讳地赞同"金钱能带来幸福"或"钱越多越好"等观点。

（5）新媒体从业青年的平均收入略高于广州青年的平均水平，但与其他青年群体一样，新媒体从业青年面临着较大的生存和发展压力。此次调查结果显示，新媒体从业青年对政府"稳定物价""保就业""增加居民收入"的诉求较为强烈。这表明，尽管广州新媒体从业青年的平均收入处于广州的中上水平，但他们也面临着生活压力较大的问题。

（二）对策建议

1. 坚持以党建引领新媒体从业青年价值观

始终坚持以党建引领新媒体从业青年价值观。第一，明确主体责任。各级党组织和政府部门要明确自身在新媒体从业青年统战工作中的价值观教育引导责任和义务，要以新媒体从业青年价值观引导为目标导向，分类制定相配套的工作制度和运行机制，进一步规范新媒体从业青年价值观引导过程中的领导和管理方式，落实新媒体从业青年价值观教育引导的相关政策。第二，建立工作机制。各级党组织和政府部门要制定和完善新媒体从业青年价值观教育引导的各项制度和运行机制。明确新媒体从业青年价值观教育引导的重点难点堵点，建立健全新媒体从业青年价值观培育机制。第三，充实教育内容。各级党组织和政府部门要在充分调研的前提下，健全新媒体从业青年价值观的教育引导体系，不断充实价值观教育内容，为新媒体从业青年价值观的教育引导提供基本方法和内容指引。第四，发挥组织作用。通过各级党团组织丰富新媒体从业青年价值观教育引导方式方法和渠道途径，共青团、工会、妇联等组织应在深入认识和理解新媒体从业青年的基础上，以群众性组织建设活动联合新媒体从业青年，以新媒体从业青年党团组织建设来带动新媒体从业青年价值观的教育引导。

2. 开展新媒体从业青年价值观教育培训

加强新媒体从业青年群体对国家形势政策的学习教育培训，提高其思想认识水平。第一，共青团等青年组织与各种舆论媒体充分合作。通过微博、抖音、微信公众号等途径充分宣传党和国家的方针政策，尤其是加强对一些社会转型期和经济发展所面临问题的解读，引导新媒体从业青年辩证看待经济社会发展的问题，培养积极向上的价值观，激发其参与经济社会建设的使命感。第二，加大对新媒体从业青年的政治教育和宣传力度。加强对影响较大的西方思潮的批判，引导新媒体从业青年辩证客观看待自由主义、普世主义等西方思潮的实质，充分认识各种思潮对我国的负面影响，提高新媒体从业青年群体对社会主义核心价值观的认同。第三，积极推动新媒体从业青年的终身学习。开展新媒体从业青年终身学习教育，推动新媒体从业青年加强技术创新平台建设，提升新媒体从业青年创新意识，激发新媒体从业青年参与建设中国特色社会主义的热情，加快构建新媒体从业人员职业技能培训体系，充分发动职业院校和各类社会培训机构开展新媒体职业技能培训，依托网络远程教育等方式开展职业技能培训，在职业技能培训中推动新媒体从业青年价值观的教育引导工作。

3. 加强新媒体从业青年代表队伍培育

互联网是意识形态斗争的主战场、主阵地，网络意识形态工作已经成为意识形态工作的重中之重。新媒体从业青年与互联网联系密切，培育一支政治立场坚定的新媒体从业青年代表队伍至关重要。要经常性深入互联网企业，尤其是新媒体企业，开展新媒体从业青年调研，全面掌握新媒体从业青年的群体情况，分级分类建立新媒体从业人员数据库。将政治素质好、具有较高影响力、有一定威望和发展潜力的新媒体从业青年作为重点联系和培养对象，加强新媒体从业青年代表队伍培育。另外，有关部门还要加强与新媒体从业青年的沟通联系，及时了解新媒体从业青年在广州就业创业的政策需求、价值观取向、思想动态，引导他们了解党的方针政策，培育积极向上的社会态度，切实提高他们的政治把握能力、参政议政能力、组织协调能力、合作共事能力、舆论引导能力。

4. 健全新媒体从业青年的政治参与和利益表达机制

针对部分新媒体从业青年的政治参与热情较高、政治参与渠道较少、政治效能感不高的现状，应该加强政治参与机制和利益表达机制建设。第一，加强新媒体从业青年政治参与的顶层设计，扩大完善现有的政治参与渠道及总体格局，不断创新政治参与的方式，积极拓展网络参政议政的空间。第二，利用好联谊会、校友会、创业园、科技园、创客空间等平台，拓展新媒体从业青年社会参与的渠道，凝聚共识，通过创立"参政议政委员会"等组织形式，有组织地在会员中开展参政议政活动。第三，加强与新媒体从业青年的沟通交流，通过讨论会、听证会、座谈会等形式，鼓励和引导他们深度参与公共政策的出台、监督和评估过程。第四，注重做好新媒体从业青年代表人士的政治安排，适当增加新媒体从业青年在人大和政协中的占比，扩大社会性职务的推荐和安排。尝试适当推荐新媒体从业青年担任各级人大代表、政协委员和各类特约人员，支持他们积极参政议政，依法行使民主权利。

5. 营造新媒体从业青年的价值观教育引导的舆论氛围

第一，搭建多部门联动的价值观传播平台。针对新媒体从业青年的特征，整合各类宣传资源，通过青年大学、文艺汇演、主题教育等方式，将新媒体从业青年价值观教育引导与青年日常生活紧密融合。第二，针对新媒体从业青年多以网络平台进行信息交流的情况，建立与新媒体从业青年生活相对应的融媒体平台，将价值观教育引导内容融入新媒体从业青年切身利益相关的信息中，运用红色网站加强对新媒体从业青年进行党和国家的方针政策、先进文化传播，弘扬中华民族的优良传统，进一步夯实新媒体从业青年的世界观、人生观、价值观。第三，加强新闻舆论引导的实效性和针对性。在微信公众号、微博等指尖媒体开设特殊专栏，展示新媒体从业青年新形象，传播新媒体从业青年的新声音，讲好新媒体从业青年的新故事，通过政治性、思想性及娱乐性兼具，形式多样、受众广的内容，进行政策宣传、理论教育、文化传播，扩大新媒体从业青年价值观教育引导的覆盖面和影响力。

（审稿人：麦劲恒）

B.8
广州网络人士发展状况调查报告

广州网络人士统战工作联合课题组*

摘　要： 本文基于对广州市部分具有代表性的网络人士进行访谈、调研，较为系统地梳理归纳该群体受教育程度、收入水平、思想观念、政治参与、价值取向等方面的特征，分析了网络人士统战工作面临的政治思想引导难、精准管理服务难以及群体表达利益诉求渠道不顺畅、协同合作成效不理想等困难，并提出了提升新时代网络人士统战工作质量的有关建议。

关键词： 网络人士　政治参与　大统战工作格局

网络人士是在互联网相关行业中从事技术研发、内容创作、运营管理、金融等活动的群体，其舆论传播力、内容创作力、社会动员力较强。广州作为国家信息化示范城市，是中国三大国际通信和互联网枢纽之一。近年来，广州互联网产业发展迅速，目前已有网络人士 40 多万人，他们既是新的社会阶层人士的重要组成部分，又是广州城市建设的重要力量。因此，调查广州网络人士发展状况，了解他们的群体特征、工作和生活需求，对分析其群体发展面临的困境和诉求具有重要意义。

---

* 课题组成员：吴孝杰，广州市委统战部研究室（法规处）副主任（副处长），研究方向为新阶层社会心态；黄伟军，广州市委统战部新阶处副处长，研究方向为新阶层人士统战工作；陈杰，博士，广州市社会科学院社会研究所副所长，副研究员，研究方向为社会治理、社会政策、社会人类学、华侨华人；简荣，广州市社会科学院社会研究所助理研究员，研究方向为社会治理、公共服务；张海霞，广州市社会主义学院教研室讲师，研究方向为统一战线理论、传媒政治。

为摸清大城市网络人士特点及群体发展所面临的困境，广州网络人士统战工作联合课题组开展对广州网络人士的问卷调查和焦点访谈。课题组首先走访微信、网易、唯品会、今日头条、酷狗、YY 直播等 44 家在全国具有较高知名度的代表性网络企业，召开了重点互联网企业代表、微商、电商及相关单位等 12 场座谈会，并于 2020 年 10 月、2021 年 9 月分别开展了两期"广州网络人士发展状况问卷调查"，第一期主要调查内容为网络人士的生活工作状况、满意度和政策需求等方面；第二期主要调查内容为网络人士的社会评价、社会参与等方面，共回收有效问卷 3831 份，样本涵盖互联网企业的从业人员、新媒体从业人员、以网络作家为代表的自由职业者、企业中从事互联网相关岗位人员，具有一定的代表性。本报告通过分析广州网络人士的群体特点，剖析网络人士群体发展面临的困境，从而对广州进一步加强网络人士公共服务提出思考及对策建议。

一　大城市网络人士的群体特征

（一）年轻广学，但凝聚思想共识难度大

从年龄结构上看，网络人士普遍在 18～30 岁，占比为 46.2%；31～40 岁占比为 32.1%，41 岁及以上占比为 21.8%（见图 1），年纪越轻，占比越高，年轻化的特点尤其突出，35 岁左右的年轻人在企业中担任中层职务甚至高管职务的情况并不鲜见。

从教育程度上看，绝大多数网络人士有接受高等教育的经历，最高学历为大专的受访者占比为 19.2%，最高学历为大学本科及以上的占比为 76.7%，仅有 4.1% 的受访者的最高学历为中专/中技及以下（见图 2），这表明互联网行业有一定的技术门槛，专业性和技术性较强。

从收入上看（见图 3），调查组询问了受访者 2021 年的月收入情况，27.4% 的受访者月收入在 7500 元及以下，17.9% 的受访者月收入在 7501～10000 元，54.6% 的受访者月收入在 10000 元以上，高于 2017 年调查样本的

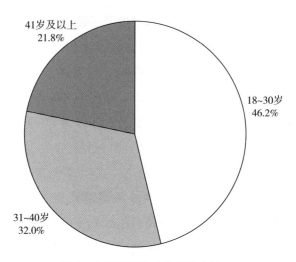

图1　广州网络人士年龄分布情况

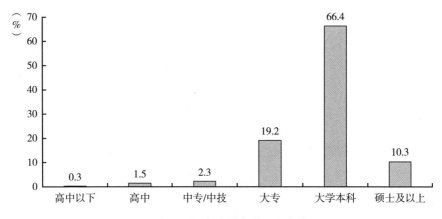

图2　广州网络人士最高学历分布情况

平均收入水平①。对比 2017 年广州市统战理论研究中心开展的网络人士发展状况调查数据②，各项月收入的占比均有所变化：中等收入（月收入为

---

① 2019 年广州社会综合状况调查的数据显示，在 2721 名愿意透露个人收入的受访者中，平均月收入在 7500 元及以下的受访者占比为 73.4%；月收入在 7501~10000 元的受访者占比为 11.4%；月收入在 10000 元以上的受访者占比为 15.2%。

② 《广州互联网从业人员调查报告》，载于《广州蓝皮书：广州社会发展报告（2019）》，社会科学文献出版社，2019，第 351 页。

7501~10000 元）、低收入（月收入为 7500 元及以下）的受访者占比下降，高收入（月收入在 10000 元以上）的受访者占比明显增大，这与近年来广州数字经济发展较快有很大相关性。

从政治参与上看，调查结果显示，网络人士以无党派人士居多，占比为 74.4%（其中，共青团员占比为 22.6%，群众占比为 51.8%），中共党员占比 17.2%，民主党派成员占比为 5.6%（见图 4）。课题组在走访互联网企业座谈中也了解到，大多数 28 岁以下的青年员工是共青团员，但在 28 岁退团后并未加入任何党派。另外，具有民主党派成员身份的网络人士一般是互联网企业中的高管。

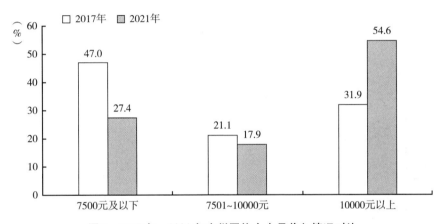

图 3　2017 年、2021 年广州网络人士月收入情况对比

从宗教信仰上看，89.2% 的受访者表示没有宗教信仰，10.8% 的受访者表示有宗教信仰（见图 5）。调查的结果与广州青年发展状况调查发现的"青年群体有信仰西方教派倾向"的结论不同①，广州网络人士并没有明显的宗教信仰。综合来看，网络人士中，无党派人士居多、无宗教信仰人士居多，这反映了网络人士思想较为自由、不受教条束缚的一面，凝聚思想共识难度较大。

---

① 谢素军：《新社会阶层青年群体：固化、自我和投机》，《青少年研究与实践》2020 年第 2 期。

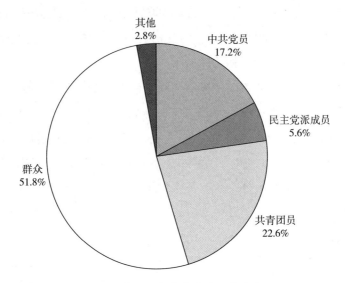

图4 广州网络人士政治面貌分布

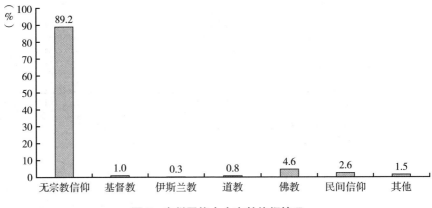

图5 广州网络人士宗教信仰情况

（二）专业优势强，但自身感觉压力大

调查结果显示，互联网企业和平台从业人员的专业背景多种多样，有与之职业紧密相连的计算机、传播专业，其中计算机专业的占比25.6%，新闻传播专业的占比8.3%，还有工商管理、市场营销、法律、中文、人力资

源管理、土地资源、工程造价等专业，这些专业精英特性较为明显，是新的社会阶层人士中专业人士的重要组成部分。

尽管网络人士群体专业优势明显、收入普遍较高，生活品质较高，但与之矛盾的是，网络人士有着看低自己经济社会地位的倾向。调查结果显示，近七成（66.4%）的受访者认为自己的经济社会地位属于下层和中下层，不足三成（26.2%）的受访者认为自己的经济社会地位属于中层，不足一成（7.4%）的受访者认为自己的经济社会地位属于中上层和上层。可见，网络人士对自身的经济社会地位的评价与其收入水平并不相符。

在一项"未来五年，社会地位提升的可能性"访谈方面，62.3%的受访者表示"十分可能"和"比较可能"提升，37.7%的受访者表示"不太可能"和"完全不可能"提升（见表1）。同时52.3%的受访者认为工作压力大、强度高、节奏快，56%的受访者认为充满竞争性。网络人士信奉"知识就是力量，奋斗成就梦想"的职业价值观，坚信知识的价值，他们认为通过考试进入高等学府是不断运用知识获得向上流动的机会，可以通过自我努力、不断靠实力实现自我、得到社会尊重，危机感较其他行业人士强烈，自我焦虑感强，普遍认为自身压力大。

表1　网络人士的经济社会地位自我评价和生活满意度

经济社会地位自评	占比（%）	生活满意度	占比（%）	未来五年,社会地位提升的可能性	占比（%）
下层	24.1	完全不满意	16.2	完全不可能	6.9
中下层	42.3	不太满意	55.6	不太可能	30.8
中层	26.2	比较满意	26.4	比较可能	48.5
中上层	5.9	十分满意	1.8	十分可能	13.8
上层	1.5				

（三）群体内认同度高，但组织参与程度低

在态度观念方面，网络人士的自我认知趋向一致，呈现出群体行业认同度高、行业内抱团聚集发展倾向明显的特征。课题组通过关键词对网络人士的自我认知进行分析，结果发现网络人士的自我认知主要包括三个关键词：思维活跃、技术型人才、没日没夜干活，选择这三个关键词的受访者占比分别为63.6%、61.3%、44.3%，远高于其他关键词选择占比（见图6），表现了网络人士的思考能力强、工作专业性高、工作强度大的职业特点。

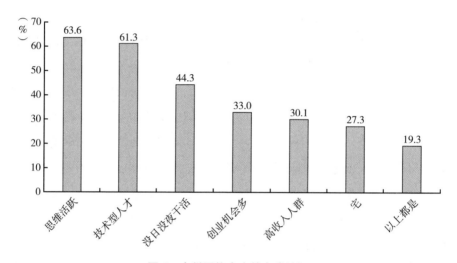

图6 广州网络人士的自我认知

　　另外，网络人士对互联网行业的评价总体较高，显示出网络人士对群体内有较高的认同度。调查结果显示，62.1%的受访者认为互联网行业影响人们生活方式；56.6%的受访者认为互联网影响经济增长；53.1%的受访者认为互联网行业是年轻人聚集的地方。总体上，网络人士对互联网行业持正面评价（见图7）。群体内认同度较高意味着群体内部异质程度较低，证明目前对于网络人士的统战工作主要通过抓领军人物、抓意见领袖开展，是科学有效的。

　　调查结果同时也显示，网络人士的社会参与度并不高，近三成（26.7%）的受访者参加了商会/行业协会/学会，25.6%的受访者参加了兴趣/娱乐/运动组织，20.3%的受访者参与了校友会，其他社会组织的参与度均不足20%。尤其值得注意的是，89.6%的受访者没有参加过统战部门组织的相关

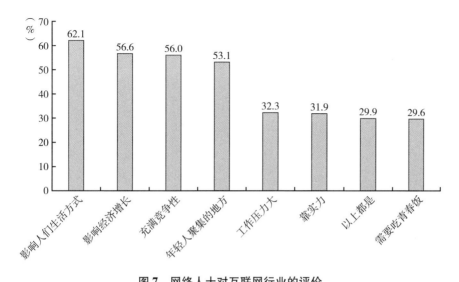

图7　网络人士对互联网行业的评价

活动，77.3%的受访者没有听说过新的社会阶层人士联谊会，41.8%的受访者表示没有参与任何社会组织，这说明网络人士在政治组织、宗教组织、社会组织中的参与度都低。对于没有参与社会组织的原因，41.7%的受访者表示最主要的原因是没有空闲时间；其次是不感兴趣，占比为24.5%；排在第三位的原因是不知道参与渠道，占比为23.9%，因为自身能力不足的仅占比8.6%（见图8）。

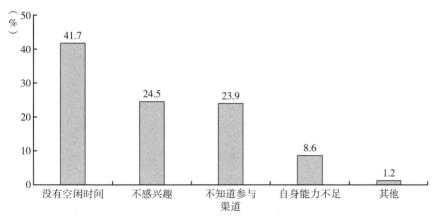

图8　网络人士没有参与社会组织的原因

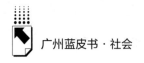

（四）参政热情高，但偏重个人成就

课题组走访企业时发现，网络人士往往出现一种"政治冷漠"表象，即他们会表达他们只关心自身的生活和收入，对国家政策和时事没有过多的关注。但问卷调查有着相反的结果，85.4%的受访者表示自己"非常关注"和"比较关注"国家时事、方针政策，只有14.6%的受访者表示自己"不太关注"或"完全不关注"。这说明网络人士还是比较关注国家发展，关心方针政策走向。调查还发现，网络人士了解国家时事、方针政策的渠道有着强烈的互联网特色，75.4%的受访者表示通过新浪、网易、腾讯等门户网站了解国家时事、方针政策，45.6%的受访者通过政府官方互联网平台，43.9%的受访者通过其他互联网网页，只有21.1%的受访者通过报纸、电视、广播等传统媒体（见图9）。这说明，互联网平台是网络人士的主要信息来源渠道，统战工作实践必须重视互联网平台的应用。

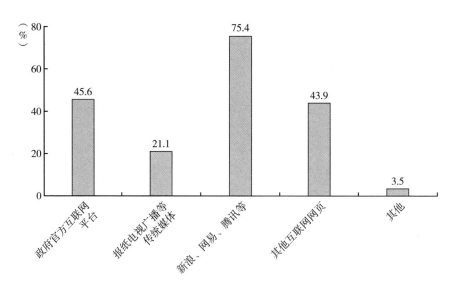

图9　网络人士了解国家时事、方针政策的渠道

在价值取向上，互联网企业和平台从业人员实现个人发展的目的性更加鲜明突出，更加注重自我价值的实现和对自由、生活品质的追求，期待提高

个人收入的占比 90%，46% 的网络人士认为该群体过于注重追求个人成就。总体上，他们能自觉遵守法律法规，但随着新业态直播行业的兴起，流量是直播商业化变现的关键，由于群体素质水平参差不齐，有些人法律和道德意识淡薄，缺乏自律，利益驱动扭曲价值判断，出现个人思想偏激的情况。

二　网络人士群体发展面临的困境

（一）群体价值取向多样、思想多元，整合难度较大

网络人士群体呈现年轻化、高学历化的特点，是广州社会经济发展的重要推动力量。同时，他们思维活跃，价值观念多元，群体整合难度较大。调查结果显示，约 87% 的网络人士认为该群体思想活跃，接受新事物能力强，但在评价群体不足时，约 54% 的网络人士认为群体容易受社会思潮和外来观念的影响。一方面，他们是改革开放和市场经济的产物，伴随着互联网成长起来的，有着追求权利、自由、平等、竞争、效益的价值观。他们也是与国内外新媒体接触最多的人，是社会思潮的"扩音器"和价值引领的"路由器"，由于经济全球化，各种思想文化交流交融交锋，他们容易受到西方思潮的影响，呈现出价值观念多元化状态。而且随着信息技术的更新迭代，互联网行业的新发展形态不断出现（如社交 App、网络短视频、直播平台等），进一步促进 Z 世代（1995~2009 年出生）青年为主体的新阶层兴起。比如调研中发现多益网络、虎牙信息用户平均年龄分别为 25 岁和 26 岁，他们更向往开放和独立自主的思想，喜爱变化、喜欢挑战。另一方面，互联网企业和平台从业人员与体制内知识分子相比，由于长期游离于体制外，其思想教育引导长期缺失，世界观、人生观、历史观等不易塑造，特别是对百余年来我国选择发展道路的艰苦历程了解不多，在被问及是否了解统战部及其职能时，绝大部分是很陌生的（见图 10），一些网络主播、网络大咖能力水平参差不齐，法律和道德意识淡薄甚至思想较为偏激、刻意放大舆情，"红线""底线"意识薄弱，凝聚共识任务艰巨繁重。

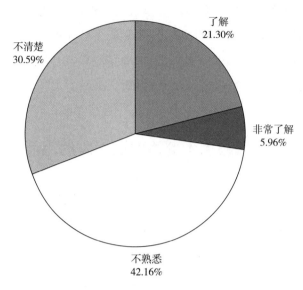

图10　对统战部及其职能的了解情况

（二）群体"圈层化"特点明显，组织合力难以形成

近年来，随着广州数字经济的发展，互联网企业和平台从业人员数量增长较快。由于其行业性质，他们在不同区域、不同企业间流动频繁，工作方式灵活，身份特征不明显，识别难度大。他们高度分散在"两新组织"以及街道社区、园区、开发区中，社会交往显现出"圈层化"的特点，除了职业圈，基于个人学缘、趣缘，形成一个个认同度较高的小圈子，以沙龙、乐跑、穿越、茶叙等年轻人喜欢的形式抱团取暖，对其他有组织的活动参与不多。目前各地依靠"两新"组织党组织建设把他们组织起来，确实收到了一定成效，但也存在组织覆盖不到位等问题。从调研结果看，受访者表示所在公司有党建且活动丰富的仅占12.8%（见图11），即便是已经覆盖的区域也是有形式无内容，或者党建和统战各自为政的"两张皮"现象，党建聚焦他们中的中共党员，而统战着眼于他们中的代表人士，双方掌握的情况不一致，导致活动出现重叠或不融合的状况，再加上行业管理、组织建设和代表人士联系等工作涉及多个部门，管事与管人、管业务与管思想脱节，各

个部门管理当中又存在一定的重叠和交叉，且相互之间信息不共享，难以形成合力，缺乏精准联络维系和管理的手段，增加了网络人士队伍建设的难度。

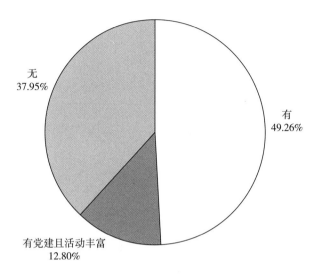

图 11　受访者公司党建情况

（三）群体参与社会公共事务意愿强烈，利益表达渠道还不够通畅

网络人士对参与社会公共事务的诉求强烈。调查结果显示，46.9%的网络人士希望参加政府/单位组织的志愿者活动，45.9%的希望参加自发组织的公益活动，44.6%的在网络平台反映社会问题。而参加公共事务的听证会，向政府部门、人大代表和政协委员反映社会问题的占比也不在少数（见图12）。一方面，网络人士希望通过参加社会公共事务表达利益诉求，为自身发展谋求良好的社会环境，体现自身价值；另一方面，网络人士对国家的经济社会发展、大政方针也十分关注。

虽然随着经济社会不断发展，网络人士的利益诉求不断增多，但是其和党政部门的沟通渠道仍然不够畅通。根据相关部门提供的数据，广州网络人士中现有92人担任各级人大代表、政协委员，5人担任各级群团组织领导

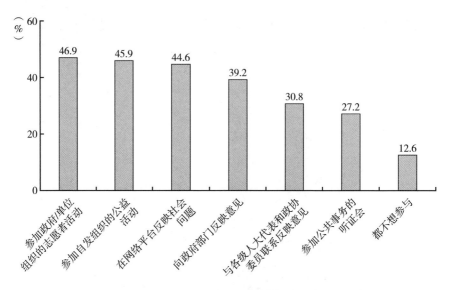

图 12 网络人士参加公共事务的意愿

班子成员，7 人担任各类特约人员。但相对于庞大的从业人员数量，广州网络人士参政议政和参与社会治理的积极作用发挥还不够。① 本次调查结果反映，55.4%的网络人士会通过在网络上发声表达对党和国家方针政策的看法，53.1%的网络人士会通过与家人、同事、朋友讨论来表达对党和国家方针政策的看法，而通过向人大代表、政协委员、统战部提意见（32.4%），参加听证会或旁听人大会议与政协会议（28.5%）等正式渠道较少（见图13）。调查还请受访者从公平程度、有效程度、受重视程度、积极参与程度四个维度评价网络人士政治参与，大多数受访者评价为一般，评价"比较高"或"很高"的受访者均不到三成。

（四）群体利益取向多元，协同力量难以形成

网络人士具有较强的社会责任感，利用自身的专业技术特长，参与经济社会建设。但由于广州互联网行业发展迅速，企业间的竞争相当激烈，

---

① 广州市网络人士统战工作专题调研组：《加强网络人士统战工作的调查与思考——以广州市为例》，《广州社会主义学院学报》2020 年第 4 期，第 33~41 页。

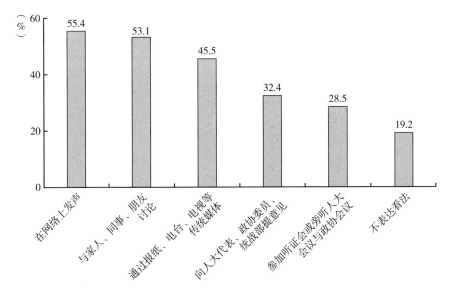

图13 网络人士表达对党和国家方针政策看法的渠道

56.0%的受访者认为行业充满竞争性。而且在访谈中，企业负责人普遍向课题组反映，人员流动频繁，许多员工在三年左右会跳槽一次。行业竞争激烈和人员流动性大会导致无序竞争，企业利益和个人利益受损，导致一些网络人士之间成见较深，缺乏沟通交流，协同力量难以形成。

三 新时代加强网络人士公共服务的对策建议

（一）识别网络人士群体特征，开展分类治理、精准统战

根据网络人士在企业的岗位级别，可以分为高层、中层和普通人员。不同级别的从业人员的需求相似，但侧重点不同，设计有针对性的工作方式有助于扩大统战工作在不同级别从业人员中的覆盖面和效果。根据各级别从业人员的群体特征和需求的不同侧重点，市、区委统战部和基层统战工作机构优化资源配置，针对相应级别的从业人员开展有针对性的统战工作。

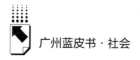

　　市委统战部继续加强对高层网络人士和领军人物开展统战工作。包括"羊城e家"系列活动在内的多个统战工作项目针对从业人员的统战工作成效显著,为广州在全国互联网行业树立了活动品牌,也团结了包括广州互联网龙头企业负责人在内的行业领军人物和高层从业人员。由市委统战部继续统筹进行对高层网络人士和领军人物的统战工作有利于形成一个统一的政府窗口,便于政府继续深化与高层网络人士的沟通交流,为行业发展和高层网络人士的发展提供更有效、及时的帮助。在开展针对领军人物统战工作的同时,市委统战部也应当统筹针对中层网络人士和普通人员的基层统战工作。

　　由各区委统战部加强与中层网络人士的联系,开展针对中层网络人士的统战工作。中层网络人士受教育水平和技术水平较高,经验等较丰富,且作为企业的中坚骨干力量,有潜力成为下一轮产业的领头人与管理人。中层网络人士也比一般从业人员的企业与社会责任感更强。调查结果显示,中层网络人士社会责任感强,有参与广州城市发展和社会治理的需求。各区委统战部针对中层网络人士在不同需求中的侧重点开展有针对性的工作,积极发展有潜力的中层网络人士参政议政,参与社会治理。

　　针对普通人员的统战工作重点应当放在基层,尤其是企业与高等院校等。普通人员专业性和创新性强,有在广州安居、提升收入水平、扩大社交圈、参与社会治理的需求。普通人员的发展对推动广州市互联网行业发展有重要作用。但是,普通人员社交圈较小,分布分散,对参政议政途径等信息了解不多,对统战工作了解甚少,参与相关的活动也少。针对这部分从业人员亟待通过开展统战工作与活动进行有效引导,向这部分人员提供正确的参政议政及参与城市建设的渠道信息。

(二)优化发展环境,加强企业、高等院校与基层新联会统战工作

　　加强企业、高等院校与基层新联会的统战工作,包括海珠创投小镇等基层新联会。企业与高等院校是开展统战工作的重要单位,尤其在开展针对普通人员的统战工作,配合市委和区委统战部开展针对高层和中层网络人士的统战工作上有优势。高等院校是大部分普通人员学习、培训的重要活动场

所；企业是网络人士的主要活动地点。两者都在网络人士的日常工作、生活中占有重要地位，对网络人士在工作、生活各方面的发展和需求有较明显的影响力。因此，各级统战部应当加强高等院校、企业的统战工作，尤其是加强高等院校党支部与团支部等相关单位开展针对学生的统战工作。加强企业与高等院校的统战工作有利于扩大统战工作的覆盖面，也更有利于掌握网络人士需求的变化。

在企业与高等院校之外，加强以基层新联会为单位的统战工作的宣传。基层新联会是包括网络人士在内的工作、社交聚集的场所，通过在基层新联会开展对统战工作的宣传，有助于扩大统战工作的覆盖面，扩大统战工作的影响力。

（三）促进相关政策优化与从业人员参政议政

网络行业和人才政策需要定期评价，有关部门应大力保障政策满足网络行业和人才发展的需求。通过多次针对网络人士的活动，各级统战部掌握了广州网络人士的发展状况，尤其是网络人士在安居、乐业、社交等方面的需求。汇总相关情况，协调人社局等相关政府部门评价现有政策，并对应网络行业与人才发展需求，例如落户、子女入学等政策做出相应调整。协调组织相关政府部门参与和网络行业、网络人士的不定期直面互动，例如在相应活动中设置政府部门咨询台，方便网络人士直接咨询相关政策等。

积极发挥互联网作为参政议政、参与社会治理平台的新作用。鼓励网络人士积极运用网络平台就社会问题提出意见与建议，并形成议案与机制。引用人大代表和政协委员提案工作条例中的相关规定，积极引导网络人士在提出意见与建议的基础上形成较完整的有效议案，培养线上参政议政的正确做法与氛围。

（四）加大对网络人士表彰和激励力度，提高服务质量

通过多种不同渠道掌握与了解网络人士的需求与困难，完善针对网络人士需求的服务和解决实际困难的制度。

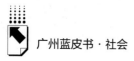

市委统战部牵头建立对为广州城市建设与发展、社会稳定做出贡献的网络人士的表彰与激励制度。在广州互联网行业发展与规范的过程中，网络人士做出了众多贡献，是推动广州经济社会发展的重要支持力量。完善相应的表彰与激励措施有利于在更大程度上激发网络人士对广州的归属感与社会责任感，持续为广州的城市经济、社会发展出力。

（审稿人：麦劲恒）

广州数码城的兴衰变迁、原因探析及转型策略[*]

曹小杰 罗蕊琪 龙 雨[**]

摘 要: 随着互联网信息技术的发展,我国电子卖场逐渐兴起,因数码产品市场需求激增、市场利润巨大,21世纪初在主要城市形成一系列的以大量小商户电子产品销售、维修及周边服务为主要经营业态的数码城。进入21世纪第二个十年,曾经商业氛围浓郁的"电子摊贩聚集地"——数码城受产业结构单一、重技术轻创新、产业链较短等内在因素以及利润透明化、消费网络化等外在因素的双重影响,线下零售商的生存空间日趋压缩。广州作为华南地区最大的电子产品集散地,拥有众多数码城,近年来也面临线下消费日益萎缩、亟须转型升级的巨大压力。本文基于广州数码城的发展史及相关实证数据对广州百脑汇、广州太平洋等数码城的兴衰变迁情况进行深入分析,以了解广州数码城的转型困境及衰落原因,同时结合大学生数码城消费意愿的调查分析,提出对数码城转型改造的对策建议。

关键词: 数码城 用户中心 转型对策

---

* 本文是华南理工大学校级项目(ZDPY202010、20200082)、2021年国家级大学生创新训练项目"数码城的空间生产与改造研究——以广州数码城为例"(202110561154)的阶段性研究成果。

** 曹小杰,博士,华南理工大学新闻与传播学院副教授,研究方向为新闻伦理、媒介技术、移民媒介与认同;罗蕊琪、龙雨,华南理工大学新闻与传播学院在读本科生。感谢华南理工大学新闻与传播学院李美盼、邝靖然、谷艾、吴珊珊等同学前期参与数据收集与资料整理工作。

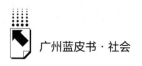

一 研究问题的提出

1994 年中关村地区教育与科研示范网络（简称 NCFC）工程开通，标志着我国互联网普及化的开始，信息技术的发展促使数码产品消费强劲增长。数码城由一定数量的企业及其他机构在特定空间集合而成，主要围绕网络、数码产品销售、维修及相关服务，形成聚集性规模效应，对经济增长、税收和就业贡献甚巨，甚至对社会网络化、信息化发展形成不可忽视的推动力。

很多地方政府早在互联网普及前就已经开始战略布局。如广州市天河区政府 1985 年提出"依靠高校打造科技新区，促进天河区经济的发展"，位于石牌村的五山科技街应运而生，依托天河软件园及高校发展的岗顶电脑商圈雏形初现。1994 年广州太平洋电脑城建成并营业①，由于五山科技街的拆迁，原五山科技街的商家向石牌西集中，此后广州建设了广州电脑城、太平洋电脑城、南方电脑城、新概念电脑城、天河电脑城等 IT 数码城。广州电脑城模式在全国具有领风气之先的意义。随着 1999 年北京中关村硅谷电脑城、2000 年深圳天安数码城以及 2001 年前后温州数码城等代表性数码城的陆续诞生，全国各地兴起电脑城风潮。

数码城的兴起离不开互联网科技和计算机的发展驱动，20 世纪 90 年代至 21 世纪前十年是国内数码城发展的繁盛时期，网络应用与电子产品的大量生产、大品牌入驻和公众消费力的提高等促使数码城迅速崛起。但随着电子商务的兴起，线上消费模式深刻挑战了传统的线下消费模式，透明化在线销售过程对电子产品利润的挤压以及电子零售市场相对混乱、缺乏监管等种种内外部因素的作用，使数码城的生存空间变得日趋狭小。实体数码店面临严峻的客户流失问题，仍在坚持的店铺多依靠"熟客"维持运营，但也无法再现昔日热闹繁荣的景象。如何推动传统数码城转型升级成为中国城市发

---

① 2005 年以前称"广州太平洋电脑城"，此后改名"广州太平洋数码广场"，为保持一致，本文统称为"广州太平洋电脑城"。

展、经济转型升级亟待解决的难题。2010 年前后不少大城市逐渐重视数码城转型升级的问题。

事实上广州市的数码城改革行动在 2010 年就已经开展，数码城的升级改造也被纳入广州市城市更新的总体战略部署中，重点转向存量盘活、自我更新、提质增效，尤其 2009 年以来的"三旧"改造、"微改造"的方针对数码城转型升级形成了指引并形成了一系列具有针对性的改革政策。如 2008 年《广州市天河区现代服务业发展规划》提出重点打造石牌 IT 产业集聚区等八个现代服务业集聚区。2011 年广州市商务局的白皮书清晰地提出了广州数码城的具体转型方向，致力于率先形成 IT 产品的"广州价格"。2014 年《广州市人民政府关于推动专业批发市场转型升级的实施意见》针对广州数码城明确提出"推动天河区太平洋电脑城开展网上交易平台建设，拓宽市场辐射范围"。2017 年《广州市人民政府办公厅关于印发广州服务经济发展规划（2016—2025 年）的通知》明确提出要将"石牌 IT 市场"转型升级。2019 年以来，以《广州市加快推进专业批发市场转型疏解三年行动方案（2019—2021 年）》《广州市支持专业批发市场改造试点工作的意见》为代表的文件，更是对"专业批发市场"的转型升级提出了总体规划和诸多改革措施。

在社会消费习惯发生结构性变化的背景下，如何更好地推动数码城的转型升级已成为城市更新与改革的重要议题。从数码城转型升级的媒介舆论及社会反馈来看，呼声也甚为高涨。如何更深入地了解改革的困难（包括媒介舆论所关注的问题），从而为改革提供建设性的意见和方向成为破解问题的关键。有鉴于此，本文将结合 1999～2021 年广州城市发展史及主流媒体报道，① 对以广州百脑汇、广州太平洋电脑城为代表的数码城兴衰变迁进行

---

① 在慧科新闻搜索研究数据库以"广州百脑汇"和"广州+太平洋电脑城"为关键词进行标题检索和全文检索，时间段为 1998 年 1 月 1 日至 2021 年 12 月 31 日，得到百脑汇新闻报道 261 篇、太平洋新闻报道 1304 篇，剔除仅将广州数码城作为背景、重复报道等文章以后，共得到 1022 篇样本（百脑汇 217 篇、太平洋 805 篇），样本主要来自包括《南方日报》《中国计算机报》《广州日报》等主流媒体。

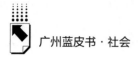

了深入分析，以了解广州数码城的转型困境及衰落原因，据此提出对广州数码城转型改造的建议。

二　广州数码城发展史

（一）1994~2004年"创新开拓"

1994年广州太平洋数码城在天河区落地生根，其后发展迅速、体量庞大，曾被誉为"中国最大的电脑市场"。南方、新概念等十来座数码城也相继建立，聚集了联想、惠普等品牌专卖店及零散的电脑产品门市部。天河区石牌村的五山科技街也开始成为全国乃至东南亚闻名的数码产品聚集地，前来选购的国内外消费者与批发商络绎不绝[①]，广州本地从事电脑生意的人数也是原来的几十倍[②]，天河数码产业影响力辐射全国。

在天河区政府"重点发展产业集群和商贸等产业"的政策引导下，广州数码城以零售批发为营销模式的发展规模走在了全国前列。据估计，2004年广州各电脑城营业额合计约120亿元，其中仅太平洋电脑城就有80亿元。2005年仅石牌一带电脑城销售额就超过200亿元，广州数码城内集批发、零售与物流配送于一体的完整供应链业已形成，随着广州经济中心和地铁的东扩，天河数码城与购物圈和软件园结合，以巨大的客流量和多元化需求为引擎带动了配套产业的兴盛。[③]

在慧科新闻数据库中以"广州百脑汇""广州+太平洋电脑城"为关键词检索，经筛选得到1999~2021年广州百脑汇相关报道217篇、广州太平洋电脑城相关报道805篇（见图1）。这些报道数量总体在不断上升，深刻

---

① 《十来座大规模电脑城密集一地，形成名震全国的电脑集散地　电脑旋风卷天河》，《南方日报》（全国版）2000年4月24日。
② 《电脑城的发展史，也是电脑经销商的发迹史，程涛只是其中的一个……电脑城育出多少千万富翁》，《南方日报》（全国版）2000年4月24日。
③ 高凌云：《"广州硅谷"十年辉煌再创钱路 从小小的五山科技街起步，现如今已成为与中关村齐名的IT贸易超级集散地》，《南方都市报》2006年8月16日。

地反映出广州数码城作为"创新开拓者"被全国媒体关注。进一步分析发现，媒体报道框架突出创新、发展、开拓，情感倾向以正面为主，主题聚焦数码城市场分析、行情变化、管理运营决策等方面，反映出媒体对广州数码城运营状况的关注以及数码城发展向好的态势。广州数码城进入快速发展期，在一定意义上标志着广州乃至中国进入信息化社会。

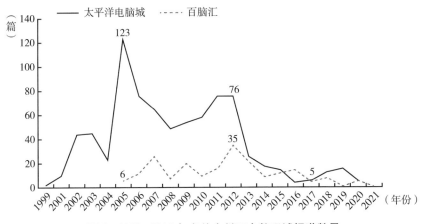

图 1　1999~2021 年有关广州两大数码城报道数量

（二）2005~2010 年"竞争探索"

2006 年，中国的 IT 市场增速由 2005 年的 16.2% 降为 14.2%，网上交易初具规模，电脑硬件的利润也开始降低，电脑城的业态开始从单纯售卖计算机演变为计算机、通信、体验、网络和消费的整合主体。[①] 在这一年中，广州数码城大举扩张，百脑汇、伟腾电脑数码世界、颐高总店二期、昊源 3G 数码世界纷纷开业，天河 IT 商圈扩容一倍。[②] 石牌至岗顶一带聚集了广州电脑城、颐高数码广场、太平洋电脑城、天河电脑城、百脑汇等 IT 卖场，

---

① 李震林：《天河 IT 商圈迎来"战国时代"　半年连开 7 个卖场老将新兵纷纷扩新盘揽商户》，《广州日报》2006 年 11 月 29 日。

② 刘佳宁：《天河 IT 商圈疯狂扩容 200%》，《羊城晚报》（全国版）2006 年 3 月 16 日；刘濒涛：《电脑卖场扩张坐过山车 未来半年内，天河电脑卖场面积将暴增一倍，达到 160 万平方米，是机遇还是挑战?》，《南方都市报》2006 年 5 月 10 日，第 C8 版。

成为华南地区首屈一指的 IT 产品集散地。随着各大数码城进入发展巅峰期，市场竞争也日益激烈，表现为线下门店建设的大举扩张以及对互联网资源的争夺。如太平洋电脑城不断在太平洋电脑网上积累用户，而新晋的颐高数码广场也着手打造 IT 类 Web 2.0 平台不断吸引注册用户。但在这年发布的《关于完善广州批发市场体系建设的研究报告》指出，广州批发市场存在四大问题：交易方式 80% 是面对面洽谈，缺少电子化；市场管理人员素质低；空间分布不合理；市场同质化程度高①，为数码城转型升级敲响了警钟。

2007 年数码商圈进入地铁时代，消费者数量激增。2008 年，各大数码城积极引进新商家，包括法国爱可视体验店、戴尔旗舰店以及 AOC 液晶电视旗舰店，同时在节假日开展促销，天河数码圈的人气旺盛，卖场销售火暴。由于广州数码城地处繁华的天河商圈，在促进商圈进一步繁华的同时也能共享商圈带来的商业机会，从而形成不同行业共享客源、降低经营成本、提高对外知名度等的集聚效应。②

但事物发展都具有两面性，受金融危机的影响，数码城效益首次出现衰退。③尤其是从 2008 年开始，金融危机影响中国 IT 市场，笔记本电脑大规模普及，"组装机世界"逐渐被品牌电脑专卖店取代。包括苹果 MacBook、联想、华硕、戴尔等笔记本电脑深受年轻人喜爱，蚕食了台式机市场。④除了品牌入侵，2009 年开始的"双十一"效应也如洪水猛兽般袭击实体商家。岗顶 IT 商圈这个卖方市场，因互联网时代的到来逐渐转变成买方市场，数码城面临着巨大的生存挑战。为了应对严峻的局面，广州专业市场商会与阿

---

① 欧开培、肖怡：《关于完善广州批发市场体系建设的研究报告》，载于《2006 年：中国广州经济发展报告》，社会科学文献出版社，2006。

② 谢涤湘：《大都市专业市场经济研究——以广州市为例》，载于《2008 年：中国广州经济发展报告》，社会科学文献出版社，2008。

③ 谭希莹：《天河岗顶 IT 商圈自救，抱团挺进中东》，《企业家日报》2009 年 3 月 8 日，第 9 版。

④ 2006～2009 年，"砌机"在市场占有的份额一度高达 70%～80%。大多数 70 后、80 后读书时经历过"砌机"的年代，也就是 DIY 一台电脑，自己组装一部台式机。2010 年开始 PC 市场增速放缓，原因可能是以苹果 IPAD 为代表的平板电脑的热销给 PC 市场带来了压力。何秋养：《国内 PC 三季度增速坐"滑滑梯" IPAD 热销也无奈》，《信息时报》2010 年 9 月 29 日。

里巴巴签署战略合作协议，利用后者平台打造电子化的专业市场交易平台。

总体上来说，2005~2010 年广州数码城在媒体上以"竞争探索者"形象出现，大部分报道聚焦数码城的发展，尤其专注 2006~2008 年广州数码城高速发展的盛况。但与此同时也有对事故和问题的报道，尤其是市场商流、物流分离不畅所带来的交通拥堵等问题，也在一定程度上为下一阶段发展埋下了隐患。

（三）2011年以来"转型挣扎"

2011 年开始广州各大数码城进入转型挣扎期，无论是改造实体空间还是积极适配网络技术，其困境与衰落似乎在所难免。① 迅速崛起的电商平台以更透明的价格、更方便的购物方式，迅速成为 IT 数码爱好者的首选。电脑城的运营模式开始受到冲击，加上 DIY 电脑发展遇到了瓶颈，年轻人的关注点开始转向手机、笔记本电脑、平板电脑等数码产品。

面对新产业冲击，广州数码城积极拥抱移动互联网，融入电商时代，在业务架构上也围绕手机、笔记本电脑、平板数码频道、DIY 硬件、电商组、移动互联组等进行了更明确的分工，诞生了电脑网 App、聚超值等新产品，十年前的闭环发生改变，从 B 端与 C 端进行变革，出现了如"电商报价-电脑网-网友""网友-电脑网-电商/线下消费""网友-电商"等新的营销模式。从电脑城的档口到写字楼的办公室，是岗顶商圈"去电脑化"的第一步。电脑城经营者也涉足网络渠道。2012 年天河区政府对天河路商圈进行整体策划，明确提出"继续围绕 IT 零售核心，拓展'服务+体验'型业态，转型为 IT 主题，为消费者提供一站式的购物和服务体验"，这年天河电脑城开创了"天河购"的电商平台，指导和培训卖场内的商家线上销售，并计划将"天河购"打造成销售平台。在互联网上扩大销售渠道，但效果并不

---

① 广东电脑商会会长总结"广州石牌、岗顶传统 IT 卖场的摊贩基本上已无出路"的四大原因：一是周边二三线城市 IT 卖场越来越多，无须到广州来购买；二是租铺与人工费飞涨；三是岗顶卖场商家没有核心竞争力，利润薄；四是大型电子商务和线下家电巨头开始对数码城夹击。刘显仁：《岗顶 IT 卖场遇最冷"寒冬"》，《广州日报》2012 年 3 月 18 日。

十分理想。2013 年网上交易得到了迅猛的发展,当年的天猫"双十一"活动,仅一分钟成交数额就破亿元①,这给以广州数码城为代表的线下 IT 商场带来了巨大冲击。2014 年天河区印发的一份内部文件给出打造"体验式主题潮流区"的转型方案。以广州百脑汇为例,2013 年其进行第一次试水调整,尝试减少同质化经营的商家,将原本以小档口为主的六楼改成了品牌店面,并开始引入餐饮增加人流量以增强竞争力。2019 年广州百脑汇在经历"3·15"彻查假冒伪劣产品的风波之后,经过八个月的改造,重新开业,新增广州最大的手机维修中心。但开设餐饮、网咖和体验店等多元化方案总体上没有达到预期效果,在寻求"互联网+"转型之路上也面临诸多困难。

这一点从 2011 年以来的媒体报道数量大幅下跌也可以看出(见图 1),凸显的是"转型挣扎者"形象。从报道主题上看,在关注数码城外部市场运营状况之余,商家退铺、人流量下降、盈利能力下降的报道大幅增加。与此同时,事故与问题相关的报道数量也增多,尤其 2013~2016 年该类报道占同时段所有报道类型的最大比重。媒体更多采用负面和衰落基调进行报道,例如"转型搞餐饮救得了岗顶电脑商圈吗?"等等。2011 年以来媒体非常关注数码城的转型升级,但对衰落的关注内容已超过 7 成。随着线上电商进一步瓜分市场,以 2018 年广州太平洋数码广场 B 场正式结业为标志,广州数码城进入收缩衰落期。2020 年后,突如其来的新冠肺炎疫情进一步冲击广州实体商场,许多传统电子商城陷入日益严峻的经营困境。

根据以上分析可以发现,在过去二十余年中广州数码城经历明显的"创新开拓""竞争探索""转型挣扎"的变迁过程,广州数码城经历蓬勃发展、扩疆竞争、转型探索三个阶段。如今广州数码城正处于焦虑的转型探索阶段,如何找准未来转型升级的方向,离不开对其衰落原因的深层剖析。

---

① 徐勉、邓强、李业珅:《眼看它生意火了 眼看它客少了 眼看它要关了——岗顶电脑城盛衰盘点》,《南方日报(数字报)》(全国版)2017 年 11 月 28 日。

三 广州数码城衰落原因剖析

首先，作为经销商的数码城遭受地方 IT 卖场的兴起与直营店的冲击。广州数码城诞生伊始，便发挥了较大的数码产品分销作用。广州数码城是广东省及周边地区主要的数码产品集散地与分销地。广州的经销商将产品通过物流分销到二三线城市的各个销售网点。这种营利方式成立的前提在于，数码城市场覆盖范围广、对应受众数量庞大，从而确保利润的丰厚。然而随着周边二三线城市的经济发展，各地涌现地方性 IT 卖场。① 当地卖场距离近、更方便，赢得了所在地消费者的青睐，一定程度上抢占了广州数码城的地方市场。在 2010 年左右，数码城内的电脑及其配件销售商逐渐被品牌电脑专卖店取代，数码城告别"砌机时代"②。这些国内外电脑品牌直营店的落户以直销的价格、品质的保证及品牌效应大大冲击了作为厂家经销商的各个数码城商家、档口。

其次，依托电脑销售的数码城面临传统 PC 及笔记本市场的饱和。广州数码城的兴盛依托电脑行业及 DIY 电脑配件的销售。而在 2010 年左右，DIY 市场发展遇到了瓶颈期，传统的电脑销售也发力不足。移动互联网发展背景下，智能手机与 IPAD 在这一时期流行起来，这类产品可以替代一定的电脑功能，电脑不再是消费者的唯一且必须的选择。2013 年调研公司 IDC 数据显示，个人电脑的全球销售量下降了 14%。③ 相比电脑市场的日趋衰落，手机则越来越成为数码产品行业至关重要的部分并保持增长势头，Counterpoint 发布的 2021 年高端智能手机数据报告显示，2021 年全球高端智能手机（每部售价 400 美元以上）销售额同比增长 24%，超过市场 7% 的平

---

① 刘显仁：《岗顶 IT 卖场遇最冷"寒冬"》，《广州日报》2012 年 3 月 18 日。
② 郑雨楠、刘雪、赵安然：《岗顶曾是机友"砌机"天堂，如今只因"退店潮""商铺空置"上头条》，《南方都市报》2020 年 10 月 1 日。
③ Vaughan-Nichols（2013），https：//www. zdnet. com/article/what－a－surprise－2013－was－a－lousy-year-for-pc-sales/.

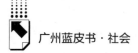

广州蓝皮书·社会

均增速，且高端手机市场份额也创下历史新高，增长至27%。以传统PC销售为主要收入支撑的数码城，面临市场饱和的困境，走入"寒冬"。

最后，电商、网购等新购物方式对以线下售卖为主的数码城形成持续冲击。迅速崛起的电商平台以更透明的价格、更方便的购物方式，成为IT数码爱好者的首选。2015年的《数码产品行业研究报告》显示，数码产品标准化程度高，线上发展成熟，成交人数小幅上升，网络消费人群趋于稳定。① 越来越多的人选择在网上购物而非线下选购，数码城作为实体消费空间，其传统的运营模式受到新消费方式的冲击。

互联网带来的新型消费方式，促使数码产品市场由原来的卖方市场向买方市场转变。以前IT产品作为高新科技，对电脑小白、新手不友好，数码城商家发挥了解释产品功用、效能、价格的重要作用，然而在电商平台上，数码产品配置明文标出、价格透明，对比价格方便，消费者的主体性和能动性大大增强，合理回应消费者诉求成为卖出产品的关键。

《2020京东电脑数码新品消费趋势报告》显示，Z世代成为电脑数码各品类新品消费的高价值潜力人群。② 数码产品行业以23～35岁消费人群为主，19～28岁消费人群占比逐年上升，呈现年轻化趋势。③ 2020年，第一财经商业数据中心（CBNData）的数据显示，新生代更愿意为智能产品买单。④ 由此可见，数码城想要焕发生机，必然离不开对Z世代数码产品购买意愿的调查。

综上分析可以发现，近年来面临竞争市场的压力、经典业务的饱和，尤其是线上购物方式的多重冲击，加之年轻消费者消费习惯的改变（从线下

---

① 第一财经商业数据中心：《数码产品行业研究报告》，https：//www.cbndata.com/report/29？isReading＝report&page＝1，2015。
② 京东云开发者社区：《行业报告：2020京东电脑数码新品消费趋势报告》，https：//developer.jdcloud.com/article/1068，2020。
③ 第一财经商业数据中心：《数码产品行业研究报告》，https：//www.cbndata.com/report/29？isReading＝report&page＝1，2015。
④ 第一财经商业数据中心：《2020智能生活年终关键词盘点》，https：//www.cbndata.com/report/2528/detail？isReading＝report&page＝1，2020。

到线上），导致以卖电脑为主的数码城及商圈衰落。由于线下消费的时间成本较高、便利性低，随着手机支付和购物的兴起，消费者尤其是年轻消费者越来越多地选择在线消费。如何有效回应年轻消费者的需求和习惯，成为数码城转型升级需要重点考虑的问题。大学生作为最有潜力的消费者①，尤其值得关注。接下来本文将从用户中心观出发，对大学生群体进行问卷调查，为探索广州数码城的转型路径提供实证数据支撑。

四　广州大学生数码城电子产品消费意愿的问卷调查

本部分将聚焦大学生这个特殊消费群体，分析其在电子产品消费过程中的感知消费价值，以帮助探究数码城转型升级的问题。感知价值理论主要指企业竞争中的顾客感知价值，顾客感知价值的驱动因素主要由产品质量、服务质量和价格等构成②，也可进一步概括为产品相关特性、服务相关特性与促销相关特性三类。③ 这意味着要了解大学生消费群体感知电子产品的价值及消费意愿，就需要从产品质量、商家服务质量、顾客成本、促销手段等入手。

经过文献综述、田野预调查以及参考 Dodds 等人的分析模型④，本文将用户感知价值概括为感知服务价值、感知功能价值、感知情感价值、感知社会价值、感知成本等五个自变量维度，研究于是转化为对五个自变量维度与消费意愿这一因变量维度关系的分析。

---

① 根据调查，有 67.5% 的大学生电子产品月均消费超过 500 元，32.6% 的大学生花费超过 1000 元。参见艾媒数据中心《2021 年中国大学生群体电子产品月均购物金额》，https：//data. iimedia. cn/data-classification/detail/31026836. html，访问日期：2022 年 3 月 1 日。

② Parasuraman, A., Grewal, D. (2000). The Impact of Technology on the Quality-value-loyalty Chain: A Research Agenda. Journal of Academy of Marketing Science, 28 (1), 156-174.

③ Ulaga, W., & Chacour, S. (2001). Measuring Customer-Perceived Value in Business Markets: A Prerequisite for Marketing Strategy Development and Implementation, Industrial Marketing Management, 30 (6), 525-540.

④ Dodds, W. B., & Monroe, K. B. (1985). The Effect of Brand and Price Information on Subjective Product Evaluations. ACR North American Advances, (12), 85-90.

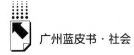

研究假设如下：

H1：感知服务价值显著影响大学生在数码城的消费意愿。

H2：感知功能价值显著影响大学生在数码城的消费意愿。

H3：感知情感价值显著影响大学生在数码城的消费意愿。

H4：感知社会价值显著影响大学生在数码城的消费意愿。

H5：感知成本显著影响大学生在数码城的消费意愿。

问卷设计的量表构建参考了国内外权威感知价值量表。[①] 结合广州两大数码城的田野预调查和地区特征，根据李克特五分量表设计有关数码城大学生消费者感知价值测量量表（见表1）。

表1　基于感知价值理论构建的数码城大学生电子产品购买意愿量表

测量变量	测量维度	测量题项
感知价值	感知服务价值	商家耐心友善,态度热情,尊重消费者
		商家业务素养高,能提供产品有用的信息
		数码城的消费环境可以使您放心地购买产品
		商家能及时有效地提供售后服务(针对客户反馈能及时回应并解决问题)
	感知功能价值	您可以在数码城买到符合需要的数码产品
		数码城销售的产品是高质量、耐用的
		数码城和它销售的产品是值得信赖的,有长期品质保证
		数码城能提供让您满意的维修服务
		数码城能让您接触到数码产品实体,更了解其产品信息
	感知情感价值	在数码城购买数码产品让您感到轻松、愉悦、享受
		数码城的整体环境让您感到自在舒适
		在数码城购物让您感到新奇
	感知社会价值	在数码城消费是符合潮流的
		在数码城消费为您融入社会提供了较丰富的经验
		使用数码城的产品会帮您给别人留下好的印象
		在数码城消费和使用其商品能够让您获得更多的社会认同
	感知成本	去数码城购物比线上渠道购买数码产品花费更多的金钱
		去数码城购物比线上渠道购买数码产品花费更多的精力和时间
		在数码城消费使您很费精力,感到烦躁

① Sweeney, J. C., & Soutar, G. N. （2001）. Consumer Perceived Value: The Development of A Multiple Item Scale. Journal of Retailing, 77（2）, 203 - 220; 何彪、谢灯明、朱连心、郭强：《免税购物游客感知价值的量表开发与实证检验》,《旅游学刊》2020 年第 4 期，第 120~132 页。

续表

测量变量	测量维度	测量题项
消费意愿	购买产品的意愿	您乐意在数码城购买数码产品
		当有人询问您购买数码电子产品的意见时，您会推荐数码城购买
		以后您会继续在数码城购买电子产品
		如果您要购买数码产品，在数码城购买的可能性较大

问卷调查通过问卷星于 2022 年 2 月 3~13 日进行，共收集到 482 份问卷，经筛选有效问卷为 362 份（有效率 75%），其中男性样本占 61.3%。在更换或购买电子产品频率方面，两年及以上一次者占 62.3%，一年一次者占 27.3%，半年一次者占 10.1%。这说明对大学生而言，电子产品属于高价耐用品，使用年限相对较长、更换频率较低。将问卷数据导入 SPSS 软件进行信度分析，测得表 1 各维度的克隆巴赫 α 系数均在 0.9 左右，总信度为 0.915，量表信度高。效度分析结果显示，问卷 KMO 值为 0.964，Bartlett 球形度检验得到显著性值小于 0.05，说明问卷数据适合进行因子分析（见表 2）。

表 2　问卷效度分析

测项	变量	因子载荷	KMO 及 Bartlett 球形度检验
感知价值	感知服务价值	0.905	KMO = 0.964 近似卡方 8046.646 自由度 253 显著性 0.000
	感知功能价值	0.930	
	感知情感价值	0.927	
	感知社会价值	0.926	
	感知成本	0.617	
购买意愿	购买意愿	0.914	

进一步做 Pearson 相关性分析发现（见表 3），感知功能价值、感知情感价值、感知社会价值和购买意愿均高度相关（相关系数依次为 0.804、0.822、0.874），并在 0.05 的水平上显著。但感知服务价值、感知成本和购买意愿之间的相关性较低（相关系数分别为 0.772、0.468）。

185

表3　相关性分析

类别	项目	购买意愿
感知服务价值	Pearson 相关性	0.772**
	Sig.（双尾）	0.000
感知功能价值	Pearson 相关性	0.804**
	Sig.（双尾）	0.000
感知情感价值	Pearson 相关性	0.822**
	Sig.（双尾）	0.000
感知社会价值	Pearson 相关性	0.874**
	Sig.（双尾）	0.000
感知成本	Pearson 相关性	0.468**
	Sig.（双尾）	0.000

注：** 为在 0.05 的水平（双尾）上显著。

做进一步的回归分析（见表4），发现感知功能价值、感知情感价值、感知社会价值这三个变量共计可解释购买意愿变量的79.8%，且模型通过 F 检验（F=7.603，P<0.05，R^2=0.798），说明模型有效。消费意愿模型为：消费意愿=0.596×感知社会价值+0.218×感知功能价值+0.230×感知情感价值+1.818。其中，感知社会价值的回归系数值最大，为 0.596（t = 11.370，P<0.01），说明该因素对购买意愿的影响最大；感知功能价值自变量系数最小，为0.218（t=4.427，P<0.01），说明该因素对购买意愿的影响最小。这也证实了前述五个研究假设中 H2、H3、H4 这三个假设，而否定了 H1、H5 两个假设。

表4　回归分析

类别	未标准化系数		标准化系数	t	显著性	R^2	调整后R^2	F	显著性F变化量	德宾-沃森
	B	标准错误	Beta							
（常量）	-1.177	0.480		-2.450	0.015	0.798	0.796	7.603	0.006	1.818
感知社会价值	0.596	0.052	0.569	11.370	0.000					
感知功能价值	0.218	0.049	0.217	4.427	0.000					
感知情感价值	0.230	0.083	0.154	2.757	0.006					

注：因变量为购买意愿。

上述分析对我们了解和认识大学生数码城电子产品消费意向的价值，可以总结为以下几方面。

第一，消费者感知价值是影响消费者购买电子产品意愿的主要因素，感知价值能解释消费者购买电子产品 79.8% 的原因。其中感知社会价值对消费者在数码城购买电子产品意愿的影响最大，换言之，感知社会价值越高，消费者在数码城消费的意愿就越高。数码城的线下社会性是区别于网络购物的显著特征，线下选购电子产品的过程也是社交和学习的过程，线下购买带来的产品质量与品牌信誉的保障也帮助消费者获得更多的社会认同。感知社会价值对消费者在数码城购买意愿的显著影响也体现了交互性、个性化和口碑推荐对消费者的正向影响。[①] 数码城作为公共消费空间具有强烈的交互特征，线下门店的口碑传播也加速了社会价值的转换，促成和增强消费者的购买意愿，因此扩大数码城的社会性优势将有益于改善消费者的购买意愿。

第二，消费者感知功能价值（产品质量和特性）对消费者购买意向影响较大，而数码城以线下营销为主，在提升消费者感知功能价值上具有较大优势，可从三个方面来理解。一是"身体在场"的数码产品感知让消费者真切了解产品的外表、构造和触肤感等。这尤其满足了数码产品入门者和渴望新品体验的消费者的内心需求。而线上数码测评尽管能提供更为丰富的数据（包括产品本身的精确数据和其他用户的使用数据），但剥离了产品之于用户的真实身体体验感。二是线下消费者与商家的同步交流，相比线上无互动的单向度产品测评信息学习，抑或与客服的异步交流（线上与客服的交流往往有时间延迟），同步性的交流能让消费者获得陪伴感及互动的乐趣[②]，并使消费体验有更多的情感溢价。三是基于数码城的场景设计，数码城的空间具有功能属性，例如通过楼层区隔将不同产品品类和服务进行划分，基于不同产品和服务的定位设计空间布局，清晰的空间功能分区给消费者带来了

---

① 刘晓莉、张雷：《社会化阅读平台特性、感知价值对用户持续使用意愿的影响研究》，《新世纪图书馆》2019 年第 12 期，第 53~56 页。

② 〔美〕南希·K. 拜厄姆：《交往在云端》，董晨宇、唐悦哲译，中国人民大学出版社，2020。

层次感的空间体验和产品认知，这是线上购物所不具备的。

第三，消费者感知情感价值对购买意愿影响较大。感知情感价值在一定程度上决定着顾客的惠顾意愿①，数码城应注重挖掘消费者在消费过程中对享乐型情感价值的诉求，数码城的空间环境、声音气味、商家态度等都会影响消费者的情感感知价值，超过半数的受访者都认为在数码城购物较为轻松、享受，并且使他们产生新奇的情感感受。改善数码城的购物环境、提升消费体验都会对消费意愿产生积极影响。

五　广州数码城转型改革的策略建议

通过前文分析发现，广州数码城经历从最初蓬勃发展期的"开拓"到扩疆竞争期的"探索"再到转型探索期的"挣扎"的变化过程，近年来面临极大的转型改革压力。从利益攸关方模型的角度来看，广州数码城应对转型改革困境需要多方参与、共同努力，以重新争取消费者的认可和支持。结合广州大学生在数码城电子产品消费意愿的调查分析以及相关利益主体的视角，可总结出对广州数码城转型改造的策略性建议。

（一）制定完善规划，政府与市场双推动

广州数码城的转型升级需要政府进行科学、系统的规划。广州市政府在《关于提升城市更新水平促进节约集约用地的实施意见》中提出要强调坚持政府主导、规划引领、连片改造。市政府在规划时，需要充分考虑广州数码城的整体空间布局，设计好交通结构，做到商流和物流的分离。由于广州数码城占据重要的地理位置，转型升级需要政府的统一性指导，控制数码城的空间发展方向。

该《意见》也强调放管结合、市场导向。政府需要约束数码城的行为，

---

① 陈再福：《商店形象、感知价值与顾客惠顾意愿关系研究》，《兰州商学院学报》2013年第3期，第23~29页。

尽量减少因市场运作而产生的社会风险，引导市场、居民和消费者共同参与转型升级的过程，做好细致的调查，找准相关问题，予以精准解决，提升广州数码城的公共效益。

（二）打造聚集效应，构建多元化体系

广州数码城应利用好产业优势，发挥聚集效应。由于地处广州的商业中心，广州数码城的周边商区拥有扎实的基础设施和充沛的人流量，应建立商圈与商圈之间引流的机制，综合运用广州数码城优势，做到功能性分区，共享客源，如此才能降低经营成本，发挥集聚优势。

广州数码城应打造自我品牌，提高整体知名度。数码城可以岗顶或石牌为整体品牌，从三个方面传播品牌价值。一是利用好新媒体和社交媒体声量，结合口碑营销积极推广数码城的优质形象与定位，通过完善、优化其空间体验和社会形象提升消费者感知情感价值和感知社会价值。二是通过内容营销影响消费者对其空间形象的认知，优化空间形象。三是形成各个数码城的差异化定位，向消费者传播不同数码城的品牌定位，构成差异化消费格局。

（三）以人为媒、以物为介，建立健全广州数码城的运营机制

广州数码城应建设高质量的营销队伍，提升转型升级的内在动力。首先是招募有丰富网络营销经验的运营者，打造电子化交易平台，在部分门店试行网店网商模式，确立好各自的目标消费人群。同时在发展线下业务的过程中培育线上业务，配合当代年轻消费群体对线上购物的需求，打造线下看品、线上选品的链条，促进消费者购买。其次，商家应当提高自身服务素质和服务能力，服务人员应具备相关产品的专业知识，及时准确了解顾客诉求，提高售后服务的能力。

广州数码城应利用实体可接触的特性提升产品体验，提升消费者的数码认知。首先，提升数码产品的多样性和质量，建立起不同数码产品之间的联系，让消费者拥有一次性体验多款数码产品的机会，并利用数码产品之间的

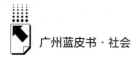

互通性以增强消费者的全方位感知；其次，提升产品质量与品牌信誉，完善健全商品信息，参考网络销售价格，提供"保价"服务，让消费者买得安心，用得放心；再次，广州数码城可以展销具有特色或先进的数码产品，开展消费者体验项目，增进消费者的感知情感价值，如 VR，X-BOX 等。

广州数码城可以打造特色数码店铺，利用好门店之间的交互性，满足消费者的品牌与 DIY 需求。首先是设立旗舰品牌店铺，广州数码城可以联系多家数码品牌方，邀请他们入驻，同时也可以与品牌方进行合作，利用空间优势举办特色活动，也可以让不同门店之间进行联动。其次，可以开设 DIY 店铺，满足数码爱好者对数码产品进行自主选配与组装的需求，开展定制服务。

（四）树立消费者本位意识，触达消费者需求

在感知功能价值方面，广州数码城应利用好消费者的在场条件，树立消费者本位意识。对于消费的产品体验要保持"开放、包容"的心态，鼓励产品之于消费者是"上手"状态，而非"在手"状态，并且要增加更多品类、更新潮的数码产品以满足消费者的多元化需求。在服务人员培训上，要强调主动及时与消费者进行互动，设身处地考虑不同消费者的个性化需求。在数码城的内部空间设计上，需要提供清晰且科学的空间和所对应的产品及服务指引。

在感知情感价值方面，广州数码城要重视消费者情感价值的多样化，精准触达消费者需求。在购物环境中应简化消费流程，夯实维修服务，发展咨询服务、送货服务等特色服务以培养忠实消费者。再者，由于用户在数码城流动所遭遇的场景较为稳定，所以用户的行为也会更加稳定①，如此数码城可以对用户进行实时状态分析，为研究消费者行为并以此提高营销效果和用户满意度打下基础。

在感知社会价值方面，广州数码城可以提供消费者与数码城专业人员、

---

① 彭兰：《场景：移动时代媒体的新要素》，《新闻记者》2015 年第 3 期，第 20~27 页。

数码专家的交流机会。广州数码城可以考虑利用品牌和专业人员优势，在社交媒体开设与广州数码城相关的讨论区，并发布以电子数码为主题的互动性活动，邀请一些数码产品领域的专家和爱好者分享信息和资讯，引流到数码城进行实地实践。通过这种O2O的运营方式，数码城可以增加消费者之间的联系和交流，形成社群集聚，增进社交氛围，提升消费者的社会认同感。

（审稿人：麦劲恒）

B.10
广州城市更新效果评估与提升策略研究

—— 以文创园区更新为例 *

黄文浩 陈心怡 李梓殷**

摘 要： 城市更新行动对文创园区发展带来新的机遇与挑战。本文以文创园区更新为案例分析广州城市更新效果，基于城市体验理论构建评估指标体系，综合运用文献研究、问卷调查、专家访谈等方法实施评估，并根据评估结果分析广州文创园区更新存在的问题，进而提出实现文化产业提升和历史文化保护双向驱动的对策建议。调查发现，广州文创园区更新有效提升了景观、业态、服务等方面的水平，从而增强了体验者对园区空间的黏度、满意度和认同感，但同时也面临难以形成稳定情感认同的问题，阻碍园区更新效果的全面提升。基于此，本文从园区体验者的角度出发，总结出城市更新意义被窄化、更新项目缺乏长期规划、政府与市场作用发挥受限、文创宣传渠道单一引致文创园区未能实现更新预期的问题，并从如何实现内涵式发展、联动式发展、集聚式发展、参与式发展四个方面提出广州文创园区更新提质增效的策略选择。

---

　 * 本文为广东省教育厅 2020 年度广东省普通高校青年创新人才项目 "基于'多规合一'改革的广东市县国土空间用途管制研究"（项目编号：2020WQNCX021）、广东省教育厅 2021 年度省级大学生创新创业训练计划项目 "高质量发展视角下老旧厂房转型文化创意园运营效应的影响因素与机制分析——以广州 T. I. T 创意园为例"（项目编号：S202110592003）、广东大学生科技创新战略专项资金（攀登计划）一般项目 "城市更新背景下老旧厂房活化及文化创意园改造运营研究——以广州 T. I. T 创意园为例"（项目编号：pd-jh2021b0213）的阶段性研究成果。

** 黄文浩，博士（后），广东财经大学讲师，硕士研究生导师，研究方向为城市与区域治理；陈心怡，广东财经大学研究助理，研究方向为城市更新；李梓殷，广东财经大学研究助理，研究方向为城市更新。

关键词： 城市更新　文创园区　城市体验

一　引言

文创园区是推动文化产业和城市空间高质量发展的重要载体。近年来，广州文创园区在数量和质量上取得长足发展，2022年市政府工作报告指出，近五年广州文化产业增加值年均增长13%，高于同时期全市GDP的年均增速，截至目前国家级文化产业园区（基地）增至22个。自2018年习近平总书记在广东考察时，对广州提出实现老城市新活力和"四个出新出彩"的重要要求后，《广州市推动"四个出新出彩"行动方案》《广州市深化城市更新工作推进高质量发展的工作方案》等一系列政策相继出台，推动广州文化综合实力稳步提升。广州文创园区蓬勃发展，据统计，全市拥有涵盖国家级、省级、市级等类型的文创园区超过220个，对改善城市文化环境、实现文化综合实力出新出彩具有示范带动作用，为广州经济社会发展做出重要贡献。

近年来，广州大力实施城市有机更新，用"绣花功夫"对文创园区进行更新改造，致力于让历史风情留存于园区，通过提升园区品质和活力增强居民幸福感。城市更新是将城市中已经不适应现代化社会生活的地区做必要的、有计划的改建活动，包括旧工业区、旧商业区、旧住宅区、城中村等空间。本文选择老旧厂房转型文创园区为城市更新案例，是因为文创园区更新能反映广州城市更新的真实情况，具有典型意义。文化创意产业园区（本文简称为"文创园区"）在学术上的概念尚未统一，其在实践中主要涉及文化产业发展、城市更新改造、文化创意消费等领域，本文将文创园区界定为一个包含娱乐、创业、旅游、文化等多功能服务的综合体，对文化企业、艺术家、居民、游客等群体具有较强吸引力的空间。为促进文创园区规模化发展，2021年7月，《广州市促进文化和旅游产业高质量发展的若干措施》指出，到2025年，全市各类文创园区达到300家，市级以上示范园区达到

50家。工业遗产被规划建设而成为文创园区，是对其再利用和保护的最常见做法，已有研究对这一做法中各利益相关者的诉求进行分析，并提出实现经济、产业与空间成功转型的更新策略。①②③④ 结合文创园区更新目标及相关研究成果，本文围绕广州文创园区更新效果进行全面评价，根据评价结果分析存在的问题并提出解决措施。

二 广州文创园区更新效果评估指标体系及结果

（一）评估指标体系建立

为推动广州实现老城市新活力和"四个出新出彩"，文创园区更新需在保护利用过程中注重突出保护园区原有特色、打造相适宜的产业形态。2022年1月，广州市委书记林克庆在调研城市文化改革发展工作时指出，要推动文化产业提质增效，充分释放各类文化创意园区活力，形成特色鲜明、布局合理、集聚发展的文化产业新格局。因此，文化产业提升和历史文化保护都是文创园区更新的重要目标。已有研究在评估文创园区更新效果时，大多从经济学角度运用产业增加值、客流量、进驻企业数等硬性指标反映其更新效果，但较少考虑不同主体在文创园区这一发展空间内的真实体验，这也是本文研究的重点所在。

文创园区更新涉及城市生产空间、生活空间和生态空间的改造，文创园区更新后会产生新的经济社会效益。已有研究在分析文创园区更新效果时，

---

① 钱艳、任宏、唐建立：《基于利益相关者分析的工业遗址保护与再利用的可持续性评价框架研究——以重庆"二厂文创园"为例》，《城市发展研究》2019年第1期，第72~81页。
② 任惠民、李依倪：《空间体验视角下文创园区型工业遗产更新研究——以南京和台北文创园区为例》，《建筑与文化》2019年第5期，第157~159页。
③ 朱一中、涂紫琼：《社会-生态系统分析框架下改自旧厂房的文创园区研究——以红专厂为例》，《华南理工大学学报》（社会科学版）2019年第3期，第99~107页。
④ 任泽阳：《场景理论视域下老旧厂房改造式文创园区发展路径研究》，《包头职业技术学院学报》2021年第4期，第93~96页。

常以新增多少建筑空间、吸引多少客流量、实现多少年度产值等量化指标来加以衡量，但文创园区体验者的真实感受同样是反映园区更新效果的重要参考指标。体验者进入文创园区是城市体验的过程，城市体验本身就是一种复杂且难以确定的主观感受。城市体验（Urban Experience）是城市社会学的一个重要理论流派，该概念是由德国社会学家格奥尔格·齐美尔和美国城市学家路易斯·沃斯提出的，用来解释个体、群体及市民整体的社会心理。城市体验是一种包含认知、情绪、情感、意向的心理感受，其产生于城市的物质空间及其文化环境，包含空间体验前的动机、空间体验中及体验后的感受。本文依据上述逻辑框架，借鉴目前研究成熟的指标体系①，设计出广州文创园区更新效果评估体系的层次结构及初步的指标，并通过专家访谈和问卷调查进行指标修正和细化，进而形成 3 个测量维度、21 个测量指标构成的递阶指标体系结构。

第一，空间吸引力。空间吸引力反映进入文创园区的体验者的体验前动机，即文创园区的景观、业态、服务等方面形成对体验者的吸引强度。该测量维度主要考察文创园区吸引体验者前往的地方，包括怀旧特色的建筑原貌、众多文化创意机构、怀旧与创意融合的园区氛围、拍摄取景素材、休闲娱乐设施或产品、文化艺术创意活动、园区所在地区或周边其他景观、交通便利及交通费用等 8 项测量指标。

第二，空间满意度。空间满意度反映进入文创园区的体验者的体验中感受，即在体验过程中对文创园区景观、业态、服务等方面的满意程度。该测量维度主要考察文创园区是否满足体验者的期望，包括公益空间建设、旅游公共设施、从业者服务态度、园区室内环境、园区绿化及规划格局、园区改造现状整体评价等 6 项测量指标。

第三，空间认同感。空间认同感反映进入文创园区的体验者的体验后感受，即体验者离开文创园区后对其景观、业态、服务等方面的认同感。该测量维度主要考察文创园区获得体验者认可的因素，包括提供文化艺术创意环境、体验

---

① 莫佳煜：《文化创意园旅游吸引力、游客满意度与场所依恋关系研究》，暨南大学硕士学位论文，2018。

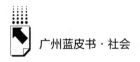
印象、未来到访同类园区意愿、拥有更长的园区体验时间、对园区事物产生情感、园区到访经历的心理状态、园区具有特别意义等 7 项测量指标。

（二）评估结果

根据评估目标需要，将指标体系中涵盖的测量指标纳入调查问卷中，向广州文创园区体验者开展广泛的问卷调查，以获得文创园区更新效果的评估结果。调研对象主要是文创园区的访客、周边居民、从业者以及相关人员。课题组于 2021 年 1~3 月在广州主要文创园区及周边地区开展实地调查，获取有效问卷 349 份。调查对象的年龄、职业、收入等人口统计属性合理，具有较强的代表性。调查目标群体以园区访客为主，大部分访客来自广东省，并且集中在广州市，具体的调查对象基本特征包括：以大学生为代表的青年群体所占比例较高，这与广州文创园区访客现实基本相符；较多访客是从事文化创意工作的灵活就业群体，在职业统计时并入"学生"选项；由于学生和工薪阶层的访客占据很大一部分，相应地，月收入水平为"1000 元以下"和"1000~3000 元"的受访者所占比例较高（见表 1）。

表 1　调查对象基本特征

类别	选项	人数（人）	所占比例（%）
性别	男	152	43.6
	女	197	56.4
年龄	18 岁以下	8	2.3
	18~30 岁	263	75.3
	31~50 岁	60	17.2
	50 岁以上	18	5.2
职业	公职人员	35	10.0
	艺术家（设计师）	4	1.2
	企业经理人	22	6.3
	企业员工	37	10.6
	个体工商户	20	5.7
	学生	215	61.6
	退休人员	16	4.6

类别	选项	人数(人)	所占比例(%)
月收入水平	1000元以下	127	36.4
	1000~3000元	93	26.7
	3001~5000元	22	6.3
	5001~7000元	33	9.4
	7001~10000元	32	9.2
	10000元以上	42	12

　　广州文创园区体验者行为特征具有稳定性，将其与园区体验者访谈相结合进行分析，调查结果能较为客观、真实地反映目前广州文创园区的更新效果。从园区到访次数来看，大部分体验者属于首次到访（49%），但到访2~3次的比例也不少（31.5%），说明近几年文创园区的"常客"增多，文创园区逐渐成为城市的重要休闲娱乐场所；从园区停留时间来看，停留1~3小时的占比超过一半（55.6%），其次为停留1小时以下（35%），很多体验者选择周末上午或者下午进入园区，直到用餐时间离开园区，停留时间较长的体验者大多为艺术创意工作者；从园区消费情况来看，接近半数（47.6%）体验者的消费在100元以下，这表明文创园区的平均消费不高，一方面与消费群体多为大学生有关，另一方面大宗文化艺术品交易并不在测量范围内；从园区了解渠道来看，网络媒体宣传成为体验者了解文创园区的主要信息来源（65.3%），从马蜂窝、去哪儿、大众点评、携程等网络信息平台很容易就能检索到有关广州文创园区的游览攻略和推荐指引（见表2）。总体来看，广州文创园区已基本建成且在持续更新中，具有自身的整体风格和发展价值，逐渐成为一种兼具历史文化保护和文化产业提升双重功能的典型模式，园区拥有一定的访客基础、知名度和辐射力。

表2　调查对象行为特征

类别	选项	人数(人)	所占比例(%)
到访次数	1次	171	49.0
	2~3次	110	31.5
	4~5次	26	7.5
	5次以上	42	12.0

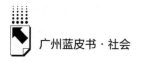

类别	选项	人数(人)	所占比例(%)
停留时间	1小时以下	122	35.0
	1~3小时	194	55.6
	4~6小时	22	6.3
	6小时以上	11	3.1
消费情况	100元以下	166	47.6
	100~300元	99	28.4
	301~500元	47	13.5
	501~700元	11	3.1
	700元以上	26	7.4
了解渠道	网络媒体宣传	228	65.3
	亲朋好友推荐	93	26.7
	线下广告	28	8.0

调查文创园区的目的是了解广州文创园区更新的背景、目的及预期效果，收集体验者对园区更新情况的看法和评价，征求对更新政策改进的建议。问卷中对评价指标采取李克特五点量表，用1~5分来进行赋值，效果很好为5分，效果较好为4分，效果一般为3分，效果有限为2分，效果不佳为1分。本文通过对问卷调查结果进行统计分析，获得广州文创园区更新效果评价所需的数据，最终评价结果如下。

第一，广州文创园区的空间吸引力评价指标得分在3.53~3.84（见表3）。其中，园区具有文化创意特色的拍摄取景素材受到较高评价，很多文创园区逐渐成为"网红打卡胜地"，大量园区空间建成拍照基地。"网红化"成为文创园区更新项目的一种标配，打卡功能也成为独特的空间体验方式。调查中，文创园区里很多咖啡店的主营业务是"网红一条龙服务"，店主表示"为KOL、网红等互联网头部提供拍摄器材、道具、服饰、场地，不单单是店里的空间，还可以将文创园区里众多的景观、建筑作为拍摄场景"。对文创园区空间吸引力的评价结果说明，景观与业态塑造相融合是文创园区更新的重要趋势，一旦建立了有特色的网络传播形象或者衍生出"网红产业链"，园区就能在短时间内吸引大量流量，获得人们更多的注意力。调查结果显示，具有创意与特色的建筑原貌、创意机构、园区氛围都是吸引体验者进入文创园区的因素，加上交通便利以及可接受的交通费用，使得园区更新在文化景观风貌和产业发展方面有着一定成效。但与此同时，优质休闲娱乐设施或产品、富有特色的文化艺术创意活动的开发，以及园区与周边环境形成辐射效应等方面仍有待提高。

表3　广州文创园区有哪些因素吸引您前往？

维度	指标	得分	景观	业态	服务
空间吸引力	具有怀旧特色的建筑原貌	3.71	√		
	集聚众多文化创意机构（创意小店、景观小品、艺术画廊等）	3.78		√	√
	怀旧与创意相融合的园区氛围，充满了小资情调	3.74	√		
	园区具有文化创意特色的拍摄取景素材	3.84	√	√	
	富有文化创意特色的休闲娱乐设施或产品（电影院、餐厅、酒吧等）	3.53		√	
	富有特色的文化艺术创意活动	3.56	√		√
	园区所在地区与周边环境形成辐射效应	3.53		√	√
	园区交通便利以及可接受的交通费用	3.75			√

注：表中"√"表示该测量指标主要影响因素。

第二，广州文创园区的空间满意度评价指标得分在 3.45 ~ 3.75（见表4）。与其对园区的从业者服务态度、室内环境、绿化以及规划格局的评价结果相似，体验者对广州文创园区更新的空间改造给予了充分的肯定。尤其是对园区现状这一指标评分说明受访者对园区更新效果总体上是满意的，超过半数的受访者对此评价较高，非常满意和比较满意的受访者分别占15.8%和45.3%，仅有极少部分受访者认为比较不满意（5人）和非常不满意（1人）。知名度较高的红专厂、T.I.T创意园、太古仓等广州文创园区内各项功能和设施建设都较为完善，调查中，很多园区的管理者表示"近几年文创园区改造后年产值实现激增，大量企业、商铺和艺术展馆入驻，虽然游客消费数额不算很高，但是节假日访客的人流量挺大，消费大多是餐饮娱乐、DIY 体验馆、艺术品商店等"。目前广州文创园区集聚行业类型多样，既有较为普遍的综合型和文化科技融合类，也有创意设计、动漫游戏、广播电视电影服务、文化设备等专业特色类型，展现广州文化产业高质量发展的蓬勃生机。但也有部分受访者对文创园区的公共设施配套有更高的期望，对公益空间和旅游公共设施建设的满意度仍有较大提升空间，园区需要在充分了解公众需求的基础上不断完善。

表 4   您对广州文创园区以下方面的满意程度？

维度	指标	得分	景观	业态	服务
空间满意度	完善的公益空间建设	3.45			√
	完善且融入创意元素的旅游公共设施（公共设施指路牌、垃圾桶、卫生间等）	3.5	√		√
	园区中从业者服务态度良好	3.71		√	√
	园区的室内环境（环境氛围、装修风格、整洁度等）	3.72	√	√	
	园区拥有合理的绿化以及规划格局	3.71	√	√	
	对园区现状整体感到满意	3.75	√	√	√

注：表中"√"表示该测量指标主要影响因素。

第三，广州文创园区的空间认同感评价指标得分在 3.3～3.73（见表5）。文创园区空间认同感直接关系园区更新的实际效果，在七项指标中评分最高的是"以后会继续到访类似的文创园区"。但与此相反的是，对所到访园区的认同感都不高，包括"此园区提供了其他地方无法提供的文化艺术创意环境""此园区是目前最喜爱的文创园区之一""如果可以愿意花更多时间停留在园区里""对园区的事物有着特别的情感""到访此园区对自身有特别的意义"，这些指标得分均低于 3.50，说明体验者再次到访同一文创园区的可能性较低，其未来更愿意选择其他仍未到访过的文创园区"打卡"。调查中，不少受访者曾到访广州多个文创园区，在问及对此园区的印象时，多位受访者表示"这些文创园区大多具有同质性，这个园区能体验的东西，在那个园区也能体验，并且园区项目定位不清晰，在园区建设、商业开发、经营业态、创意孵化等方面都大同小异"。文创园区更新的价值，不仅在于创新文化产业的发展模式，还在于转变园区空间的功能和延续城市的整体记忆。很多受访者的居住地都是广州，但他们表示很难在园区中感受到"广州味""本土情"。调查结果表明，广州文创园区更新具有一定成效，体验者因来过园区而感到愉悦（该项指标得分较高），但评估结果也显示出文创园区更新的方向和方式仍需进一步改进，思考究竟如何避免园区更新效果"不新"、"千园一面"的问题。

表5　您对广州文创园区以下方面是否认同？

维度	指标	得分	景观	业态	服务
空间认同感	此园区提供了其他地方无法提供的文化艺术创意环境	3.42	√	√	√
	此园区是目前最喜爱的文创园区之一	3.4	√	√	√
	以后会继续到访类似的文创园区	3.73	√	√	√
	如果可以愿意花更多时间停留在园区里	3.48	√	√	√
	对园区的事物有着特别的情感	3.3	√	√	√
	因来过园区而感到愉悦	3.62	√	√	√
	到访此园区对自身有特别的意义	3.34	√	√	√

注：表中"√"表示该测量指标主要影响因素。

第四，广州文创园区的空间吸引力、空间满意度、空间认同感的总体得分分别为3.68、3.64、3.47（见图1）。大部分文创园区通过在老厂房中运营新业态，带来了新的城市景观，大众亦能从园区中体验到其更新成效，21个指标的平均得分为3.6，基本印证了这一结论。但对三个测量维度的比较，得分排序为空间吸引力>空间满意度>空间认同感，且空间认同感低于平均得分。这说明体验者在进入文创园区前，对园区的景观、业态、服务等方面都有较高的期待，但是进入园区进行体验后满意度和认同感都有下降，特别是园区对体验者情感上的满足较弱。而从每一阶段中三种因素变化情况来看，空间吸引力中景观、业态、服务得分超过3.6的项目分别有3项、2项、2项，空间满意度则分别为3项、4项、2项，空间认同感则均为2项。

由此可见，景观因素在整个体验过程中呈现下降趋势，这是由于文创园区更新往往会改变园区原有的景观风貌，且大部分园区难以体现自身的特色，大众因被园区景观吸引而选择再次到访的可能性较低；业态因素在整个体验过程中呈现先上升后大幅下降的趋势，直接影响体验者对文创园区更新效果的感受，这说明大众对文创园区的业态发展一定程度上感到新奇，但不能产生强烈的依恋感；服务因素在整个体验过程中基本维持不变，这与近年来广州文创园区更新注重配套设施品质提升有着密切联系，大部分园区包含商业创意区、文化创意区、传统服务区、配套设施区四部分，但服务因素相较于前两种因素对园区访客的影响较小。

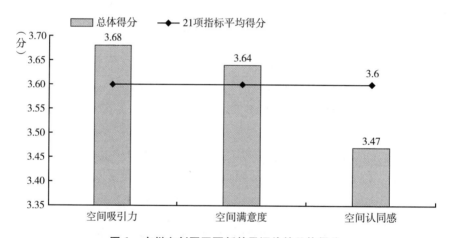

图1 广州文创园区更新效果评价的总体得分

三 广州文创园区更新存在的问题及成因分析

文创园区更新反映的是公众需求和城市发展对空间改造的影响，园区更新一方面能最大限度上提升文化产业水平，另一方面能更有效地保护历史文化特色，最终目的是要增强城市体验的多样性。本文主要通过体验者的角度评价广州文创园区更新的现状及其效果，找出阻碍园区更新效果提升的关键因素。评价结果显示，广州文创园区更新对空间吸引力、空间满意度和空间认同感起到了较大的促进作用，体验者能从中感受到园区展现的活力，但园区特色和价值仍有待挖掘。

（一）对城市更新意义的窄化导致文创园区可持续发展的内涵不足

在"网红经济"逻辑下，文创园区更新在内容上热衷于建筑空间美化，园区内的创意店铺、艺术工作室、艺术展览等场所进行跟风式改造已成为普遍现象。调查中，一位建筑工人表示"园区在十几年里经历了几轮改造，店铺、工作室也在不断拆除和重新装修，比如近两年流行复古风，很多访客因园区的工业建筑充满复古气息而慕名来参观，这些店铺和工作室为吸引客流量进行复古风改造"。很多访客表示"复古风元素与一些餐厅、酒吧装修风格相结合，有一种耳目一新的感觉，达到了到访园区的预期，获得了一种体验之后的满足感，但除此之外，很难在文创园内找到有内涵的东西"。园区内的店铺、工作室为了刻意迎合潮流而进行视觉化改造，不仅丧失了原有的特色，还将资金浪费在无意义的、千篇一律的装修上，最终变为吸引访客的"噱头"，失去了访客更看重的具有自身特色的风格。这种园区更新模式难以真正提升空间吸引力和园区核心竞争力，导致广州各文创园区发展趋同化，并且与其他城市的文创园区相比较也无法体现"广州特色"。长此以往，文创园区将很少再去关注其对人群关系产生的积极影响，以及在空间形态和内容上的创新元素，[①] 这亦是对文创园区更新、城市更新意义的窄化。

（二）部分城市更新项目缺乏长期规划导致文创园区布局联动不足

公众普遍认为广州文创园区所在地区或周边其他景观的吸引力不高，这一方面表明文创园区仍未形成品牌效应，另一方面凸显了园区建设与周边地区建设不协调的问题。文创园区更新缺乏长期规划是一个由来已久的问题，曾有政协委员指出"广州现有的文创园区大多源于一些城市更新改造项目，由于缺乏长期规划，广州文创园区在发展空间上先天受限"，发展较好的园

---

① 崔国：《城市更新"网红化"》，《城市中国杂志》2022 年 1 月 3 日。

区由于用地极度紧张，都有对外拓展空间的意愿。① 调查中，部分文创园区的管理者表示"位于市中心的文创园区受城市更新项目影响，园区面积在不断缩小，部分园区用地征用于建设美术馆、博物馆等公共设施，而且无法从周边地区拓展新的发展空间，很多小企业被迫搬出园区另谋出路"。调查发现，目前很多文创园区集中于越秀、天河等中心城区，面临建设用地紧张、建筑风格与周边地区极不协调等问题。这些园区空间布局问题使得文创园区难以与周边地区形成联动效应，阻碍园区整体更新并打造一体化发展格局，进而造成园区对公众的吸引力流失。同时，由于周边地区规划与文创园区不关联，很多访客到访园区后便直接离开，这大大削弱了文创园区对周边地区的辐射带动作用。

（三）政府引导和市场机制作用尚未充分发挥导致文创园区产业集聚不足

目前，广州文创园区之间的景观（如建筑风格）、设施（如酒吧、餐厅）、活动（如会展、展品）等方面都有同质化现象，这些反映文创园区特色的景观和设施极容易被其他园区替代。因此，体验者即使对文创园区有较高的满意度，但由于可替代性强，短时间内对园区产生的情感认同较弱，这主要是因为空间认同感要实现心理上和情感上对园区的双重认同。文创园区同质化现象的结论与现有观点一致，曾有专家指出"广州文创园区存在同质化，甚至低端化、低质化的现象"，他认为解决这一问题需要政府进一步引导，同时市场化机制在规划园区定位方面应发挥应有作用。② 调查中，部分园区的运营商表示"园区在更新过程中面临诸多难题，比如改造限制多、维护成本高、运营风险大等等，园区小而散的发展模式不利于发挥文化创意产业集聚功能"。有效的政府引导与市场机制无疑是实现文创园区产业集聚

---

① 《广州文化创意产业园区如何做大做强？代表委员把脉开方》，《羊城晚报》羊城派，2021年1月30日。
② 《广州文化产业园区如何提质增效？圆桌论坛"把脉"行业发展》，《羊城晚报》金羊网，2021年12月7日。

的重要方式，但如何创新服务体系赋能园区发展亟待进一步探讨。许多文创园区仍然固守经营书画展览、文创设计、影视制作等传统文化业态，数字产业发展和数字文化创新方面的产业新政策在园区推动和实施遇到不少制度障碍，不利于通过数字技术赋能进一步强化园区产业集群。

（四）文化创意单向宣传形式导致文创园区更新中公众参与不足

广州文化创意活动主要是举办定期展览和艺术家作品发布，属于单方面的文化创意传播，主动与公众的交流互动较少。调查中，不少访客提出"园区应开展更加丰富的文化宣传活动"的建议，通过形式多样的文创活动及产品建立起园区与公众联结的纽带。因为现阶段访客真正体验到的只是文创园区营造的创意氛围和环境，较少能参与到文创活动中，不能产生与艺术家、艺术机构的互动体验。参与感的缺失会使访客在感官上的体验不够丰富，并且难以在园区内产生共鸣和情感联系，从而影响其对文创园区的评价。在与园区内不同群体的访谈中，大部分人表示"正因为喜欢文创园区这个城市空间，才愿意在此游玩、工作、生活，但是除了到园区参加文创活动或购买文创产品，没有什么渠道可以让自己真正参与到园区的更新改造，（无法）对园区发展提出自己的想法和意见"。其实在不少园区内都设有意见箱，一些园区网络平台也开设评论专区，但是这些信息收集后如何改进园区建设及服务，进而增强公众的体验感和参与感仍值得深入思考。问卷调查中，91.7%的受访者表示园区更新适合采取多方参与的综合整治方式，说明公众参与意愿非常强。

四　广州文创园区更新提质增效策略选择

文创园区更新的最终目的是通过品质提升来增强公众的体验感。美国社会学家罗伯特·帕克指出"城市不仅是一些物质机构或艺术建筑，还涉及人们的生命过程"。因此，文创园区更新需引入一种人本导向的理念，即在有机更新过程中实现文化产业提升和历史文化保护双向驱动，增强空间吸引

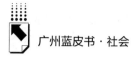

力、体验者满意度和认同感。针对上述问题，本文基于人本导向理念提出广州文创园区更新提质增效的策略。

（一）文化创意活动及产品设计与园区自身文化相结合，实现文创园区的内涵式发展

文创园区多依托工业建筑或老旧厂房改造而成，因而应在文化景观建设保持其本真性的前提下进行园区更新。目前，不少城市都参照文创园区更新模式以历史建筑的"修旧如旧"为基底，加入各类符合青年人生活方式的业态。这种做法既保存了工业建筑"旧"的文化底蕴，又增强了访客对文化景观的体验，园区通过独具创意的活动创造"新的"亮点，进一步强化园区的内涵。广州各文创园区有着强烈的本土特色，如展示纺织厂原貌和工业元素的 T.I.T 创意园、体现北欧式简约设计和潮流时尚的唯品同创汇、将老印刷厂升级改造为美食文化区的 289 艺术 PARK 等等，园区更新应在保留"广州味"的基础上，适当增添一些体验性活动，促进访客与艺术家、艺术机构的深层次交流，为园区目标群体提供具有人情味的配套措施及服务。积极利用广州作为国际化都市的文化创新引领的独有优势，文创园区通过深入挖掘历史景点、产业文化内涵来打造园区的核心竞争力。

（二）加快建立文化产业区域协调发展机制，实现文创园区的联动式发展

站在广州建设文化强市、打造社会主义文化强国城市典范的战略高度，合理统筹全市文创园区布局以及园区的后期运营、发展方向和产业结构，为规模园区量身定制发展规划，加强资源整合和精准施策，真正做到"一园一策略""一园一特色"，使文创园区与周边地区联动式发展具体化、政策化、项目化。运用有机更新理念对园区周边用地进行开发与改造，解决部分园区发展用地紧张、空间拓展受限的问题。试点打造龙头文创园区，开发符合广州形象定位的区域性文创活动和产品，增强文创品牌的影响力，联同周边地区建成广州的"文艺新地标"。红专厂作为广州文创名片，园区设有红

专厂当代艺术馆、艺术画廊、艺术展示空间等文创机构，改造后路标的设计风格与园区的各种创意设施和标识相统一。现阶段红专厂的园区更新工作仍在进行当中，相比于直接拆除部分建筑，应考虑采取"微更新""有机更新"的方式，进一步提升园区的吸引力，同时加强前瞻性规划研究，将园区的"文艺价值"延伸至周边地区，最大限度上发挥文创园区的联动效应。

（三）加大财税政策对文创企业的支持力度，实现文创园区的集聚式发展

文创园区更新是一项综合性工程，既需要通过加强政府引导找准园区企业的定位，也需要通过灵活的市场机制激发园区企业的生机与活力。一方面，加强广州市文化和旅游产业发展专项基金运作，大力支持文化创意产业的产品研发，发挥政策性基金的引导和集聚放大作用，打造具有国际影响力和竞争力的文创品牌；另一方面，鼓励社会资本投资园区产业项目，推动园区骨干企业、文创企业孵化器、新型艺术机构等参与园区发展投资，引导社会资本进入天使投资领域，促进文创产业持续集聚发展。商业气息和艺术氛围浓厚的羊城创意产业园的产业集聚效应尤为明显，园区集聚了酷狗音乐、荔枝 FM、滚石中央车站、洋葱等 100 多家新型头部企业，但目前园区的平均租金远高于天河区整体的租金水平。针对新型文创企业融资难问题，可率先在广州 22 个国家级文化产业园区（基地）试点文创企业投贷联动机制，为种子期、初创期、成长期的文创企业提供融资支持，形成文创园区投资集聚效应。

（四）优化宣传营销方式，打造文创发展高地，实现文创园区的参与式发展

结合广州文创园区的特色和优势，建立推介广州文创信息的微信小程序或公众号，推介内容包括在穗文创园区、企业、活动等等。目前像红专厂、T.I.T 创意园等文创园区都已建立官网、微博等，可将广州各文创园区的宣传渠道整合到统一的文创交流平台，这一方面有利于扩大宣传和营销的受众

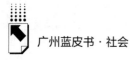

范围，另一方面有利于增强公众对广州文创发展的参与感。开展文创园区更新规划调查，广泛收集公众对广州文创园区的看法和建议，拉近公众与文创园区之间的距离。在园区更新过程中需更加注重人文关怀和细节，不仅要改造提升物质空间，还应为公众和企业提供充足的创意空间，主动挖掘公众需求和园区痛点，通过定期组织文创园区更新座谈会、听证会，促进各方（包括公众、艺术家、设计师、园区管理者等等）交流，让他们在园区中收获更多的发展机会和更好的体验，并为推动广州成为大湾区乃至全球文创发展高地建言献策。

（审稿人：麦劲恒）

社会调查篇

Social Investigation

B.11

广州居民安全意识调查报告

苗兴壮[*]

摘　要： 安全意识影响着人们的安全行为，是决定安全问题出现概率的重要因素。安全意识调查的目的是尽量真实地了解人们各方面的安全意识状况。通过对两千余份调查问卷的分析发现，市民有些方面的安全意识较高，有些方面需要加强；多数人比较注重安全知识和技能，但仍有部分人忽视；安全培训对提高安全意识作用显著；人们的安全参与意识有待提高，对参与渠道及奖励制度的了解不够；现场安全提醒的作用明显；安全教育及宣传力度有待加强。建议多渠道提供各类安全培训；加大对开车接拨手持电话这一突出问题的查处力度；强化通过网络传播的安全教育及宣传力度；加大对安全隐患举报奖励制度及渠道的宣传，提高安全参与意识；有关场所增加工作人员的现场安全提醒。

---

[*] 苗兴壮，广州市社会科学院研究员，研究方向为社会学。

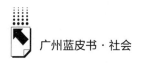

关键词： 广州居民　安全意识　意识提高

2021 年全国多地发生了多起较为严重的安全事故，仅 2021 年 6 月 12~13 日这两天就在贵州、陕西、四川和湖北发生了 4 起较为严重的事故，共计造成 29 人死亡。造成事故的原因是多方面的，但最主要的原因是安全意识薄弱。

安全意识是指人们对各类安全的相关因素的认知、注意、警觉、防范等心理状态。安全意识随时影响着人们与安全相关的各种行为，安全意识是决定安全问题出现概率的一个重要因素，很多安全事故的发生都与安全意识薄弱密切相关。提高人们的安全意识，无疑可以减少安全事故的发生，减少在安全方面付出的生命和财产损失。

公众集体的安全意识可以视为社会心态的一个方面，在当前应对新冠肺炎疫情下，安全意识的重要性尤为突出。尤其广州这样的超大城市，经济活跃度高，人员密集度高、流动性大，比规模相对较小的城市具有更高的安全风险，提高公众的安全意识对于平安广州的建设具有非常重要的意义。通过对当前广州居民安全意识状况的调查，可以尽量真实地了解人们各方面的安全意识状况，并针对安全意识的薄弱环节提出进一步强化安全意识的建议。

一　调查内容、方法及样本情况

（一）调查内容

本项调查内容主要包括市民的交通安全意识、公共场所安全意识、消防安全意识、食品安全意识、信息安全意识、安全参与意识、安全知识与技能以及与安全意识相关的安全行为等，同时也包括了安全知识的获取途径、安全教育及宣传情况等相关问题。

以上各方面安全意识的调查虽然从个人层面展开，但实际上反映了社会公共安全意识，个人安全意识与公共安全意识是无法截然分开的。比如隐私信息安全、食品安全看似个人安全问题，但当其影响比较广泛的时候就成为社会的公共安全问题。再如，家庭消防安全问题如果无法得到及时控制则可能波及更大的范围而转化为公共安全问题，可见家庭消防安全意识同时也是公共消防安全意识。

（二）调查抽样方法

本次调查采用结构化问卷进行，通过网络线上调查和居民区线下调查相结合的方法进行。因为网络调查成本较低、效率较高，所以以网络线上调查为主。居民区线下调查主要用于数据分析的参照，以发现和弥补网络调查可能存在的样本偏差等不足。调查对象包括广州市户籍居民和常住的非广州户籍居民。

本次网络调查通过"问卷星"互联网在线调查系统进行，具体抽样方法为，通过系统向样本库中注册登记的合格样本（广州市 18 岁以上的常住居民）定向随机发送答卷邀请，被邀请者可以通过手机进行答卷，也可通过电脑答卷。调查时间为 2021 年 5~6 月。

（三）调查样本情况

本次网络线上调查共回收问卷 2412 份，其中通过系统答卷真实性测试的有效问卷为 2084 份，有效回收率为 86.4%。

样本构成情况如下：在性别构成方面，男性占 47.4%，女性占 52.6%；户籍构成方面，广州市本地户籍居民占 44.5%，非广州市户籍居民占 55.5%；职业构成方面，专业技术人员占 19.4%，职员、办事员占 30.2%，商业服务人员占 6.4%，工人占 3.5%，党政部门、企业、事业单位负责人占 3.4%，公务员占 1.2%，离、退休人员占 0.4%，学生占 25.5%，失业人员占 0.8%，其他职业人员占 9.2%。从网络线上调查的样本构成情况来看，

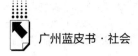

抽样存在一定的偏差，如女性比例偏高、非广州市户籍居民比例偏高，在职业构成方面学生的比例偏高等。为此在数据分析时视情况进行必要的加权处理。

二 安全意识状况及相关问题分析

对于安全意识可以从两个角度加以测量：一个是主观认识角度，如对某些安全防范措施的作用及重要性的认识程度；另一个是相关客观行为角度，即通过被调查者与安全相关的行为情况来衡量其安全意识。

（一）交通安全意识状况

在交通安全意识方面，本课题调查了人们对安全带作用的认识及使用情况；对开车使用手持电话危险性的认识和现实情况，以及对相应处罚的看法；对酒后驾车危险性的认识及相应处罚的看法等。

1. 对安全带的保护作用较为认可，但仍旧低估了安全带的保护性能

在回答"您认为汽车安全带对保证生命安全的作用大吗？"这一问题时，有49.8%的被调查者认为"很大"，38.1%的人认为"比较大"，认为"一般"的占10.4%，认为安全带作用"比较小"和"很小"的分别只占1.4%和0.3%（见图1）。

调查中我们让被调查者回答"您觉得系安全带在发生翻车时能使乘客的死亡率大概下降多少？"这一问题。根据公安部门对交通事故中死亡情况的统计，这一问题的正确答案应该是"80%"。但在本次调查中只有15.2%的人选择了正确的答案，选择最多的选项是"50%"，占比28.4%（见表1）。

2. 乘坐后排时安全带使用率不高，司机提醒后明显提高

近年来由于交管部门加大了对乘车不系安全带情况的查处力度，多数人在乘坐轿车前排时都会系安全带，但后排乘客系安全带的比例并不高。在回

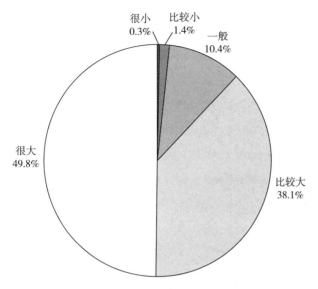

图1 居民对安全带作用的认识

表1 对系安全带在事故中降低死亡率的回答情况

答案选项	选择人数（人）	占比（%）
10%	64	3.1
20%	102	4.9
30%	235	11.3
40%	199	9.5
50%	592	28.4
60%	349	16.7
70%	227	10.9
80%（正确答案）	316	15.2
合计	2084	100.0

答"您在市区乘坐汽车坐在后排时会主动系安全带吗？"这一问题时，回答"经常会"的占33.1%，回答"有时会"的占49.8%，另有17.1%的人回答"从来不会"。

乘坐大巴车时司机是否提醒乘客系安全带对乘客使用安全带情况的影

213

响很大。在回答"您乘坐大巴车时如果司机不提醒会主动系安全带吗?"
这一问题时,回答"经常会"的占48.4%,回答"有时会"的占39.3%,
回答"从来不会"的占12.3%。在回答"您在乘坐大巴车时如果有司机提
醒,您会系安全带吗?"这个问题时,有88.6%的被调查者回答"经常
会",10.3%的人回答"有时会",仅有1.1%的人回答"从来不会"(见
图2)。

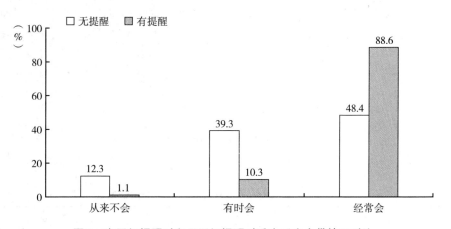

图2 有司机提醒时和无司机提醒时乘客系安全带情况对比

可见,经过司机提醒,选择"经常会"系安全带的比例从48.4%提高
到88.6%,提高了40.2个百分点,提高幅度非常显著。选择"从来不会"
的比例从12.3%下降到1.1%,下降了11.2个百分点,下降幅度非常明显。
选择"有时会"的比例也从39.3%下降到了10.3%,下降了近20个百
分点。

3. 对开车接拨电话的危险性有所认识,但该行为仍然经常出现

调查结果显示,人们对开车时接拨手持电话的危险性有所认识,在回答
"您认为一边开车一边接听手持电话的危险程度如何?"这一问题时,有
63.0%的人回答"很危险",有34.8%的人认为"比较危险",认为"不太
危险"和"不危险"的比例分别为1.8%和0.4%。

不同年龄段群体对开车时接拨手持电话的危险性的认识存在着差异,30

岁及以下的群体认为开车时接拨手持电话"很危险"的比例为 59.7%，而
31 岁及以上群体该项比例为 69.2%，前者比后者低 9.5 个百分点。由此可
见，较为年轻的群体对开车时接拨手持电话的危险性的认识不如年龄较大的
群体那样充分。

　　虽然人们对开车时接拨手持电话的危险性有一定的认识，但现实中边开
车边接听手持电话的情况仍然比较常见。被调查者在回答"您见过有人一
边开车一边接听手持电话吗?"这一问题时，有 37.8% 的人回答"经常见
到"，有 49.7% 的人回答"有时见到"，回答"较少见到"的人占 12.0%，
回答"从未见到"的只占 0.5%（见图 3）。

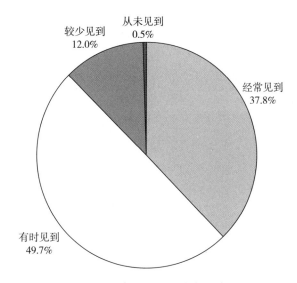

图 3　边开车边接听手持电话情况

　　对于开车时拨打接听手持电话的处罚，目前按有关规定是罚款 200 元，
扣 2 分。对于这一处罚力度，认为"太轻"的占 12.8%，认为"有点轻"
的占 31.3%，认为"合适"的占 52.5%，认为"有点重"的占 3.2%，认为
"太重"的占 0.2%。

　　4. 对酒后驾驶危险性认识较为充分，过半受访者认为处罚力度不够

　　调查结果表明，人们对饮酒后驾驶机动车辆危险性的认识比较充分。在

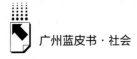

回答"您觉得饮酒驾驶机动车辆的危险程度如何"这一问题时，有93.2%的人回答"很危险"，有6.2%的人回答"比较危险"，回答"不太危险"和"不危险"的人都分别只占0.3%。

在对饮酒后驾驶机动车辆的处罚力度方面，目前是罚款1000~2000元，暂扣驾照6个月。对于这一处罚力度，认为"太轻"的占18.7%，认为"有点轻"的占32.1%，认为处罚力度"合适"的占47.1%，认为处罚"有点重"的占2.0%，认为处罚"太重"的仅占0.1%。也就是说，有超过半数的被调查者认为对饮酒后驾驶机动车这一行为的处罚力度还不够（"太轻"和"有点轻"，二者之和为50.8%）（见图4）。

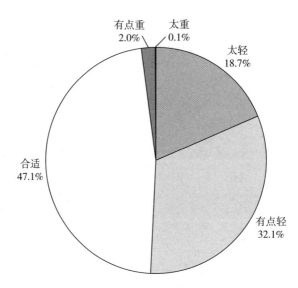

图4　人们对目前饮酒后驾驶机动车处罚力度的看法

（二）消防安全意识状况

对消防安全意识及相关行为的调查内容主要包括日常家庭消防隐患预防情况和灭火器使用方法的学习及掌握情况。

1. 多数居民注意用电安全

被调查者在回答"您每次离家出门前是否注意关闭电源?"这一问题

时，有 66.0% 的人回答"经常会"，有 30.1% 的人回答"有时会"，回答"从来不会"的人占 3.9%。

2. 多数人会使用灭火器，但部分人学过仍然不会使用

在灭火器的使用方面，在回答"如果现在给您一个灭火器，您会使用吗？"这一问题时，有 73.0% 的人回答"会用"，27.0% 的人回答"不会用"。在回答"您是否学过灭火器的使用方法？"这一问题时，有 81.5% 的人回答"学过"，回答"没学过"的占 18.5%。

从以上结果可以看出，会使用灭火器的人的比例低于曾经学过灭火器使用的人的比例，也就是说，一些曾经学习过灭火器使用的人仍然没有很好地掌握灭火器的使用方法。交叉分析结果表明，在曾经学习过灭火器使用方法的人中，仍然有 16.4% 的人不会用灭火器。或者从另一个角度看，在不会使用灭火器的人当中，有将近半数（49.5%）的人是曾经学习过灭火器使用的。可见，只简单地学习一下并不能保证在真正需要的时候能够正确地使用灭火器。

（三）信息安全意识状况

随着网络的使用越来越广泛，个人信息安全的重要性日益增高。调查结果表明，总体上人们的信息安全意识还是比较高的，但有些方面还有待进一步提升。

1. 多数人较为重视密码安全保护

被调查者在回答"您会经常修改重要的网络账户密码吗？"这一问题时，有 9.8% 的人回答"经常修改"，68.2% 的人回答"有时修改"，另有 22.0% 的人回答"从不修改"。

密码设置方面，在回答"您认为使用生日、电话号码等作为密码合适吗？"这一问题时，认为"非常不合适"的占 19.5%，认为"不太合适"的占 62.3%，认为"合适"的占 10.5%，认为"比较合适"和"非常合适"的分别占 6.7% 和 1.0%。

2. 对未知风险链接的处理较为慎重

被调查者在回答"您收到陌生人发来的网络链接或文件会点击打开吗?"这一问题时,有 69.2% 的人回答"从来不会",有 29.6% 的人回答"有时会",另有 1.2% 的人回答"经常会"。

3. 网上提供个人信息时较为注意信息安全

被调查者在回答"在网络上要填写个人信息时您一般属于哪种情况?"这一问题时,回答"全部真实填写"的占 7.3%,回答"选择性真实填写"的占 84.8%,回答"全部不填"的占 4.6%,另有 3.3% 的人选择"填写虚假信息"。

(四)食品安全意识状况

调查结果表明,多数人的食品安全意识是比较高的,这一方面与人们的物质生活水平不断提高有关,另一方面也与近年来曝出食品质量问题有一定的关系。

1. 多数人会关注食品保质期

被调查者在回答"您购买食品时是否会看保质期或生产日期?"这一问题时,有 68.9% 的人回答"经常会",有 29.5% 的人回答"有时会",回答"从来不会"的人只占 1.6%。可见,多数人在购买食品时会在意食品保质期,以避免购买到变质的食品。

2. 对就餐环境卫生情况比较重视

就餐环境关系饮食卫生及健康,人们对这方面的问题也比较重视。被调查者在回答"您在选择餐馆吃饭时是否会考虑餐馆的卫生情况?"这一问题时,回答"经常会"的占 66.1%,回答"有时会"的占 33.0%,回答"从来不会"的只占 0.9%。

3. 多数人对生产厂家信息不明确的食品保持警惕

由于生产厂家信息不明确,食品的安全性无法得到保证,多数人在购买食品时会注意这方面的问题。被调查者在回答"您会在网上购买生产厂家信息不明确的食品吗?"这一问题时,有 69.8 的人回答"从来不会",有 26.4% 的人回答"有时会",另有 3.8% 的人选择了"经常会"。

（五）公共场所安全意识状况

公共场所人员密集，一旦出现安全问题往往造成更大的损失，因此公共场所安全意识尤为重要。

1. 多数人会注意安全出口标志

安全出口在人员众多的公共场所对保证安全的意义重大，一旦发生火灾等突发事故，安全出口就成为人们的生命出口，而安全出口标志能给人们正确的撤离指引。在本次调查中，被调查者在回答"您在进入公共场合的时候会留意安全出口标志吗？"这一问题时，回答"经常会"的占42.0%，回答"有时会"的占55.6%，回答"从来不会"的占2.4%。

2. 绝大多数人知道公交车上安全锤的作用

公交车的车厢很多时候会非常拥挤，一旦车内发生火灾，危害性极高。为保证乘客在出现问题时能够尽快逃出车厢，公交车内都放置了安全锤，以备不时之需。

本次调查中发现，多数乘客都知道安全锤的作用，但仍然有少数人不知道安全锤的用途。被调查者在回答"您知道公交车上安全锤的用途吗？"这一问题时，有97.2%的人回答"知道"，有2.8%的人回答"不知道"。

被调查者在回答"您乘坐公交车的时候会留意车内安全锤的位置吗？"这一问题时，有45.6%的人回答"经常会"，有50.0%的人回答"有时会"，还有4.4%的人回答"从来不会"。

3. 多数人较为注意工作场所的安全隐患

很多工作场所也是公共场所，在工作中注意安全问题尤为重要。被调查者在回答"您在工作中会注意安全隐患吗？"这一问题时，有57.1%的被调查者回答"经常注意"，有41.5%的人回答"有时注意"，回答"从不注意"的仅占1.4%。

（六）安全参与意识状况

安全参与意识是指一个人参与社会各方面安全有关事务的意愿和积极

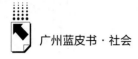

性。如果人们的安全参与意识普遍较高，那么将非常有利于提高全社会的安全水平。

1. 参与反映安全隐患的意愿并不很高

某些已经出现的安全隐患，有时相关单位或部门未必能够及时发现，一些普通市民可能发现得更早。如果发现者的安全参与意识较强，能够及时将有关情况反映给相关单位或部门，那么对避免安全事故会有非常大的作用。

被调查者在回答"如果您发现了某种安全隐患，您会向有关部门反映情况吗？"这一问题时，有 34.4% 的人回答"肯定会"，有 39.6% 的人回答"可能会"，有 17.4% 的人回答"不一定"，有 7.5% 的人回答"可能不会"，另有 1.1% 的人回答"肯定不会"（见图 5）。从统计结果看，认为自己肯定会反映已察觉的安全隐患的比例并不很高。

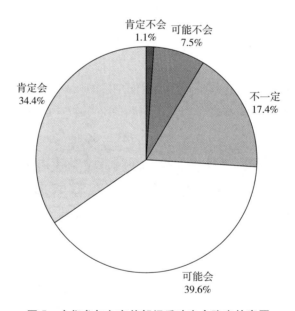

图 5　人们参与向有关部门反映安全隐患的意愿

2. 多数人缺乏对安全隐患举报奖励制度的了解

对安全隐患的举报者给予适当的奖励会提高人们参与的积极性，目前有关部门已经颁布多项举报奖励制度，如《广东省食品安全举报奖励办法》

等，但前提是人们要知道相关的奖励制度。本次调查结果表明，很多人并不了解有关的奖励制度。

在回答"您了解当地的有关安全隐患举报的奖励制度吗?"这一问题时，只有 5.7% 的人回答"很了解"，回答"听说过但不很清楚"的占 41.7%，回答"不了解"的占 52.6%（见图 6）。

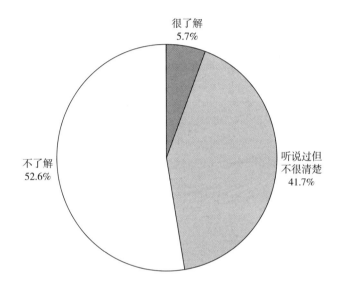

图 6　人们对安全隐患举报奖励制度的了解情况

3. 对奖励额度在1000~5000元的期望比例最高

人们参与安全隐患举报的积极性与相关奖励的力度有一定的关系。一般来讲，当奖励力度达到或高出人们的期望时，人们参与的积极性会更高，反之则比较低。当然也有一些人参与完全是出于自身的责任感，与奖励情况无关。

从调查结果来看，认为奖金额度应该在 1000 元以上的累计占比 74.5%，认为奖金额度应该在 5000 元以上的累计占比 46.1%，认为应该在 1 万元以上的累计占比 25.2%，认为应该在 5 万元以上的累计占比 12.6%，认为奖励额度应该在 10 万元以上的占 6.9%。在各奖励数额中，期望在 1000~5000 元的比例最高，占比 28.4%（见表 2）。

表2 人们对安全隐患举报奖励力度的期望

奖励数额	样本数(人)	百分比(%)	累计百分比(%)
10万元以上	143	6.9	6.9
5万~10万元	119	5.7	12.6
1万~5万元	263	12.6	25.2
0.5万~1万元	435	20.9	46.1
1000~5000元	592	28.4	74.5
100~1000元	512	24.6	99.1
100元以下	20	0.9	100.0
合 计	2084	100.0	

(七)安全意识的自我评价

本次调查让被调查者对安全知识的关注程度及自身的安全意识进行了自我评价。

1. 多数人对安全知识较为关注

被调查者在回答"您在日常生活中会关注安全方面的知识吗?"这一问题时,有25.3%的人回答"经常关注",有54.0%的人回答"有时关注",有19.9%的人回答"较少关注",只有0.8%的人回答"从来不关注"。可见人们对安全知识的关注程度还是比较高的。

2. 过半数人的安全意识自我评价为中等

调查结果表明,人们对自己安全意识的评价处于中等偏上的水平。被调查者在回答"总的来说,您觉得自己的安全意识怎样?"这一问题时,回答"很高"的只占4.5%,回答"比较高"的占32.8%,回答"中等"的占51.3%,回答"比较低"的占10.1%,回答"很低"的只有1.3%。

(八)安全知识、安全教育与宣传状况

全社会的安全教育与宣传对人们的安全意识的提高和安全知识的掌握有

很大的作用。如果人们能够经常从各种渠道接触到各类安全知识，无疑会提高社会的安全水平。

1. 多数人对安全知识的掌握还不全面

统计结果显示，人们对自己的安全知识掌握情况的评价并不高。被调查者在回答"您觉得自己有关安全方面的知识怎样？"这一问题时，回答"很全面"的占 1.8%，回答"比较全面"的占 15.2%，回答"中等"的占 55.8%，回答"比较缺乏"的占 24.0%，回答"很缺乏"的占 3.2%。

2. 安全知识的获得方面，多数人平时会接触到安全知识

调查结果表明，多数人平时会接触到安全知识。被调查者在回答"您平时接触安全知识的情况怎样？"这一问题时，回答"经常看到"的占 33.0%，回答"有时看到"的占 56.0%，回答"很少看到"的占 10.7%，回答"从未看到"的只占 0.3%。

3. 网络是获得安全知识的主要途径

本次调查列举了 8 种获得安全知识的可能途径，让被调查者选择一项最主要的途径。调查结果表明，人们获得的安全知识主要来自 4 个途径：首先是手机阅读，占比 27.5%；其次是学校教育，占比 26.0%；再次是电脑上网，占比 22.6%；排第四位的是看电视，占比 11.3%。选择其他途径如听广播、看报纸、听别人讲等比例都很低（见图 7）。其实，手机阅读和电脑上网都是通过互联网获取安全知识，二者合计比例为 50.1%，可见网络传播在安全知识普及方面的作用非常大。

4. 安全教育及宣传的力度还不够大

广泛的安全教育和宣传无疑可以提高人们的安全意识，增加人们的安全知识。本次调查中，被调查者在回答"您觉得目前政府的安全教育和宣传力度怎样？"这一问题时，回答"力度很大"的占 3.1%，回答"力度较大"的占 23.9%，回答"力度一般"的占 50.3%，回答"力度较小"的占 17.8%，回答"力度很小"的占 4.9%（见图 8）。

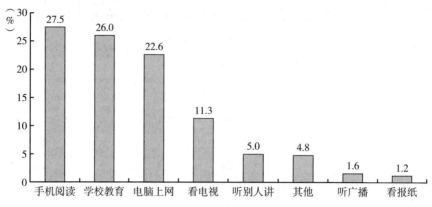

图7 人们获得安全知识的各种途径

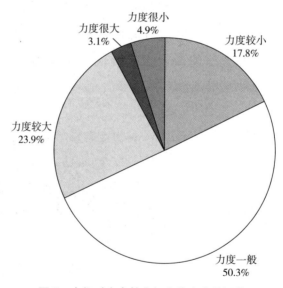

图8 人们对安全教育与宣传力度的评价

三 总结与建议

（一）几点总结

通过对以上调查数据的分析，可以归纳出以下结论。

1. 一些方面安全意识较高，有些方面有待加强

调查结果表明，广州市民在交通安全、消防安全、公共场所安全、食品安全、信息安全等方面的安全意识均比较高，但某些方面还有待进一步加强。

例如，在交通安全意识方面，对安全带的作用有充分的认识，87.9%的人认为系安全带对保护生命的作用很大或比较大。但有84.8%的人低估了安全带在发生翻车事故时使乘客死亡率下降的程度。对于开车接拨手持电话的行为，有97.8%的人认为很危险和比较危险，但有87.5%的人经常见到和有时见到开车接拨电话的行为。

2. 多数人比较注重安全知识和技能，但仍有部分人忽视

多数人比较注重安全知识和技能，如有79.3%的人在日常生活中经常关注或有时关注安全方面的知识，但有20.7%的人较少关注或从来不关注。73%的人会使用灭火器，97.2%的人知道安全锤的用途，但仍然有27.2%的人认为自己的安全知识比较缺乏或很缺乏。

3. 安全培训对提高安全意识的作用显著

专门的安全培训对提高人们的安全技能和安全意识具有显著的作用，如接受过安全培训的市民会用灭火器的比例比未接受过安全培训的市民高出23.0个百分点。再如，在进入公共场所时，接受过安全培训的人经常注意安全出口的比例比未接受过培训的人高出10.5个百分点。接受过培训的人认为系安全带对乘客保护作用"很大"的比例比未接受过培训的高出9.2个百分点，坐在轿车后排时接受过培训的人经常系安全带的比例比未接受过培训的高出9.3个百分点。可见通过培训不仅可以增加人们的安全知识和技能，还可以提高人们的安全意识，改变人们的安全相关行为。

4. 安全参与意识有待提高，对参与渠道及奖励制度的了解不够

统计结果显示，只有34.4%的人回答"肯定会"将发现的安全隐患向有关部门反映，可见人们的安全参与意识还有待提高。在安全参与渠道方面，对火灾隐患的举报渠道了解较多，有70.8%的人表示了解火灾隐患举报渠道。但对于爆炸、塌方、有毒液体泄漏等安全隐患的举报渠道表示了解

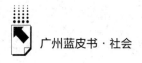

的只有51.5%。对于安全隐患举报的奖励制度，只有5.7%的人表示"很了解"，表示"不了解"的占52.6%，可见人们对相关制度的了解很不充分。

5. 工作人员现场安全提示的作用明显

很多人对某些安全措施虽然有所认识，但在执行时仍然会忽略，这种情况下如果现场有人提醒会有显著的作用。例如本次调查结果显示，人们在乘坐大巴车时，经过司机提醒后"经常会"系安全带的比例从48.4%提高到88.6%，提高幅度非常显著。

6. 安全教育及宣传的力度有待加强

从本次调查结果来看，很多被调查者认为目前有关安全的教育及宣传力度不够，认为力度很大和力度比较大的只占27.0%，有50.3%的人认为力度一般，另有22.7%的人认为宣传力度较小和很小。可见在安全教育及宣传力度方面还有待进一步加强。

（二）提高安全意识的几项建议

为进一步提高广州市民的安全意识，最大限度上降低各类安全事故的发生率，依据本次调查结果提出以下几项建议。

1. 多渠道提供安全培训

既然安全培训既可以增加人们的安全知识和技能，也会提高人们的安全意识，那么就应该进一步加大安全培训力度。不仅可以通过企业、事业单位来组织相关的安全培训，也可通过更广泛的社会组织在社区提供各类与日常生活相关的安全培训，例如可以在政府购买的社区社工服务中增加安全培训项目。

2. 加大对开车接拨手持电话的查处力度

从很多交通事故的报道来看，开车接拨手持电话是造成交通事故的重要原因之一。而在本次调查中，有高达87.5%的人经常见到或有时见到开车接听手持电话的行为，可见这类威胁交通安全的行为还比较普遍。之所以出现这种情况，一方面是此类违章行为不像闯红灯那样容易被发现和记录，另一方面对此类行为的处罚力度也较轻。为此建议加大对开车接拨手持电话的追查和处罚力度。同时根据分析结果，30 岁及以下群体对开车接拨手持电话危险性的认识不足，因此尤其应强化该群体在这方面的认识。

3. 加大通过网络传播的安全教育及宣传力度

本次调查结果显示，目前人们获得安全方面的知识很大部分通过手机移动网络和电脑网络途径（50.1%），随着传统纸媒的衰落以及电视使用率的下降，网络传播的影响力会进一步提高。同时鉴于多数被调查者认为目前有关安全的教育及宣传力度还不够，建议进一步加大通过网络传播安全知识和安全宣传、警示的力度。

4. 加大对安全隐患举报奖励制度及渠道的宣传，提高市民安全参与意识

对安全隐患的举报者给予适当的奖励会提高人们参与的积极性，目前在国家和地方层面都制定了有关举报的奖励制度，如国家安全监管总局和财政部印发的《安全生产领域举报奖励办法》，广东省制定的《广东省食品安全举报奖励办法》，以及一些区制定的安全生产举报奖励办法等。

这些奖励制度发挥作用的前提是人们要知道相关奖励制度的存在，但如上文所述，本次调查结果表明很多人并不了解相关制度，也不了解相关的举报途径。因此建议通过多种渠道加大对安全隐患举报奖励制度及举报途径的宣传力度。

5. 增加工作人员的现场安全提醒

目前在很多公共场合都设置了各种安全提示，但这些提示常常被人们忽略。例如在一些大巴车的座椅靠背上悬挂了提醒系安全带的图片，也写明了系安全带的重要性，但多数乘客对这类提示往往熟视无睹，其作用并不显著，因而主动系安全带的乘客并不多。但当车上的司机或乘务人员现场口头提醒大家系安全带后，所有的乘客会遵从。之所以如此，是因为人的某种内在的心理在起作用，此处不展开讨论。但据此提出建议，在涉及安全防范问题时，应该增加工作人员的现场安全提醒，这样会明显改善人们的安全行为。

（审稿人：朱泯静）

B.12
广州科技赋能养老服务调查报告[*]

欧阳飞 荣 蒙**

摘 要： 由于老龄化、高龄化、空巢化、失能化、家庭小型化"五化"叠加，传统的家庭养老模式面临较大挑战，通过科技赋能，发展智慧养老成为提升养老服务水平的必然选择。为了解广州市民养老现状及对发展智慧养老的态度和建议，广州市统计局运用覆盖全市 11 区 41 条街 200 个社区的万户居民调查网，以入户调查的方式，对 5000 名 18~65 周岁的常住居民进行了调查。调查结果显示：广州市民养老需求较大，养老方式呈现以居家养老为主的多样化特征。市民普遍看好智慧养老产业的发展，认为其有助于改善老年人生活，智慧养老前景广阔，但其知晓度和接受度仍有待提高。

关键词： 老龄化 养老服务 智慧养老

一 研究背景与目的

（一）研究背景

近年来，广州市老龄人口稳步增长。第七次全国人口普查数据显示，

---

* 本文为"广州市统计局万户居民调查课题组"研究成果。
** 欧阳飞，广州市统计局一级调研员，研究方向为公共管理；荣蒙，广州市统计普查中心副主任，研究方向为经济社会学。

2020 年末，广州 60 岁及以上常住人口已超 200 万，占常住人口的 11.4%，比 2010 年提高了 1.67 个百分点，养老需求不断增长。但是由于广州面临着老龄化、高龄化、空巢化、失能化、家庭小型化"五化"叠加状况，以及"未富先老"带来的养老、医疗服务准备不充分，同时大多数家庭和个人的收入和消费水平仍然有限的现实压力，实现"老有所养"挑战较大。要满足多样化、多层次的养老需求，就要顺应现代化、信息化的发展趋势，持续推进改革创新，用科技为养老赋能，不断增加养老服务供给，提高养老服务质量和水平。

为了与老龄化程度相适应，广州养老服务的广度和深度也走在全国前列。近年来，广州逐步将"互联网+"引入养老服务的各个领域，推动 5G、人工智能、大数据等新兴技术在养老服务方面的深度应用，建立面向老人、社区及养老机构等不同养老主体的传感网系统与信息平台，并在此基础上提供实时、快捷的养老服务（下称"智慧养老"）。智慧养老不是类似于居家养老或机构养老的一种独立的养老方式，而是以智能化的技术、产品或服务，为现有的家庭养老、社区居家养老和机构养老提供补充，其产品、服务可以根据需要嵌入任何一种养老方式，为提升养老服务水平注入了强大动力。

从行业发展来看，智慧养老产业市场规模不断增长，2019 年我国智慧健康养老产业市场规模为 3.22 万亿元，预计未来 3 年我国智慧健康养老产业复合增长率将高达 30% 左右，到 2022 年有望突破 5 万亿元。从广州智慧养老服务发展情况来看，"十三五"时期，广州市智慧养老创新不断推进，居家养老综合信息平台以及养老服务数据监测中心等上线运营，"平安通"智慧养老服务优化提升。广州市各区也积极推进智慧养老新范式，探索出"老城市新活力"的新模式。2019 年，越秀区成为广东省首批入选国家"智慧健康养老示范基地"的示范区，为广东省提供了智慧健康养老示范样本，智慧养老逐步走入广州市民生活。

2021 年 6 月，广州市民政局、广州市财政局印发《关于全面开展家庭养老床位建设和服务工作的通知》，提出要依托养老服务组织、护理站，对老年人的生活空间进行适老化、智能化改造，通过设置具备机构化服务功能

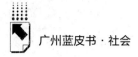

的床位，提供与床位相配套的全天候、全方位的专业护理服务。把适老化和智能化改造、床位实时监测、专业护理服务作为家庭养老床位的必要组成部分协调推进，规范开展家庭养老床位建设和服务，推动将专业养老服务延伸到老年人床边，让老年人在家享受专业化的照护服务，不断提升居家养老服务发展质量。家庭养老床位已经成为智慧养老与传统居家养老相结合的典范。

2021年9月，《广州市养老服务体系建设"十四五"规划》进一步提出，要推进街镇综合养老服务中心（颐康中心）和社区嵌入式养老机构建设，开展家庭养老床位试点，增加机构、社区、居家"三位一体"养老照护服务供给。随着家庭养老床位试点的不断推进，智慧养老已经逐步进入市民生活，成为完善居家养老的重要补充，也将成为养老服务的发展方向。

但是市民能否接受智慧养老这一新兴事物？对智慧养老有何种顾虑，又有怎样的需求？如何推广智慧养老，让智慧养老惠及更广大的市民家庭？如何让智慧养老更好地满足市民的需求？都是影响智慧养老发展的重点问题。

（二）研究目的

智慧养老是随着现代信息技术发展而兴起的，其发展时间较短，研究成果也主要集中在技术开发、市场拓展等方面，对个体层面的实际需求研究较少。但是只有充分了解个体层面的需求，才能更好地发展出满足人民需要的智慧养老产品和服务，更好地实现科技惠民。因此，本次调查重点从个体维度出发，掌握市民家庭养老现状，对智慧养老的态度和具体需求三方面内容，以期进一步明确智慧养老的发展方向，为提升养老服务水平提供建议参考。

二　调查数据获取与说明

（一）调查网基本情况介绍

本次调查是通过组建于1998年的广州市万户居民调查网开展的。1998

年，作为改革开放最早的城市之一，广州市经济社会持续发展，人民生活水平日益提高，市民需求日趋多元化，充分了解市民意愿并将其整合到公共政策中，对于社会和谐稳定尤为重要。在此背景下，广州市政府发文组建广州市万户居民调查网，旨在收集市民对广州市重点工作及民生热点问题的意见和建议，为广州市委市政府及有关部门了解社情民意、制定相关政策提供参考依据。

为确保样本的科学性和代表性，万户居民调查网依据广州常住人口分布情况，通过多阶段整群随机抽样方法，逐层抽取中选街道、社区和调查户，并根据城市建设和发展状况，定期进行样本轮换，以更好适应实际情况。建网至今共完成 6 次扩网和全面换户，覆盖范围包括广州 11 个区 41 条街 200 个社区的 1 万户常住居民户，具有样本量大、代表性好、快速高效的突出优势。万户居民调查方式以入户及电访为主，并引入网络调查，每年约开展 1 次入户、3~4 次电话调查及 1 次网络调查。

万户居民调查选题兼具"领导关注、群众关心"的特点，在选题设置上，结合广州重大决策及市民关注的民生热点问题等开展，具体内容涵盖社会和市民生活的多个方面，既有市民对宏观政策、整体规划、公共服务及社会治理等方面的期望和评价，也有居民对生活质量、衣食住行等民生热点领域问题的反映。真实客观的调查结果为有关部门听取民生民意，并有针对性地提升管理水平提供了重要参考，也为广大市民反映所思所盼提供了有效载体，较好地发挥了连接政府和市民的桥梁作用。

（二）调查对象基本情况

1. 调查对象的区域构成

2019 年，广州市统计局对万户居民调查网进行了第六次全面换户，换户时各区的配额数量根据广州市各辖区常住家庭 2017 年分布情况确定，各区样本分布如下（见表1）。

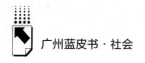

表1　样本数量分布

单位：户，个

地　区	样本数	街道数	社区居委会数
合计	5000	41	200
荔湾	500	4	20
越秀	625	5	25
海珠	750	5	30
天河	750	5	30
白云	750	5	30
黄埔	400	4	16
番禺	400	4	16
花都	225	3	9
南沙	200	2	8
从化	150	2	6
增城	250	2	10

2. 调查对象的性别构成

从调查对象的性别构成来看，男性2205人，占比为44.1%，女性2795人，占比为55.9%（见表2）。

表2　样本性别构成情况

单位：%

性别	比例
男	44.1
女	55.9
合　计	100.0

3. 调查对象的受教育程度构成

从受教育程度状况来看，受教育程度为高中/中专/职高/技校的调查对象占比最高，为27.0%；受教育程度为本科和大专的调查对象占比也较高，分别为26.7%和24.3%（见表3）。

表3 样本受教育程度状况

单位：%

受教育程度	比例
小学及以下	2.5
初中	16.0
高中/中专/职高/技校	27.0
大专	24.3
本科	26.7
研究生（硕士、博士）	3.5
合　计	100.0

4.调查对象的就业状况

从调查对象的就业状况来看，在业的调查对象占比最高，为61.6%；离退休人员占比次之，为21.1%（见表4）。

表4 样本就业状况

单位：%

就业状况	比例
在业	61.6
离退休人员	21.1
打短工或散工	4.4
待业	6.1
料理家务	6.8
合　计	100.0

5.调查对象的年龄构成

从样本年龄构成来看，30~39岁、40~49岁、50~59岁三个年龄段的占比均超两成，分别为28.8%、29.3%和22.2%（见表5）。

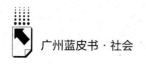

表5 样本年龄构成情况

单位：%

年龄	比例
29岁及以下	7.7
30~39岁	28.8
40~49岁	29.3
50~59岁	22.2
60岁及以上	12.0
合 计	100.0

（三）调查过程的质量监控

数据质量是调查工作的生命线也是底线，为确保数据真实准确，调查质量控制贯穿于万户居民调查抽样建网、调查实施、数据录入的全过程。

抽样建网阶段，科学制定抽样方案，并严格执行方案规范要求。质量监控的重点是确保中选社区内符合条件的常住家庭户全部纳入抽样框，在抽样过程中要加强监管和指导。

上门调查阶段，调查过程中，在各中选街道派驻督导员，负责质量监控和业务指导，质量控制的重点是加强对调查员入户环节的核查，确保"真入户""入真户"，杜绝代填代答和引导填报。

事后抽查阶段，组织人员随机抽取10%的调查户进行电话抽查，重点核实调查员入户情况，同时听取市民对调查工作的建议，用以改进工作。质量控制的重点是要覆盖调查网内全部街道、社区。

在数据录入阶段，质量监控的重点是准确录入问卷数据，主要通过全面交叉复核防止录入差错。

（四）调查方法与内容

1. 调查方法

本文调查数据来源于2021年广州市万户居民入户调查的数据。调查期间，由调查员佩戴调查员证，手持广州市统计局统一下发的调查户地址信息，逐家逐户上门，面对面地听取调查对象的意见建议。为确保数据的科学可信，万户居民调查由社区居委会的工作人员担任调查员，极大地提高了访问的成功率，保障调查工作顺利开展。数据采集使用自主开发的"广州市统计局万户调查平台"，由调查对象使用手机扫描二维码答题，调查结果审核后直接上传至"广州市统计局万户调查平台"，减少了中间环节，数据更加真实准确。该平台还可以实时在线进行数据审核和监控，较大减轻了基层调查员和调查户工作负担。

2. 调查内容

调查内容主要包括以下几个方面：居民家庭养老压力及养老方式的选择；市民养老方式满意度及养老过程中遇到的问题；市民对智慧养老的知晓度和态度；市民对智慧养老的担忧及期待。

三 调查结果

（一）养老新形势：养老需求大，居家养老多，养老现状满意度有待提高

随着老龄人口的不断增加和养老产业的持续发展，广州市民养老形势也发生了新变化。要结合市民养老现状，满足不同层次市民的养老需求，增强老年人获得感、幸福感和安全感。

1. 近六成受访家庭有养老需求，有养老需求的家庭中，三成以上老人需要他人照料

调查数据显示，大部分受访家庭存在照料老人的需求和压力。由于存在多个家庭共同供养老人的情况，57.1%的受访家庭有在广州市居住的60岁及以上的家庭成员，其中有1位老人的占22.1%，有2位老人的占27.1%，有3位及以上老人的占7.9%。家中有广州市居住的60岁及以上老人的受访家庭中，生活起居需要他人照料的占36.4%，其中，有1位老人需要照料的

占24.2%，有2位老人需要照料的占10.4%，有3位及以上老人需要照料的占1.8%（见表6）。

表6 受访家庭广州市居住的60岁及以上家庭成员情况

单位：%

广州市居住60岁及以上家庭成员比例	57.1
其中:1位	22.1
2位	27.1
3位及以上	7.9
60岁及以上家庭成员需要他人照料的比例	36.4
其中:1位	24.2
2位	10.4
3位及以上	1.8

2. "9064"①养老服务体系初步建立，家庭养老负担影响市民养老方式的选择

在养老方式的选择上，有88.7%的受访家庭老人采取"家庭养老"，有27.9%的受访家庭采取"社区居家养老"，有12.8%的受访家庭采取"养老机构养老"，广州以居家为基础、社区为依托、养老机构为补充的"9064"养老服务体系初步建立。而21.3%的受访家庭存在2种以上的养老方式，体现出养老方式的选择呈现多样化特征。

家庭养老负担影响市民对养老方式的选择，有3位及以上老人的受访家庭，采取养老机构养老的比例为16.0%；而有3位及以上需要照料老人的受访家庭，采取养老机构养老的比例为25.0%，高于广州市采取养老机构养老的家庭占比（12.8%）。

3. 六成多市民满意家中老人目前养老状况，家庭养老照料负担、养老方式多样化影响市民养老状况满意度

对自己或家人养老现状，15.5%的受访者表示"非常满意"，44.9%的

---

① "9064"，即90%的老年人选择居家养老，6%的老年人选择社区养老，4%的老年人选择养老机构养老。

受访者表示"比较满意",满意度("非常满意""比较满意"两项合计,下同)为60.4%;31.4%的人认为"一般",可接受度("非常满意""比较满意""一般"三项合计,下同)为91.8%。另外,还分别有4.8%和1.2%的受访者表示"不太满意"和"不满意",2.2%的受访者表示"说不清"。市民对养老现状可接受度较高,反映了市民对当前养老服务体系的肯定,但满意度仍有待提高。

家庭养老照料负担影响对养老现状满意度,家中有需要照料的老人数量越多,对养老现状的满意度越低。家中有3位及以上老人需要照料的,对养老现状满意度为38.5%,远低于家中有老人但不需要照料的家庭(65.1%)。

家中老人养老方式越多样的受访者,对养老现状满意度越高,其中采取3种养老方式的家庭,满意度为72.8%,体现出市民对养老服务多样性的需求。

4. 市民认为老年人在健康、出行等基本生活方面最有可能存在困难

由于年龄增长,体能下降,老年人在衣食住行等方面往往面临一些困难。近七成受访者认为,老年人在日常生活中最有可能在"健康管理"(66.5%)和"日常出行"(66.0%)方面遇到困难;"居家生活""精神关爱""安全保护"等方面的选择比例也在四成以上,而在"文化娱乐"方面遇到困难的比例不到三成(见图1)。

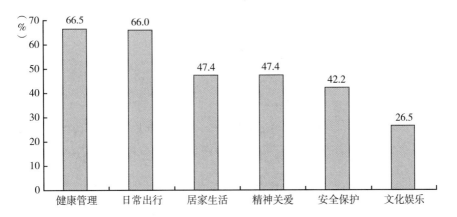

图1 受访者认为日常生活中老年人可能遇到的困难

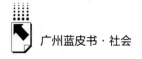

（二）养老体系新思路：市民期待科技赋能养老，智慧养老前景广阔

由于老龄化、高龄化、空巢化、失能化、家庭小型化"五化"叠加，传统的靠家庭成员供养的家庭养老模式面临较大挑战。要抢抓广州养老服务业综合改革等5项国家试点的契机，推进技术创新，发展智慧养老，以养老服务的智慧化、智能化，提升养老服务满意度。

1. 近八成市民看好智慧养老产业发展前景

对新兴的智慧养老产业的发展前景，有23.2%的受访者表示"非常看好"，56.0%的受访者表示"比较看好"，两项合计占79.2%，反映出市民对科技赋能养老接受度较高，发展智慧养老符合市民预期。7.4%的受访者选择"不太看好"，0.7%的受访者选择"不看好"。作为新兴产业，智慧养老产业优势尚未充分显现，表示"说不清"的市民占比也较高，为12.7%。

2. 逾七成市民认可智慧养老对改善养老服务的作用

现代科技为养老服务提供新的手段和工具，可以使养老变得更加便捷、高效、智能。对于通过智慧养老，缓解老年人在衣食住行等方面的困难，改善老年人生活条件，25.9%的受访者认为"作用很大"，49.3%的受访者认为"作用较大"，两项合计占75.2%，市民普遍看好智慧养老的作用；有10.4%的受访者认为"作用不大"，0.9%的受访者认为"没有作用"，选择"说不清"的受访者占比也较高，为13.5%。

3. 近七成市民愿意尝试家庭养老床位服务

当前，广州正在推广家庭养老床位，利用养老机构、社区养老服务中心资源，对住所进行适老化和智能化等改造，把养老服务"搬进"家，让老人足不出户享受专业的养老服务，市民对此表示欢迎。调查结果显示，22.5%的受访者表示"非常愿意"本人或家人尝试，47.2%的受访者表示"比较愿意"，两项合计占69.7%；分别有12.8%和3.6%的受访者表示"不太愿意"及"不愿意"，还有13.9%的受访者表示"说不清"。在以居家养老为主的养老体系下，家庭养老床位服务为解决老人养老问题提供了新路径。但由于家庭养老床位服务仍处于推广期，13.9%的市民对此仍持观望态度，因此要进一步加强政策宣传推广，提高市民参与意愿。

（三）智慧养老新方向：推广和完善智慧养老，助推实现"老有颐养"

智慧养老是伴随近年来大数据和人工智能技术进步而逐步出现的，发展时间较短，市民对此既有期待也有担忧，要满足市民的期待，解除市民的担忧，进一步完善智慧养老，助推实现"老有颐养"。

1. 在智慧养老覆盖范围方面，要持续加大智慧养老宣传推广力度

"十三五"时期，广州在智慧养老方面不断创新，居家养老综合信息平台以及养老服务数据监测中心等上线运营，"平安通"智慧养老服务优化提升。但调查结果显示，智慧养老模式知晓度仍有待提高，仅有24.1%的受访者表示"了解"智慧养老模式，52.9%的受访者表示"听说过但并不了解"，还有23.0%的受访者"没听说过"。因此要加大智慧养老模式推广力度，扩大智慧养老服务的覆盖面，提升市民的知晓度和参与度。

2. 在智慧养老服务内容方面，医养结合是市民期待的发展方向

智慧养老服务内容方面，低层次的生存型需求仍是首要需求，62.1%的受访者最希望自己或家人可以在"生活照料"上体验智慧养老服务；医养结合智慧型养老是市民期待的方向，受访者对"专业护理""紧急救护""远程诊疗""健康咨询"等方面需求也较大，选择比例均在四成以上。除满足基本生活需求外，受访者还不断升级对美好生活的需求，期待借助智慧养老模式体验"康体锻炼""文体娱乐""陪伴关怀"等多样化、多层次的养老服务，"安防监护""学习培训""购置物品""电子档案"方面的智慧养老服务需求相对较少（见图2）。

3. 在智慧养老目标功能方面，借助智慧养老减轻照料压力、提供更方便安全的保障，是市民心之所向

什么才是市民心目中理想的智慧养老？七成多的受访者期望智慧养老能"减轻年轻人照料老人的压力"（78.2%）和"为老人提供更方便、安全的保障"（75.2%）；过半受访者期待智慧养老能"丰富老年人的生活"，四成

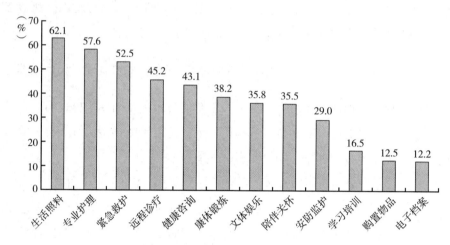

图2　受访者或家人希望体验或尝试的智慧养老服务

多的受访者希望通过智慧养老模式来"降低养老成本"和"让养老产品/服务更智能";此外还有部分受访者希望能够"实现24小时在线服务""让养老产品/服务更加多样化、个性化"(见图3)。

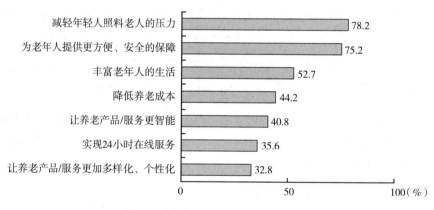

图3　受访者心目中的智慧养老模式

4. 在智慧养老短板改进方面,在智能化程度、产品质量和价格上要再下功夫

一方面,市民认可和期待智慧养老模式的发展;另一方面,市民也

表现出一些担心。关于智慧养老产品或服务，仅有 2.7% 的受访者表示暂时没有什么可担心的，而半数以上的受访者担心"无法处理紧急情况"（57.4%），"产品或服务质量不好"（56.5%）和"价格偏高"（52.3%）；"个人信息泄露"和"信息反馈不及时"也是四成以上受访者担心的问题，还有部分受访者担心智慧养老服务或产品出现"操作复杂""无法满足个性化需求""功能较少"的情况（见图4）。在发展智慧养老产业时，应重点关注市民担心的问题，改进产品和服务质量，规范智慧养老行业监管，打消市民对智慧养老的顾虑，使老年人从智慧养老中得到实实在在的服务。

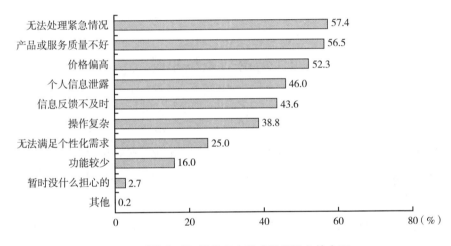

图 4　受访者对智慧养老产品或服务担心的方面

5. 在智慧养老持续发展方面，要加强智慧养老企业和平台监管

发展智慧养老产业，受访者认为最需要"加强对智慧养老企业的监管"（68.8%）和"完善智慧养老网络服务平台"（62.5%）；其次是"建立并共享老年人健康医疗电子档案"（49.6%）、"对智慧养老产品和服务使用者给予优惠或补贴"（48.1%）和"鼓励不同市场主体参与"（42.4%）；此外，受访者还建议"做好智慧养老产品与各种养老服务间的融合和衔接"（37.8%）和"加强产品推广介绍"（21.0%）（见图5）。

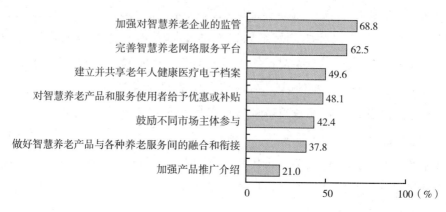

图 5　受访者认为发展智慧养老产业需要加强的工作

四　结论与意见建议

（一）主要结论

一是市民家庭养老需求较大，养老方式呈现以居家养老为主、其他方式为辅的多样化特征。调查结果显示，57.1%的受访家庭在广州市有60岁及以上的家庭成员，这些家庭中有36.4%的家庭老人需要他人照料。在养老方式选择上，88.7%的受访家庭选择居家养老，27.9%的受访家庭采取社区居家养老，12.8%的受访家庭采取养老机构养老，21.3%的受访家庭存在2种以上的养老方式，有需要他人照料的老人家庭更倾向于选择养老机构养老。

二是市民养老满意度有待提高，老年人日常生活上存在不便。91.8%的受访者认为本人或家人养老现状可接受，但满意度（60.4%）仍有待提高。受访者认为老年人日常生活中最有可能在"健康管理"（66.5%）和"日常出行"（66.0%）方面遇到困难。

三是智慧养老知晓度仍有待提高，市民对智慧养老存在担忧。当前仅有24.1%的受访者自认为了解智慧养老，而23.0%的受访者"没听说过"智慧养老；过半受访者担心智慧养老的智能化程度不够、产品质量不好和价格太高。

四是市民对智慧养老认可度和接受度较高，智慧养老前景广阔。75.2%的受访者认为智慧养老对于改善老年人生活有作用，69.7%的受访者愿意自己或家人尝试家庭养老床位服务，79.2%的受访者看好智慧养老产业的发展。

五是市民对智慧养老有期待。在智慧养老服务内容方面，医养结合是市民期待的发展方向，受访者期待智慧养老能在"生活照料"（62.1%）、"专业护理"（57.6%）上满足需求；在智慧养老目标功能方面，借助智慧养老减轻照料压力、提供更方便安全的保障，是市民心之所向；在智慧养老短板改进方面，在智能化程度、产品质量和价格上要再下功夫；在智慧养老持续发展方面，要加强智慧养老企业和平台监管。

（二）意见建议

随着人口老龄化程度的加深和老年抚养比的提升，通过科技赋能，发展智慧养老是大势所趋。调查结果显示，广州"9064"养老服务体系基本形成，但家庭养老负担重，养老现状满意度还有待提高，要积极应对老龄化趋势，通过智慧化、智能化的养老服务推动"老有颐养"。

一是要加大宣传推广。调查结果显示，市民普遍看好智慧养老发展前景，期待其能提升老年人生活质量，但受限于其知晓度低，其普及度也处于较低水平。接下来要重点加大对已有的家庭养老床位、居家养老综合信息平台、养老服务数据监测中心、"平安通"智慧养老居家养老综合信息平台等智慧养老服务的宣传推广，提高市民的知晓度和参与度。

二是要改进服务质量。聚焦老年人的需求，整合资源，重点在通过智慧养老，对老人进行生活照料，促进医养结合，解决老年人健康管理方面的困难。同时，要在智慧养老产品和服务的智能化程度、质量和价格等方面进行改进，让智慧养老在减轻年轻人照料老人的压力的同时，为老人提供更方便、安全的保障。

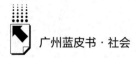

三是要加强行业监管。面对新兴的智慧养老产业，要完善相关法律法规，加强监管和引导，尤其是要重点做好市民关心的信息安全领域的保障，让市民能够用得放心，在完善产业和平台监管的同时，推动健康服务业出新出彩，让老年人在实现"老城市新活力"任务目标过程中，不断增强获得感、幸福感和安全感。

（审稿人：朱泯静）

B.13
广州就地城镇化与农民收入问题研究[*]

孟凡强　赵　萍　刘志辉[**]

摘　要： 推动农业人口城镇化和提高农民收入，是乡村振兴和城乡融合发展的重要内容，也是实现共同富裕的应有之义。本文基于2017年全国流动人口动态监测调查数据中广州市户籍人口样本，采用倾向得分匹配法研究就地城镇化对广州农民收入的影响。研究发现：就地城镇化对广州市农民收入有显著的正向影响；异质性分析表明，相比于老一代农民，就地城镇化对新一代农民的收入影响更大；就地城镇化对于国有单位工作的农民的收入提升效应更强。因此，应以科学规划为前提，以乡村振兴为目标，以制度改革为关键，以人才建设为保障，在城市产业、人才政策方面进行改革，为广州市农民就地城镇化提供包容的经济环境与良好的政策支持。

关键词： 就地城镇化　农民收入　广州

---

[*] 本文为广东省教育厅普通高校青年创新人才类项目"就地城镇化的发展实践、现实困境与实现路径研究——以广州增城为例"（项目编号：2018WQNCX210）、广州市哲学社会科学规划项目"广州市就地城镇化的发展实践、实现路径与福利效果评价：基于增城的调查研究"（项目编号：2019GZGJ194）、广东省普通高校重点领域专项"要素市场化配置驱动乡村产业振兴研究：作用机理与广东经验"（项目编号：2020ZDZX1025）、广州市哲学社会科学发展"十四五"规划一般课题"广州推进要素市场化配置改革研究：基于城乡劳动力平等就业的视角"（项目编号：2021GZYB06）的阶段性研究成果。

[**] 孟凡强，博士，广东财经大学经济学院副研究员，研究方向为劳动经济；赵萍，广东财经大学经济学院硕士研究生，研究方向为劳动经济；刘志辉，广东财经大学经济学院硕士研究生，研究方向为社会保障。

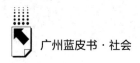
一　引言

改革开放以来，广州市顺势而为、开拓创新，在社会、经济、文化等多个方面取得了诸多成就。广州市统计局数据显示，2020 年广州市农村居民人均可支配收入已达到 31266 元，与 1999 年的 5800.24 元相比，年均增长8.35%，农民收入实现了质的飞跃。近年来，广州市农民收入水平稳步提高，城乡收入相对差距呈现逐年缩小趋势，但农村居民与城镇居民的收入绝对差距仍在不断扩大。为加快推进城乡融合发展，实现城乡共同繁荣，按照走中国特色新型城镇化道路、全面提高城镇化质量的新要求，党和政府提出了新型城镇化战略。①

国务院总理李克强在 2022 年政府工作报告中表示："要深入推进以人为核心的新型城镇化，不断提高人民生活质量。"② 2021 年《广东省新型城镇化规划（2021—2035 年）》提出："到 2035 年，广东将基本实现新型城镇化，全省常住人口城镇化率达到 82%，珠三角城市城镇化将要达到 90.5%，城镇常住人口 11000 万人，城镇化发展方式全面转型、发展质量全面提升，城镇化空间布局和形态全面优化，城市功能品质全面完善，新型城乡关系全面建立，人的全面发展在新型城镇化进程中得到充分彰显。"③ 根据广州统计局数据，2021 年末广州市常住人口 1881.06 万人，城镇化率为 86.46%，城镇化率和人口数量与预期目标还有一定差距，表明推进广州市新型城镇化仍任重而道远。

我国传统的城镇化模式是异地城镇化，通过城市扩张和农村劳动力向城市转移推动经济高速增长，该模式带来了许多经济社会隐患。例如，城市容

---

① 国务院：《国家新型城镇化规划（2014-2020 年）》，中国政府网站，http：//www.gov.cn/zhengce/2014-03/16/content_ 2640075. htm。

② 国务院：《最全！一图读懂 2022 年〈政府工作报告〉》，中国政府网站，http：//www.gov.cn/xinwen/2022-03/15/content_ 5679117. htm。

③ 《广东省人民政府关于印发广东省新型城镇化规划（2021—2035 年）的通知》，广东省人民政府网站，http：//www.gd.gov.cn/xxts/content/post_ 3729511. html。

量限制、资源限制与户籍限制，大量农村劳动力无房住、权利保障缺失的问题；农村劳动力流出造成农村"空心化"严重，农村土地资源闲置和浪费，产生留守老人与留守儿童问题，新农村建设缺乏主力军；大城市出现交通拥堵、空气污染、用水紧缺、房价过快上涨等"城市病"。而就地城镇化作为"以人为本"的新型城镇化的重要路径，与传统的异地城镇化模式有所不同。就地城镇化是指农村劳动力不再盲目地向大城市转移，而是在其原本生活的地方，以小城镇或中心村为核心，或把散落的农村居民点适时适度聚集发展为新社区，不断完善基础设施建设，并逐渐成长转化为新城镇，就地实现非农就业化和市民化。就地城镇化有助于实现社会公平，实现城乡一体化，实现工农协调，从根本上缩小城乡差距，实现农民增收，使城镇化发展成为具有自我促进的内生机制，更有利于减轻大城市压力，防治"城市病"。就地城镇化在推动农民生产、生活以及居住方式转变的同时，也对农民就业和收入增长产生了积极影响，有助于真正实现"人的城镇化"，促进城乡融合发展。

二　文献综述

城镇化对一个国家的发展具有重大的战略意义，国内外学者对其做了大量的研究。改革开放后，我国确立以经济增长为主要目标，在全中国实行非平衡发展战略，因而国内形成了大规模的人口跨区域流动。城镇化打破了原有城乡格局，实现异地转移，是实现城乡一体化的重要举措，同时它可以克服大城市过度膨胀所形成的"城市病"，消除分散的乡村工业化所带来的"农村病"，合理调节我国城镇空间布局。传统城镇化的快速发展促进了中国经济快速发展，但也带来了城市人口承载压力大、流出地"三留"问题、"大城市病"等社会问题，并对我国粮食生产及粮食供应安全造成不利影响。此外，传统城镇化主要采取异地城镇化模式，但大部分农民实现城镇化后缺少稳定的收入和相应的社会保障，且大城镇生活成本较高，导致传统城镇化质量不高，很大一部分农民并没有真正融入城市生活中，极易产生农民

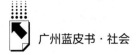

工"因事返贫、因贫返乡"现象。有研究者认为,当城市发展到一定阶段时,城市提供的承载能力是有限的,应寻找其他方式扩大剩余人口的发展空间,特别是对发展中国家而言,寻找提高农民收入更好的方式,缩小城乡收入差距,可以促进社会长期发展。因此,有部分学者提出了城镇化的另一种模式——就地城镇化。

就地城镇化模式不同于传统城镇化模式,它是指当农民所在农村发展经济到达一定程度以后,农民不再盲目地向异地的城镇或者发达的地区迁移,而是在原本生活的农村地区,以小城镇或者中心村作为核心进行迁移和聚集,形成城镇,同时实现农民自身的市民化。这种模式改变农村的传统自然生活方式,有利于推动当地基础设施改善和社会公共事业发展,实现工农业协调发展,从根本上缩小城乡差距,实现农民增收,使城镇化发展成为具有自我促进的内生机制。相比于异地城镇化,就地就近城镇化有利于统筹区域间协调发展、促进大中小城市合理布局、减少城镇化制度障碍、保障中国农业与乡村可持续发展。就地城镇化战略,不仅是当前和今后一个时期我国推进经济增长的一个重要战略,而且是我国统筹城乡发展、缩小城乡差别、实现社会公平的一条必由之路。

关于城镇化与农民收入关系的问题,学者们从不同角度进行了研究。其中,一部分学者从理论层面讨论了城镇化对农民收入的影响。从劳动力就业的角度分析发现,城镇化能够为农业劳动者提供更多非农就业机会,有利于提高其工资性收入;从农业现代化的角度分析发现,城镇化为农业转向开放性市场提供了必要条件,有利于提高家庭经营性收入;从财产性收入视角分析发现,城镇化是实现农民收入提高的重要条件,城镇化过程中的土地征用会提升农民总体福利。有部分学者对城镇化对农民收入的影响进行了实证研究,发现城镇化对农民收入具有滞后性影响,城镇化可以在短期内缩小城乡收入差距,城镇化使农村家庭人均收入、人均消费显著上升。还有研究发现,城镇化在提高农民收入的同时具有一定的区域性差异,对农民收入的作用并不稳定,而是具有一定的门槛效应。

综上所述,目前学术界对异地城镇化模式对于农民收入影响的研究较为丰富，而对于就地城镇化这种新型城镇化模式的相关研究尚不充分，尤其在就地城镇化与农民收入方面的实证研究较为匮乏。基于此，本文利用 2017 年全国流动人口动态监测调查的户籍人口数据中的广州市数据，实证研究广州市就地城镇化对农民收入的影响效应，从而探究就地城镇化与农民的收入关系问题。

三　数据与模型设定

（一）数据来源

本文所使用的数据来源于 2017 年中国流动人口卫生计生动态监测调查（CMDS）。该调查在 2016 年全国流动人口年报数据的基础上建立抽样框，采用分层、多阶段与规模成比例的 PPS 的抽样方法，覆盖全国 31 个省（区、市）以及新疆生产建设兵团，样本具有代表性。该数据的调查对象是在流入地居住一个月及以上、非本区（县、市）户口的 15 周岁及以上流动人口，在对流动人口的研究中更具指向性。

基于研究需要，本文对样本进行了筛选和处理，步骤如下：首先，剔除了广州市以外的省（区、市）的户籍人口的样本，以便于专门考察广州市户籍人口；其次，剔除年龄大于 60 周岁的户籍人口；最后剔除未回答问卷第 215 号问题"您个人上个月（或上次就业）工资收入/纯收入为多少?"的样本，以便于考察就地城镇化对农民收入的影响。

（二）变量设定

1. 被解释变量

本文的被解释变量为农民年收入的对数，根据 CMDS 问卷中第 215 号问题"您个人上个月（或上次就业）工资收入/纯收入为多少?"得到农民月收入，将月收入乘以 12 个月得到最终年收入并取对数。农村劳动力的收入包括年收入、月收入和小时收入等形式，由于农民农业生产具有周期性和季

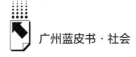
节性特点，存在自我雇用和受雇的情况，使用月收入和小时收入难以衡量农民整体收入情况，因此，本文保留了自我雇用和受雇两类就业形式，并采用年收入的对数进行计量分析。

2. **核心解释变量**

本文的核心解释变量为是否经历就地城镇化的二值变量。根据问卷中的问题"您的非农户口/居民户口获得途径是什么？"，结合现有文献中关于就地城镇化的定义，本文将非农户口/居民户口获得途径为征地（包括村改居）、家属随转（包括通过婚姻）和户口改革且在当地不再有农业户口的"农转非"人口定义为就地城镇化者，并将其赋值为1，将没有经历过就地城镇化的农业户籍者赋值为0，通过考察两个群体的收入差异得到就地城镇化对农民收入的处理效应。

3. **其他控制变量**

本文根据现有的关于农民收入和就地城镇化的研究，选取多个控制变量，包括农村劳动力的年龄、受教育年限、工作经验、性别、婚姻状况、民族等个体特征变量，以及所从事的职业类型、行业类型和所有制性质等单位特征变量。其中工作经验根据问题"您从什么时候开始这项工作？"进行推算；所从事的职业类型根据问题"您现在的主要职业是什么？"进行分类；所从事的行业类型根据问题"您现在在哪个行业工作？"进行划分；所从事的单位所有制性质根据问题"您现在就业的单位性质属于哪一类？"进行划分。变量设定具体情况如表1所示。

表1　变量设定

变量	定义与赋值
收入	全年工资总收入
受教育年限	未上过学=0；小学=6；初中=9；高中/中专=12；大学专科=15；大学本科=16；研究生=19
工作经验	工作年限
性别	男=1；女=0

续表

变量	定义与赋值
婚姻	"未婚、离婚、丧偶、同居"定义为未婚=0 "初婚、再婚"定义为已婚=1
第二产业	从事第二产业=1;从事其他行业=0
生产性服务业	从事生产性服务业=1;从事其他行业=0
生活性服务业	从事生活性服务业=1;从事其他行业=0
白领职业	将"国家机关、党群组织、企事业单位负责人、专业技术人员、公务员、办事人员和有关人员"定义为白领职业,赋值为1;其他职业赋值为0
商业、服务业人员	将"经商、商贩、餐饮、家政、保洁、保安、装修、快递、其他商业、服务业人员"定义为商业、服务业人员,赋值为1;其他职业人员赋值为0
生产、运输人员	将"农林牧渔水利业生产人员,生产、运输,建筑,其他生产、运输设备操作人员及有关人员"定义为生产、运输人员,赋值为1;其他职业人员赋值为0
无固定职业者	将无固定职业者赋值为1;其他职业人员赋值为0
国有单位	将"机关、事业单位,国有及国有控股企业"定义为国有单位,赋值为1;其他单位赋值为0
民营单位	将"股份/联营企业、私营企业"定义为民营单位,赋值为1;其他单位赋值为0
外资企业	将"港澳台独资企业、外商独资企业、中外合资企业"定义为外资企业,赋值为1;其他单位赋值为0
其他所有制	将"集体企业、个体工商户、社团/民办组织、其他"定义为其他所有制,赋值为1;其他单位赋值为0

表 2 为主要变量的描述性统计结果,经过筛选和处理后的样本总量为 860 个,其中就地城镇化者样本量为 320 个,占总样本的比例为 37.21%;非就地城镇化者样本量为 540 个,比例为 62.79%。农业户籍者的个人平均年收入比就地城镇化者低 13.36%,T 检验显示两个群体的收入差异在统计上显著,这表明虽然就地城镇化者和农业户籍者最初都来自同一劳动力群体,但就地城镇化者的工资收入显著高于农业户籍者。不过,需要注意的是,就地城镇化者和农业户籍者在收入方面的差异不一定都是就地城镇化导致的,也可能是由于两个群体之间本身就存在群体特征差异。

从个体特征来看,在年龄方面,农业户籍者的平均年龄比就地城镇化者低 1.42 岁；在受教育年限方面，农业户籍者平均受教育年限比就地城镇化者低 0.77 年；在工作经验方面，农业户籍者的工作经验较就地城镇化者低 23.96%。从就业特征来看，就地城镇化者单位性质为国有单位的比例显著高于农业户籍者，且就地城镇化者相较于农业户籍者更多从事生活性服务业。可以看出农业户籍者和就地城镇化者在群体特征上存在一定的差异，尤其是在工作经验方面，就地城镇化者的职业技能远高于农业户籍者。

表 2 变量描述性统计结果

变量	就地城镇化者	农业户籍者	T 检验
	均值	均值	
收入（元/年）	45344.4	39286.73	***
年龄（岁）	33.25	31.83	***
受教育年限（年）	13.19	12.42	***
工作经验（年）	6.47	4.92	***
性别	0.51	0.55	
婚姻	0.80	0.73	**
第二产业	0.13	0.19	***
生产性服务业	0.08	0.08	
生活性服务业	0.79	0.71	**
白领职业	0.42	0.39	
商业、服务业人员	0.38	0.40	
生产、运输人员	0.08	0.12	**
无固定职业者	0.13	0.09	*
国有单位	0.42	0.30	***
民营单位	0.26	0.23	
外资企业	0.02	0.04	*
其他所有制	0.29	0.43	***
样本量	320	540	

注：*** 表示在1%的水平上显著；** 表示在5%的水平上显著；* 表示在10%的水平上显著。

（三）实证方法

1. 基准回归

描述统计表明就地城镇化者与农业户籍者的收入存在差异，但收入的影响因素包含许多方面，有待进一步分析。因此，本文在借鉴 Mincer 工资方程的基础上，加入就地城镇化二元虚拟变量，利用普通最小二乘法（OLS）获得就地城镇化者与非就地城镇化者的收入差异，从而得到就地城镇化的收入效应。模型具体如下：

$$\text{Lnwage}_i = \beta_1 + \beta_2 urban_i + \beta_3 Z_i + \varepsilon_i \tag{1}$$

式（1）中被解释变量 Lnwage_i 为个人工资收入的对数，$urban_i$ 为就地城镇化二元虚拟变量，Z_i 为控制变量，包括受教育年限、工作经验、年龄、性别、婚姻状况、民族、职业、行业和单位所有制等变量。

2. 倾向得分匹配法（PSM）

虽然通过基准模型可以初步判断就地城镇化对农民收入的影响，但农民是否选择就地城镇化并不是一个随机行为，可能存在教育、收入和社会保障等方面的差异，导致农民更倾向于选择异地城镇化，即农民就地城镇化存在自选择问题。由于"自选择"产生的偏差，基准回归结果很可能是有偏的。因此，为避免选择性偏差问题导致估计结果的偏差，本文采用 Rosenbaum 和 Rubin 提出的倾向得分匹配法（PSM）来校正自选择偏差问题。倾向得分匹配法在医学、公共卫生以及经济学等领域得到广泛的应用，该方法可用以处理统计中的样本自选择偏差造成的结果不可信问题。倾向得分匹配法需要满足两个假设条件：第一，条件独立假定，即处理组和控制组除就地城镇化参与状态不同外其他方面无显著性差异。第二，共同支撑假设，即对任何 x 都有 $0<P(x)<1$，只有处理组和控制组共同取值范围较大才可获得较高质量的匹配，并得到一个排除其他因素影响的就地城镇化给农民带来的净收入效应。

倾向得分匹配方法的具体过程如下：

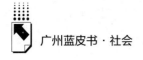

首先，通过 Logit 模型估计倾向得分值。如式（2）所示，$P(X_i)$ 为倾向匹配得分值，X_i 是可观测变量。二元虚拟变量 $D_i = 1$ 表示第 i 位农民是否选择就地城镇化。

$$P(X_i) = P[D_i = 1 \mid X_i] = \frac{exp(\lambda X_i)}{1 + exp(\lambda X_i)} \tag{2}$$

其次，选择方法进行匹配，即在选择就地城镇化的农民中找到与非就地城镇化得分相似的样本，将就地城镇化的农民和非就地城镇化的农民进行匹配。

最后，根据匹配后的样本估算出选择就地城镇化的农民如果选择非就地城镇化收入会产生多大的变化，从而得到处理组的平均处理效应（ATT），如式（3）所示：

$$ATT = E(y_{1i} - y_{0i} \mid D_i = 1) = E\left\{ \begin{array}{l} E[Y_{1i} \mid urban_i = 1, P(X_i)] - \\ E[Y_{0i} \mid urban_i = 0, P(X_i)] \mid urban_i = 1 \end{array} \right\} \tag{3}$$

ATT 代表实现就地城镇化农民的收入 Y_{1i} 和反事实结果 Y_{0i} 的差异，其差值就是就地城镇化对农民的收入净效应。

四 实证结果与分析

（一）基准回归结果

表 3 报告了就地城镇化的农民收入方程估计结果。模型（1）~（3）分别控制了个人特征、人力资本（工作经验）以及单位特征，以考察就地城镇化对农民收入的影响。受教育年限的估计系数显著为正，表明在其他条件不变的情况下，受教育年限与收入之间显著正相关，受教育年限越长，劳动力的收入就越高；工作经验与收入呈负相关关系可能是年龄增长导致的人力资本折旧。此外，性别、婚姻、年龄等个体特征变量的估计结果与现有研究结果相一致。

进一步研究发现，在模型（1）~（3）中，就地城镇化虚拟变量（urban）的估计结果始终显著为正，这表明就地城镇化的农民收入显著高于非就地城镇化农民，并且在控制其他变量的条件下这一结论仍然成立。据此可以得出，就地城镇化对农民的收入具有正向效应，说明农民在获取非农户籍身份实现就地城镇化后与未经历过就地城镇化的农民之间存在显著的收入差异。

表3　就地城镇化的农民收入方程估计结果

变量	（1）	（2）	（3）
就地城镇化	0.109 ***	0.102 ***	0.118 ***
	（0.0317）	（0.0295）	（0.0278）
受教育年限	0.0266 ***	0.0308 ***	0.0361 ***
	（0.00611）	（0.00579）	（0.00593）
年龄	0.0287 *	0.0419 ***	0.0351 **
	（0.0163）	（0.0157）	（0.0146）
年龄的平方	−0.000490 **	−0.000649 ***	−0.000547 ***
	（0.000228）	（0.000220）	（0.000204）
性别	0.0939 ***	0.0765 ***	0.0940 ***
	（0.0306）	（0.0288）	（0.0270）
婚姻	0.0983 **	0.0440	0.0453
	（0.0442）	（0.0403）	（0.0375）
工作经验	—	−0.0180 **	−0.00672
	—	（0.00822）	（0.00773）
工作经验的平方	—	0.000652	0.000249
	—	（0.000407）	（0.000380）
行业	—	—	YES
职业	—	—	YES
所有制	—	—	YES
常数项	9.628 ***	9.397 ***	9.478 ***
	（0.272）	（0.258）	（0.248）
观测值	859	720	720
R^2	0.077	0.104	0.240

注：* 、** 、*** 分别表示在10%、5%和1%的统计水平上显著，括号内数据为稳健标准误。

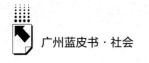

（二）倾向得分匹配法（PSM）估计结果分析

本文使用的倾向得分匹配法（PSM），先通过 Logit 模型估计出就地城镇化者的倾向得分值，之后运用最近邻匹配、半径匹配以及核匹配三种方法进行匹配，最后计算得到就地城镇化对农民收入的平均处理效应（*ATT*），估计结果如表 4 所示。

表 4　就地城镇化对农民收入的平均处理效应（*ATT*）

单位：元/年

匹配方法	处理组	控制组	*ATT*	标准误	T 值
最近邻匹配	42397. 89	35882. 26	6515. 63	1812. 38	3. 60
半径匹配	42481. 95	36415. 31	6066. 64	1743. 13	3. 48
核匹配	42397. 89	36360. 38	6037. 51	1719. 47	3. 51

采用上述三类匹配方法所估计出的就地城镇化对农民收入的平均处理效应基本上是一致的，可相互印证。这说明在对自选择偏差进行处理后，倾向值匹配得出的结论与基准回归的结论一致，即就地城镇化对农民收入的平均处理效应为正，就地城镇化对农民的收入具有正向影响；此外，以最近邻匹配方法为例，采用 OLS 估计方法低估了就地城镇化对农民收入的平均处理效应，低估程度约为 8. 65%。

（三）平衡性检验和共同支撑检验

对于平衡性假设条件，分别对最近邻匹配、半径匹配和核匹配三类匹配方法进行平衡性检验。通常情况下，标准偏误的绝对值低于 5%，即可认为匹配估计结果较好。表 5 结果显示，在使用最近邻匹配、半径匹配以及核匹配三种匹配方法匹配后，LR 统计量数值大幅度降低，标准化偏差均大幅度减小且均小于 5%，而且 P 值不再显著，即不能拒绝匹配前后不存在差异的原假设，说明匹配结果较好地满足了数据平衡原则，通过了数据平衡性检验。上述结果表明倾向得分匹配的结果是可信的。

表5 匹配前后协变量的平衡性检验

匹配方法	LR 统计量	P 值	标准化偏差（%）
匹配前	64.56	0.000	14.8
匹配后：			
最近邻匹配	4.79	0.997	3.5
半径匹配	1.69	1.000	2.1
核匹配	2.69	1.000	2.2

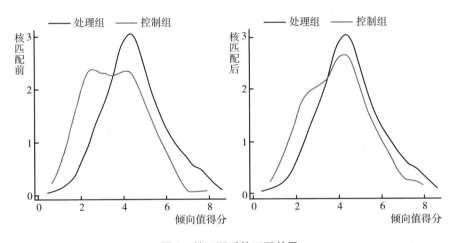

图1 核匹配后的匹配效果

从图1可以看出，核匹配前，两个群体之间存在较大差异，若简单比较两组样本之间的收入差异，极有可能会得到有偏差的结果；匹配后，两组样本倾向值得分与之前相比有显著变化，波峰与波谷分布趋同，匹配结果较好，并满足了倾向得分匹配法的共同支撑假设。

（四）异质性讨论

上述研究表明，就地城镇化对农民的收入有显著正向影响。然而，不同类型的农民间也存在差异，可能会对农民实现就地城镇化的收入效应有不同影响，其作用有待进一步考察。本文将按照单位性质、代际对农民进行分组，进一步讨论就地城镇化对农民收入影响的异质性。

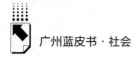

1. 代际分组

不同代际的农民在个体特征、家庭特征等方面都可能存在较大差异。本文参考以往学者对代际的划分，将 1980 年（含）以后出生的界定为新一代农村人口，1980 年以前出生的界定为老一代农村人口。表 6 显示，与老一代农村人口相比，新一代实现就地城镇化的农民收入更高，说明就地城镇化对新一代农村人口的收入提升作用更强。

表6　就地城镇化对代际农民收入的平均处理效应（*ATT*）

单位：元/年

匹配方法		最近邻匹配	半径匹配	核匹配
新一代	*ATT*	43882.45	43882.41	43882.45
	T 值	2.20	2.62	2.89
老一代	*ATT*	39157.48	39157.48	39157.48
	T 值	2.08	2.25	2.24

2. 单位性质分组

在不同性质单位工作的农民很可能在个体特征及人力资本等方面存在显著差异。国有单位通常拥有更全面的员工管理制度、更好的职工保障、更高的收入和稳定性，在其中工作的农民与在私营企业工作的农民存在较大差异。因此，参考以往做法，将农民工作的单位性质划分为国有单位和私营单位进行异质性分析。由于农民群体在外资企业及其他单位工作的样本较少，难以进行匹配，故未纳入讨论。由表 7 结果可知，相较于私营单位，在国有单位工作的就地城镇化者收入更高，说明就地城镇化对工作单位为国有单位的农民的收入提升效应更强。

表7　就地城镇化对不同单位农民收入的平均处理效应（*ATT*）

单位：元/年

匹配方法		最近邻匹配	半径匹配	核匹配
国有单位	*ATT*	6504.88	6501.98	6696.40
	T 值	3.38	3.36	3.57

匹配方法		最近邻匹配	半径匹配	核匹配
私营单位	*ATT*	5572.8	5028.69	4566.4
	T值	1.37	1.21	1.10

五　结论与建议

坚持以人为核心的新型城镇化战略，推进农业转移人口市民化，对于提升我国城镇化水平、促进经济高质量发展具有重大意义。本文基于2017年全国流动人口动态监测调查的户籍人口数据，采用倾向得分匹配法对就地城镇化与农民收入之间的关系进行了实证研究。研究表明：广州市农民就地城镇化对当地农民的收入提高有显著的促进作用，与未实现就地城镇化的农民相比，就地城镇化的农民年收入更高；异质性讨论发现，相比于老一代农民（1980年以前出生），就地城镇化对新一代农民（1980年以后出生）的收入影响更大；就地城镇化对于国有单位工作的农民的收入提升效应更强。基于广州市农民收入的研究结论，本文得出以下建议。

一是多措并举推进现代农业高质量发展。新型城镇化与农业现代化协调发展是实现城市与乡村两大空间融合发展的重要路径，同时也是解决城乡发展不平衡不充分问题的关键。对于广州市现代农业发展较慢的涉农区乡镇，应持续巩固农业的基础地位，通过培育农民专业合作社、家庭农场、农业产业化龙头企业等新型农业经营主体，加速实现小农户与大市场的有效衔接，开拓农民增收的新途径。花都区、白云区、增城区等涉农区应积极响应"大湾区'菜篮子'"建设要求，围绕丝苗米、优质蔬菜、岭南佳果、花卉、家禽、水产等特色主导产业建设现代农业产业园。同时，各涉农地区应在稳定发展优质水稻、杂粮、蔬菜和高产薯类"菜篮子"产品的同时，大力发展经济价值高的水果和花卉产业，打造水果和花卉生产专业村，形成规模化、特色化种养业。此外，广州市应大力扶持种子种苗产业，加快建设广州国际种业中心，建设种业电子信息综合平台；做强农产品加工业，做大粮食、蔬菜、水果、花卉、畜禽、水产、种子种苗等优势农产品生产加工业，建设全省重点粮食加工基地，推动农产品精深加工。

二是因地制宜积极培养乡土人才。提高农民生活水平、振兴乡村离不开乡土人才的支撑。因地制宜培养更多乡土人才，组建起更多懂农业、懂农村、爱农民的乡土人才队伍，热心投入乡村振兴的事业中，为农村现代化农业发展注入新的活力。广州市人社局应加强技工院校涉农专业建设，并积极推进各技师学院与各涉农区乡镇合作建设人才培养基地，利用学院成熟的人才培养平台为乡村创新创业人员提供专业的技术培训。同时，广州市人社局应积极响应广东省部署组织实施的"广东百万农民线上培训工程"，根据农村实际技能需求，通过定向培训、素质培育、经验交流等方式，大力培育新型农民，推动全区农业产业发展、助力乡村振兴、加快农业农村现代化，促进农民就地城镇化。

三是集思广益优化人才引进模式。在社会主义市场经济繁荣的大背景下，传统的以人才常驻乡村为主要模式的人才引进在成本及效率方面存在较大的提升空间。随着新型城镇化进程的加快，对于花都、从化、增城等涉农区乡镇，推动村庄的发展和振兴并提高农民生活水平对人才的素质提出了新的要求。传统的人才引进模式效率低、成本高且难以满足乡镇多维度的需求。因此乡镇政府应引导乡村地区的人才引进模式由单一领域的长期驻村转向多途径多方面的短期合作。广州市各涉农乡镇应鼓励乡村地区利用网络信息技术与多领域的专家学者进行交流合作。同时，可通过建立大学生教学实习基地、开展大学生回村工程，利用好本村镇企业家和大学生资源，加深与当地高校的交流合作。将人才引进模式从传统模式向多途径多方面的短期合作模式转变，有效且较低成本地引入人才推动村庄发展，促进农民就地城镇化。

四是立足乡土创新发展特色农业小镇。深入挖掘白云区、增城区等广州市涉农区资源优势、区位优势、民俗优势等创新发展休闲农庄与乡村民宿，实现农民就地城镇化。充分利用特色农业资源与良好的环境，为消费者提供农家乐、乡村旅游、农事体验等服务的同时，充分利用农村闲置农房、闲置集体建设用地等资源，为消费者提供体验当地自然风貌与文化民俗等的住宿设施，积极推动乡村民宿发展。打造富有岭南特色的水果、蔬菜、畜牧、花卉、珍珠等农产品现代化产业链，提高农产品经济价值，实现农村产业融合，吸引外出务工人员返乡创业、带动乡镇农民就业。广州市各级政府应科学制定各地特色小镇发展战略和规划，实施差异化、特色化、现代化特色农业小镇发展战略，推动乡村振兴和农村人口就地城镇化。

参考文献

Alasia, A., Weersink, A., Bollman, R. D., et al., "Off-farm Labour Decision of Canadian Farm Operators: Urbanization Effects and Rural Labour Market Linkages", *Journal of Rural Studies*, 2009, 25 (1): 12-24.

Black, D., Henderson, V., "A Theory of Urban Growth", *Journal of Political Economy*, 1999, 107 (2): 252-284.

Gao, Y., Zang, L., Sun, J., "Does Computer Penetration Increase Farmers' Income? An Empirical Study from China", *Telecommunications Policy*, 2018, 42 (5): 345-360.

George, C. S. Lin and Samuel, P. S. Ho, "China's Land Resources and Land-use Change: Insights from the 1996 Land Survey", *Land Use Policy*, 2003, (2): 87-107.

Li, H., Huang, X., Kwan, M. P., et al., "Changes in Farmers' Welfare from Land Requisition in the Process of Rapid Urbanization", *Land Use Policy*, 2015, 42: 635-641.

Li, J., Li, Y., "Influence Measurement of Rapid Urbanization on Agricultural Production Factors based on Provincial Panel Data", *Socio-Economic Planning Sciences*, 2019, 67 (9): 69-77.

Mulligan, G. F., "Revisiting the Urbanization Curve", *Cities*, 2013, 32 (6): 113-122.

Rosenbaum, P. R., Rubin, D. B., "Constructing a Control Group Using Multivariate Matched Sampling Methods That Incorporate the Propensity Score", *American Statistician*, 1985, 39 (1): 33-38.

Satterthwaite, G. D., "Urbanization and Its Implications for Food and Farming", *Philosophical Transactions B: Biological Sciences*, 2010, 365 (1554): 2809-2820.

Su, C. W., Liu, T. Y., Chang, H. L., et al., "Is Urbanization Narrowing the Urban-

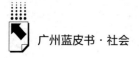

rural Income Gap? A Cross-regional Study of China", *Habitat International*, 2015, (8): 79-86.

Yuan, J. J., Liu, Y. L., "Urbanization, Rural Development and Environmental Health in China", *Environmental Development*, 2018, (12): 101-110.

曾红萍:《城市化路径的实践与反思:从就地城镇化到激进城市化》,《西北农林科技大学学报》(社会科学版)2015年第4期。

陈海龙、马长发:《跨区域人口城镇化迁移与城乡居民收入差距——理论模型与模拟分析》,《人口与经济》2020年第5期。

陈锡文:《工业化、城镇化要为解决"三农"问题做出更大贡献》,《经济研究》2011年第10期。

陈晓红、谭宇:《就地城镇化对区域消费市场影响的实证研究》,《经济地理》2015年第3期。

杜海峰、顾东东:《服务社会的哲学社会科学研究:从问题提出到理论与方法创新——以新型城镇化研究为例》,《西安交通大学学报》(社会科学版)2016年第5期。

冯海发:《对十八届三中全会〈决定〉有关农村改革几个重大问题的理解》,《农业经济问题》2013年第11期。

辜胜阻、李永周:《我国农村城镇化的战略方向》,《中国农村经济》2000年第6期。

焦晓云:《新型城镇化进程中农村就地城镇化的困境、重点与对策探析——"城市病"治理的另一种思路》,《城市发展研究》2015年第1期。

解垩:《城镇化与中国农村减贫》,《经济科学》2020年第3期。

李美洲、韩兆洲:《城镇化和工业化对农民增收的影响机制》,《财贸研究》2007年第2期。

林毅夫:《"三农"问题与我国农村的未来发展》,《农业经济问题》2003年第1期。

聂高辉、宋璐:《城镇化、基础设施投资与城乡收入差距——基于省级面板数据的实证分析》,《华东经济管理》2020年第2期。

庞新军、冉光和:《传统城镇化与就地城镇化对农民收入的影响研究:基于时变分析的视角》,《中国软科学》2017年第9期。

唐丽萍、梁丽:《适用与限度:我国就地城镇化研究》,《求实》2015年第7期。

王鹏飞、彭虎锋:《城镇化发展影响农民收入的传导路径及区域性差异分析——基于协整的面板模型》,《农业技术经济》2013年第10期。

王勇:《我国新型城镇化模式转变:从单向发展走向双向均衡》,《西安交通大学学报》(社会科学版)2014年第3期。

吴建忠、詹圣泽:《大城市病及北京非首都功能疏解的路径与对策》,《经济体制改革》2018年第1期。

杨卫忠:《农业转移人口就地城镇化的战略思考》,《农业经济问题》2018年第

1 期。

张建云：《转变传统城市化理念　以农业产业化带动农村就地城市化》，《理论学刊》2010 年第 9 期。

赵新平、周一星：《改革以来中国城市化道路及城市化理论研究述评》，《中国社会科学》2002 年第 2 期。

（审稿人：朱泯静）

B.14
广州建设人民满意的
服务型政府调查报告*

郑　慧**

摘　要： 为了掌握广州市民对广州建设人民满意的服务型政府的主观态
度，增强人民群众的获得感、幸福感和安全感，广州市统计局
2021 年利用万户居民调查网，对全市 11 区年龄在 18~65 周岁的
5000 名常住居民家庭户经济户主开展入户调查。调查结果显示：
广州市政务环境不断优化，政民互动氛围浓厚，提振市民对政府
落实"我为群众办实事"的信心。同时，群众公共服务体验较
好，基础医疗卫生服务最受关注。另外，市民希望在开设特殊人
群绿色通道、推进公共事务一体化办理平台建设等方面提供更人
性化的服务。并期待进一步完善医疗费用标准、加强房价调控以
及路面交通畅通管理，优化医疗、住房和公共交通服务。

关键词： 公共服务　政民互动　服务型政府

一　导言

（一）研究背景与意义

习近平总书记在庆祝中国共产党成立 100 周年大会上指出："江山就

---

　* 本文为"广州市统计局万户居民调查课题组"研究成果。
　** 郑慧，广州市统计普查中心助理研究员，研究方向为社会调查。

是人民、人民就是江山，打江山、守江山，守的是人民的心。"坚持以人民为中心，是习近平新时代中国特色社会主义思想的重要内容和核心理念。广州市始终坚持以习近平新时代中国特色社会主义思想为指导，深入学习贯彻习近平总书记对广东的重要讲话和重要指示批示精神，牢记习近平总书记关于实现老城市新活力、"四个出新出彩"的殷切嘱托，统筹推进"五位一体"总体布局，协调推进"四个全面"战略布局，通过开展党史学习教育、开展"我为群众办实事"活动，对标国内外最佳实践，不断创新公共服务供给方式，加快科技赋能便利化改革，促进各领域业务系统集成、数据共享，推动行政审批和政务服务革命性流程再造，破解群众全生命周期办事环节、时间成本的痛点难点堵点问题，以制度创新、服务转变构建便捷高效的政务环境，优化政府治理、建设人民满意的服务型政府，推进政府治理体系和治理能力现代化，努力打造服务型政府创建的"广州样本"。

2021 年 4 月，《广州市国民经济和社会发展第十四个五年规划和 2035 年远景目标纲要》指出，当前广州民生领域还存在短板，社会事业发展与人民群众期望仍有差距，"十四五"期间广州市民生福祉要取得新进步：公共服务体系更加完善，社会公平正义更加彰显，幼有善育、学有优教、劳有厚得、住有宜居、出有畅行、病有良医、老有颐养、弱有众扶、急有速应加快实现，平安广州、法治广州、幸福广州达到更高水平。为此，广州市不断推进"互联网+政务服务"改革，建设数字政府，实现对群众需求信息的一体化、整体性和高效化沟通与反馈，提高人民群众对政府服务的满意度。其中，"穗好办"平台是近些年广州市运用信息化手段推进电子政务改革、认真为民办实事的亮点，通过构建一体化在线服务平台，最大限度上提高群众办事便捷度，破除阻碍群众办事的隐形壁垒，极力增强群众获得感、幸福感、认同感，不断提升群众办事体验。

随着社会复杂度的不断提升，人民群众的公共服务需求呈现出多样化、多层次的特征，这种复杂的公共治理环境也增加了公共服务与公民偏好匹配的难度。民之所望、政之所向，衡量市民对公共服务的满意度有助于改善和监督公共服务。现阶段，市民对高标准高质量的公共服务又提出了更高的要求，公共部门只有充分了解市民的关注点，灵敏识别公共服务质量需求变化的趋势，只有政府和公众之间有良好的互动和沟通，政府才能了解市民的真实需求，知道政务工作有哪些不足，清楚政务工作改善的方向。在广州市不断深入推进"服务型政府"改革的背景下，如何加速政府职能向服务型转变，满足群众公共服务需求，提升人民群众对党和政府工作的满意度成为建设高质量政府的重要议题。

（二）研究目的

"公共性"是对服务型政府的基本定义，直接界定了政府服务的范畴。"政府主导、政民融合"模式相较于传统政务公开模式最大的不同就是政民融合，对服务型政府的探讨不能局限于抽象意义上的"服务"，必须进入更为具体的"服务什么"与"如何服务"这一实践性的问题中。只有充分了解民意，明确群众需求和期待，才能更好地发扬为人民服务的精神，提高为人民服务的本领。本文调查主要以广州市民意见为基础，从市民对政务环境、服务的体验评价以及对提高公共服务水平的看法和期待入手，深入探讨公共服务的需求和短板，并就如何回应群众关切、提高公共服务水平、建设人民满意的政府提出相应的对策建议。

（三）研究方法

本文调查数据来源于 2021 年广州市万户居民入户调查。以社区工作人员作为调查员，佩戴调查员证，手持广州市统计局统一下发的调查户地址信息，逐家逐户上门，调查对象使用手机扫描二维码答题，调查结果审核后直接上传至"广州市统计局万户调查平台"。

本次调查根据 2017 年广州市常住人口数据资料，按各辖区常住家庭户的分布比例，通过整群抽样方式，对广州市 11 区 41 条行政街 200 个社区，年龄在 18~65 周岁的 5000 名常住居民家庭户的经济户主开展入户调查。样本数量分布情况如表 1 所示。

表 1　全市样本数量分布

单位：户，个

地区	样本数	街道	社区居委会数
合计	5000	41	200
荔湾	500	4	20
越秀	625	5	25
海珠	750	5	30
天河	750	5	30
白云	750	5	30
黄埔	400	4	16
番禺	400	4	16
花都	225	3	9
南沙	200	2	8
从化	150	2	6
增城	250	2	10

调查样本覆盖各年龄层次群体，其中18~29岁、30~39岁、40~49岁、50~59岁、60岁及以上受访者占比分别为7.9%、28.4%、29.4%、22.5%、11.8%。从样本构成性别来看，男性2205人，占比为44.1%；女性2795人，占比为55.9%。从样本受教育程度来看，高中/中专/职高/技校的样本占比最高，为27.0%；本科和大专样本的占比也较高，分别为26.7%和24.3%。从样本就业状况来看，在业的样本占比最高，为61.5%；离退休人员样本占比次之，为21.1%。

本次调查采用问卷调查方式，调查时间为2021年7~8月，最终回收问卷5000份，有效问卷5000份，有效率为100%。并利用SPSS软件对搜集的数据进行处理，分析统计结果，撰写研究报告。

二　调查结果

（一）政务环境不断优化，政民互动氛围浓厚，提振市民对政府落实"我为群众办实事"的信心

1. 近九成市民认为广州政务环境不断优化

本次调查考察了市民对广州政务环境的看法，87.2%的市民认为广州政

务环境近年来有改进（"有很大改进"与"较大改进"合计，下同），其中，35.8%的人认为"有很大改进"，51.4%的人认为"有较大改进"。政务环境各分项指标均获得八成以上认可，依次是："服务态度"（86.9%）、"政务公开"（85.1%）、"工作作风"（84.7%）、"办事效率"（83.5%）以及"依法行政"（82.7%）。与2018年同类调查①相比，认为政务环境各分项指标有改进的市民占比持续提高，其中变化最大的是"依法行政"，提高9.2个百分点（见表2），政务公开的好评率也有较大提升，好评率从2018年的第4位上升到第2位。

表2　市民认为近年来政务服务环境各项指标不断优化的占比情况

内容	2021年(%)	2018年(%)	2021年比2018年提升（个百分点）
服务态度	86.9	83.9	3.0
政务公开	85.1	78.5	6.6
工作作风	84.7	82.2	2.5
办事效率	83.5	78.8	4.7
依法行政	82.7	73.5	9.2

2.市民对政民互动评价高，主动参与公共事务意愿强

充分听取人民意见，想人民之所想，急人民之所急，是建设人民满意的服务型政府的有效途径。广州一向高度重视听取民意，市民对此感受明显。调查结果显示，65.0%的市民认为近年来广州政民互动的环境"越来越好"，25.2%的人认为"变化不大"，仅有1.3%的人表示"越来越差"，另有8.5%的人选择"说不清"。

随着政民互动环境越来越好，市民也愿意主动与政府进行沟通。90.6%的市民表示在需要帮助或投诉建议时，会主动与政府相关部门进行联系，其

---

① 数据来源于广州市统计局2018年开展的关于市民对建设服务型政府的看法和期望的万户居民调查结果。

中，48.1%的市民表示"大多数情况会"，42.5%的市民表示"偶尔会"。不同年龄、受教育程度的群体，"从来不会"与政府相关部门联系的比例，都存在两头高、中间低的"U"形分布特征，其中受教育程度为"小学及以下"的市民，不主动联系政府的比例最高，为20.0%，远高于广州市平均水平（9.4%）。要多关心、关注老年人及受教育程度低等特殊群体，更好地发挥政策兜底线、保民生的作用。

3.九成以上市民对政府落实"我为群众办实事"有信心

当前，广州扎实推进"我为群众办实事"实践活动，市民对此举措表示满意，提振市民对政府的信心，满意度高达90.8%，其中，43.1%的人表示"很有信心"，47.7%的人表示"较有信心"，而表示"信心不大""没有信心"的市民分别仅占6.5%和0.6%，另有2.1%的市民表示"说不清"。

浓厚的政民互动氛围有效拉近了政府与民众的距离，认为政民互动环境"越来越好"的市民占比，远高于认为政民互动氛围"越来越差"的市民占比（42.9%）。总而言之，政府要持续听取民意，增强政民互动，不断提升政府的公信力。

（二）公共服务出亮点，群众办事体验好

1."穗好办"成公共服务亮点

广州市委、市政府通过每年办好"十件民生实事"等举措，不断满足人民群众对美好生活的向往。为了解市民对相关政策效果的评价，调查组选取广州近两年"十件民生实事"中的热点内容，询问了市民的看法。调查结果显示，在各项公共服务中，"打造'穗好办'政务服务品牌"受到最多市民点赞，点赞率为63.2%；半数以上的市民点赞"建设综合养老服务中心"（57.3%）和"继续推进老旧小区改造、旧楼加装电梯"（54.8%）。点赞率在四成以上的还有"交通拥堵点微改造""增加公办幼儿园、公办中小学学位""加强食品安全监管"（见表3）。

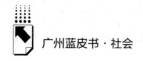
表 3　市民对十件民生实事的点赞情况

单位：%

内容	点赞率
打造"穗好办"政务服务品牌	63.2
建设综合养老服务中心	57.3
继续推进老旧小区改造、旧楼加装电梯	54.8
交通拥堵点微改造	44.8
增加公办幼儿园、公办中小学学位	44.2
加强食品安全监管	42.1
加大环境污染整治	38.2
建设口袋公园	33.6
继续新建地铁	31.2
优化高校毕业生就业环境	21.1

注：多项选择题，各项比例合计大于100%。

2. 各项公共服务中，市民最关注基础医疗卫生

民之所望、政之所向。只有充分了解市民的关注点，政府才能更精准地提升公共服务水平。本次调查要求市民选出三项关注的公共服务。调查结果显示，市民最关注的是"基础医疗卫生服务"，中选率为69.3%，明显高于其他选项，反映出市民对医疗卫生服务的强烈诉求；其次是"交通出行服务"，中选率为54.4%。中选率较高的还有"住房服务"（38.6%）、"社会保障"（36.3%）、"基础教育服务"（30.9%）与"养老服务"（25.7%）（见图1）。

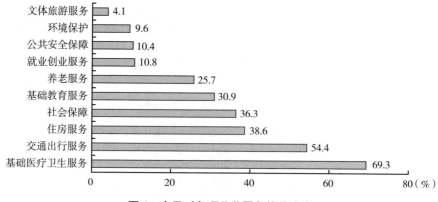

图 1　市民对各项公共服务的关注度

3.群众办事体验较好

不断提升群众办事体验，也是提高政务服务质量的重要方面。本次调查邀请市民就其在政府部门办理公共事务的体验进行打分。结果显示：市民办事体验平均分为 7.96 分，绝大多数（71.5%）的市民打分在 8 分以上，其中 13.9% 的市民给出满分，群众办事体验较好（见图 2）。另外，从市民个体办事体验来看，遇到过问题和困难的市民，办事体验评分相对较低，给出的平均分为 7.46 分，低于未遇到问题和困难的市民评分（8.88 分）。未来要进一步关注市民诉求和公共事务办理成效，做到事事有反馈、有落实，持续提升群众办事体验，增强人民获得感。

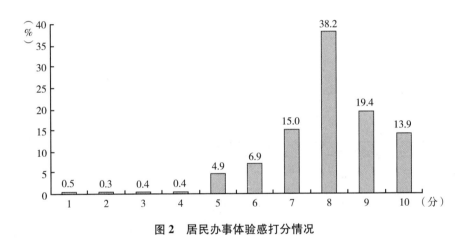

图 2 居民办事体验感打分情况

（三）积极满足群众公共服务需求，推动服务型政府建设

建设人民满意的服务型政府，既要优化政务服务环境，也要聚焦市民关注的热点问题，实现市民的期待。调查就民主化、人性化的政务服务及医疗、住房、交通等与民生紧密相关的公共服务，了解市民的诉求。

1.畅通沟通渠道，加强政民互动

如前文所述，90.6% 的市民表示在需要帮助或投诉建议时，会主动与政府相关部门进行联系，并向政府部门表达自己的意见和诉求；近两成

（19.4%）市民完全没有遇到过相关的问题。受教育程度越高的市民，遇到问题的比例越高，其中受教育程度为"研究生及以上"的市民，没遇到问题的比例为13.0%，远低于"小学及以下"的市民该项比例（27.0%）。

在向政府有关部门表达意见与诉求时遇到过问题的市民中，反映最为突出的是"反映渠道不畅通"，中选率为61.7%；其后依次是"回应处理的效果差""反馈方式较为烦琐""反馈时间长""反映后没有回应"，中选率均在四成以上（见表4）。

表4 市民或其家人向政府有关部门表达意见与诉求时遇到的问题

单位：%

内容	中选率
反映渠道不畅通	61.7
回应处理的效果差	45.1
反馈方式较为烦琐	41.6
反馈时间长	41.2
反映后没有回应	40.9

注：多项选择题，各项比例合计大于100%。

2.开设绿色通道，提供人性化政务服务

如何让政务服务更人性化？市民认为首先要"开设特殊人群绿色通道"，中选率为68.4%。六成左右的市民还关注办事便利性，希望能"推进公共事务一体化办理平台建设"（62.3%）和"推进公共事务随时办"（59.8%）。满足市民个性化的需求也是人性化政务服务的重要部分，半数以上的市民还希望"针对特殊情况特事特办"（50.8%）。此外，市民还希望"对市民普遍反映的薄弱、重点环节加大投入""推行容缺受理""提供更多表达意见渠道""提供'定制服务'"（见表5）。从以上数据可见，政府要关注特殊群体需要，同时继续完善政务服务平台建设，提供一站式、全天候的政务服务，进一步提升政务服务的人性化程度。

表5　市民有关提供更人性化政务服务的建议

单位：%

内容	中选率
开设特殊人群绿色通道	68.4
推进公共事务一体化办理平台建设	62.3
推进公共事务随时办	59.8
针对特殊情况特事特办	50.8
对市民普遍反映的薄弱、重点环节加大投入	42.8
推行容缺受理	38.6
提供更多表达意见渠道	34.2
提供"定制服务"	24.8

注：多项选择题，各项比例合计大于100%。

3. 聚焦"看病贵"，改进基础医疗卫生服务

"基础医疗卫生服务"是市民最关注的公共服务。调查组就此方面进一步了解市民的期望，结果显示，市民最希望能解决"看病贵"的问题，建议改善"医疗费用标准"（73.9%）和"基本医疗保险保障"（72.9%）的市民均在七成以上；希望"医疗资源分布"进一步改善的比例有56.2%，还有市民希望进一步改善"基层医院服务水平""医疗资源投入""诊疗信息共享""常态化疫情防控"（见表6）。

表6　市民希望基础医疗卫生服务进一步改善的方面

单位：%

内容	中选率
医疗费用标准	73.9
基本医疗保险保障	72.9
医疗资源分布	56.2
基层医院服务水平	47.8
医疗资源投入	37.7
诊疗信息共享	33.8
常态化疫情防控	21.2

注：多项选择题，各项比例合计大于100%。

4. 治理"路面拥堵"，优化交通服务

交通出行服务方面，路面拥堵给市民造成较大困扰，市民呼声最高的是改善"路面交通畅通管理"，中选率为61.8%。交通路网也是市民较为关注的方面，五成左右的市民希望改善"公共交通网线、站点布局"（51.1%）和"道路规划和维护"（48.5%）；此外，市民还希望改善"公共交通乘车环境""交通秩序管理""交通安全整治""信号灯设置和维护"等方面（见表7）。

表7 市民希望交通出行服务进一步改善的方面

单位：%

内容	中选率
路面交通畅通管理	61.8
公共交通网线、站点布局	51.1
道路规划和维护	48.5
公共交通乘车环境	47.5
交通秩序管理	42.7
交通安全整治	41.4
信号灯设置和维护	31.0

注：多项选择题，各项比例合计大于100%。

5. 加强房价调控，推动住有宜居

在住房方面，房价问题最受关注，七成多（71.1%）的市民认为最需要加强"房价调控"，远高于其他方面；排在第二位的是"老旧小区改造"，中选率为50.8%；市民还希望改善"保障房、公租房等政策""物业服务监管""住房公积金政策"，中选择率超过四成；对于"业委会监管""住房租赁市场监管""住房交易市场监管"等方面，也有部分市民希望改善（见表8）。

表 8　市民希望住房服务进一步改善的方面

单位：%

内容	中选率
房价调控	71.1
老旧小区改造	50.8
保障房、公租房等政策	48.6
物业服务监管	45.9
住房公积金政策	40.0
业委会监管	24.9
住房租赁市场监管	22.9
住房交易市场监管	18.5

注：多项选择题，各项比例合计大于100%。

三　结论与意见建议

（一）主要结论

党的十九大提出，必须多谋民生之利、多解民生之忧，在发展中补齐民生短板、促进社会公平正义。近年来，广州市建设服务型政府成效斐然，本次调查中市民对广州优化政务环境、提升公共服务质量给出了很高的评价。

（1）广州政务环境持续改善，政民互动氛围浓厚，提振市民对政府落实"我为群众办实事"的信心。调查结果显示：九成左右的市民认为广州政务环境有改进（87.2%），其中变化最大的是"依法行政"，与2018年同类调查相比，提高了9.2个百分点；随着政民互动环境越来越好，市民也愿意主动与政府进行沟通，90.6%的市民会主动寻求政府帮助；90.8%的市民对政府落实"我为群众办实事"有信心，其中对政民互动氛围评价好的市民比例更高。

（2）群众公共服务体验较好，基础医疗卫生服务最受关注。市民对在政府部门办理公共事务的体验打出7.96分的平均分。具体到公共服务事项中，市民最关注的是"基础医疗卫生服务"，中选率为69.3%，明显高于其

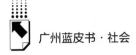

他选项，反映出市民对基础医疗卫生服务的强烈诉求。

（3）在人性化服务方面，市民希望政府通过"开设特殊人群绿色通道"（68.4%）、"推进公共事务一体化办理平台建设"（62.3%）与"推进公共事务随时办"（59.8%）提供更人性化的服务，半数以上的市民还希望"针对特殊情况特事特办"（50.8%）。

（4）在民生热点领域，市民期待以"医疗费用标准"（73.9%）和"基本医疗保险保障"（72.9%）为切入点改善基础医疗卫生服务；通过"路面交通畅通管理"（61.8%）和改善"公共交通网线、站点布局"（51.1%）解决路面拥堵，优化交通服务；持续加强"房价调控"（71.1%）和"老旧小区改造"（50.8%）推动住有宜居。

（二）意见建议

民之所盼，政之所向。习近平总书记多次指出，要坚持以人民为中心的发展思想，坚持发展为了人民、发展依靠人民、发展成果由人民共享。近年来，广州市建设服务型政府成效斐然，为人民群众带来了更多的获得感、幸福感和安全感。但是，与人民日益增长的美好生活需要相比，公共服务仍然存在一些薄弱环节，需要政府继续加大投入力度，补齐民生服务短板。根据本次调查结果，可以从以下五个方面进一步回应群众期待，满足群众需求，建设高质量政府。

（1）畅通沟通渠道，加强政民互动。要继续加强沟通渠道建设，拓宽群众表达诉求的渠道，要重点关注特殊群体的诉求表达，及时回应群众诉求，充分利用数字化平台优化沟通方式，提高政民沟通效率。

（2）开设绿色通道，提供人性化政务服务。为构建人民满意的服务型政府，需要提供更为人性化的公共服务，首先要开设特殊人群绿色通道，推进公共事务一体化办理平台建设和推进公共事务随时办。此外，满足市民个性化的需求也是人性化政务服务的重要部分，针对群众反映的特殊情况要特事特办。对于市民普遍反映的薄弱、重点环节加大投入并推行容缺受理，为市民提供更多表达意见的渠道以及为特殊群体提供定制服务，继续完善政务服务平台建设，提供一站式、全天候的政务服务，进一步提升政务服务的人性化程度。

（3）聚焦看病贵问题，改进基础医疗卫生服务。基础医疗卫生服务是市民最关注的公共服务。调查组就此方面进一步了解市民的期望，结果显示，市民最希望解决"看病贵"的问题。下一步，要持续完善医疗费用标准和基本医疗保险保障制度，推动医疗资源分布均衡，持续提升基层医院服务水平并加大基层医疗资源投入，推动诊疗信息共享以及做好常态化疫情防控。

（4）治理"路面拥堵"，优化交通服务。交通出行服务方面，路面拥堵给市民造成较大困扰。要通过改善路面交通畅通管理，完善公共交通网线、站点布局，做好道路规划和维护来推动解决拥堵问题；此外，还要不断改善公共交通乘车环境、加强交通秩序管理、开展交通安全整治和信号灯设置与维护，不断优化交通服务，满足市民出行需求。

（5）加强房价调控，推动住有宜居。以人民需求为导向，加强房价调控，推动老旧小区改造，持续改善人居环境；不断完善保障房、公租房等政策，加强物业服务监管、完善住房公积金政策，提升居住品质；推动业委会对住房租赁市场监管和住房交易市场监管，高水平实现住有所居。

建设人民满意的服务型政府，是落实以人民为中心发展思想的重要实践。坚持以人为本，执政为民，接地气、通下情，想群众所想、急群众所急、解群众所忧是公共服务供给的应有之义。调查结果显示，市民对广州政务环境、政民互动、公共服务等方面的工作成效持肯定态度，对政府落实"我为群众办实事"有信心，广州服务型政府建设取得了一定成效。但对标人民对美好生活的向往，还要进一步畅通政民互动渠道，关注特殊人群需要，加强政务服务信息化建设，提供更加民主化、人性化、便利化的政务服务，同时聚焦市民关注的看病贵、路面堵、房价高等问题，持续改进公共服务质量，补齐民生服务短板，让人民群众在共享改革发展成果中拥有更多的获得感、幸福感、安全感。

（审稿人：朱泯静）

专题篇 医疗卫生服务

Public Health Service

B.15

"健康广州"战略背景下
广州医疗卫生服务供需匹配研究

朱泯静 朱 蕾*

摘 要: "十四五"时期,广州将加快实施"健康广州"行动,力争成为
打造"健康中国"战略的样本示范城市。为实现这一目标,广州
准确把握居民医疗需求与医疗资源供给状况很有必要。因此,本
文构建医疗卫生服务发展指数分析2015~2019年广州医疗资源供给
状况,通过问卷调查剖析不断分化的居民医疗需求,在供需匹配框
架下研判医疗卫生服务供需矛盾。结果显示,当前供需矛盾表现在
高医疗需求与经费有限、优质医疗需求与医院软硬件发展受限、基
层医疗服务水平不高、看病贵等四方面。对此应从建立健全多元投
入机制、创新医疗卫生服务体制、多措并举提升基层医疗服务质量、
完善医保制度等方面入手,推动"健康广州"行动高质量发展。

* 朱泯静,博士,广州市社会科学院社会研究所副所长,副研究员,研究方向为公共服务、社
会政策、企业创新等;朱蕾,博士,广东财经大学讲师,研究方向为企业管理、人力资源管
理、计量经济学等。

关键词： 健康广州　医疗卫生服务　供需匹配

　　医疗卫生事业是保障人民健康的重要民生工程。党的十九大以来，以习近平同志为核心的党中央明确了新时代党的医疗卫生工作方针，把"健康中国"战略上升至国家战略，并出台一系列具体举措，为医疗卫生领域发展指明了前进的方向。广州作为国家中心城市、粤港澳大湾区核心引擎城市之一，积极落实党中央"健康中国"战略，在《中共广州市委关于制定广州市国民经济和社会发展第十四个五年规划和二〇三五年远景目标的建议》中部署全面推进"健康广州"战略，旨在把广州建设成为落实"健康中国"战略的重要窗口和示范区。

　　近年来，广州医疗卫生服务体系不断完善，建成了"医院+基层医疗卫生机构+专业公共卫生机构+其他机构"的覆盖城乡的医疗卫生服务体系，为居民提供疾病预防、筛查、检查、诊断、治疗、保健等服务，保障好居民健康。然而，随着社会转型、居民可支配收入的提高，居民对医疗卫生服务的需求不断分化和演变，医疗卫生服务供给与居民需求的矛盾不断凸显。那么，如何匹配居民医疗需求，优化医疗卫生服务供给将是高质量推进"健康广州"战略实施、提升人民满意度获得感的关键问题之一。

　　本文从供需两侧入手，采用综合评估、问卷调查等方法准确把握"健康广州"战略背景下广州医疗卫生服务供需状况，找出供需矛盾，并提出具有全局性、可操作性的对策建议。

一　指标构建与广州医疗卫生服务发展水平评估

　　现有研究医疗卫生服务发展状况的文献多采取构建指标体系进行评估的方式。遵循这一研究思路，本文从"投入-产出"视角构建医疗卫生服务发展指数，用以全面客观科学评估广州医疗卫生服务发展状况。其中，医疗卫生服务发展指数指标体系由四个一级指标（人力资源、物力资源、财力资源、服务效果）、21个二级指标构成，并采用等权法为每个指标进行权重赋值，详见表1所示。

表1 医疗卫生服务发展指数指标体系

序号	一级指标	二级指标	权重值
1	人力资源	每万人拥有卫生技术人员数	1/20
2		每万人拥有执业（助理）医师数	1/20
3		每万人拥有注册护士数	1/20
4		大专以上执业（助理）医师占比	1/20
5		每万人拥有疾控中心人员数	1/20
6	物力资源	每万人拥有医院数量	1/24
7		每万人拥有基层医疗机构数量	1/24
8		每万人拥有医院床位数	1/24
9		每万人拥有万元以上设备数	1/24
10		万元以上设备产出效率	1/24
11		平均每家医疗机构房屋建筑面积	1/24
12	财力资源	平均每家医疗机构总资产	1/12
13		卫生事业经费投入占财政支出比例	1/12
14		人均公共卫生事业经费投入	1/12
15	服务效果	平均预期寿命	1/28
16		孕产妇死亡率	1/28
17		5岁以下儿童死亡率	1/28
18		医师日均担负诊疗人次	1/28
19		医师日均担负住院床日	1/28
20		病床使用率	1/28
21		病床周转次数	1/28

资料来源：《广州市卫生和计划生育统计年鉴》（2015~2019年）。

经测算，结果显示如下。

第一，医疗卫生服务发展明显向好，处于"优秀"等级。广州医疗卫生服务水平呈现明显向上发展的态势，2015~2019年广州医疗卫生服务发展指数得分分别为0.827分、0.867分、0.887分、0.907分、0.924分（满分为1.000分），2019年比2015年高出0.097分。按照医疗卫生服务发展指数的划分标准，2019年广州医疗卫生服务水平属于"优秀"等级，得分高于0.900分。进一步分析，2015~2019年广州医疗卫生服务水平可划分为两个阶段：2015~2017年医疗卫生服务发展指数处于0.800~0.900分之间，属于"良好"阶段；2018~2019年医疗卫生服务发展指数得分均高于0.900分，处于"优秀"阶段（见图1、表2）。

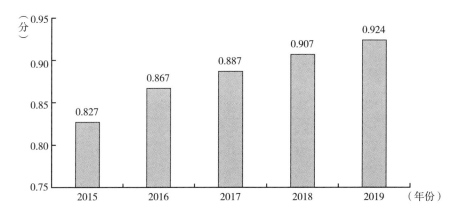

图1　2015~2019年广州市医疗卫生服务发展指数得分情况

表2　按照医疗卫生服务发展指数不同得分划分等级标准

得分区间	所属等级	得分区间	所属等级
<0.6	不合格	0.8~0.9	良好
0.6~0.7	一般	>0.9	优秀
0.7~0.8	合格		

第二，在医疗卫生服务发展指数各维度中，物力资源维度表现抢眼，而服务效果维度稍显落后。从分项来看，2015~2019年广州医疗卫生服务发展指数四个维度表现具有明显差异。首先，物力资源维度表现抢眼，硬件设施建设成效显著。2015~2019年物力资源维度得分从0.229分上升至0.247分，除2017年处于四个维度第二位之外（低于财力资源维度得分），其余年份均列四个维度的首位。其次，财力资源维度优化成效明显。2015~2019年财力资源维度得分分别为0.191分、0.225分、0.235分、0.237分、

0.244 分，呈现明显的上升态势，2019 年相较于 2015 年得分增长了 0.053 分，是四个维度中得分增长幅度最大的（物力资源维度、人力资源维度、服务效果维度的得分增幅分别为 0.018 分、0.021 分、0.005 分）。再次，人力资源维度稳中向好。2015～2019 年人力资源维度得分从 0.223 分增长到 0.244 分，在四个维度中，人力资源维度表现较为稳定，2018 年位列首位，其余年份维持在第二位。最后，服务效果维度表现稍落后。2015～2019 年服务效果维度得分分别为 0.184 分、0.178 分、0.188 分、0.193 分、0.189 分，呈现明显的波动特征，且一直处于四个维度中的末位（见表3）。

表3 2015～2019 年医疗卫生服务发展指数各维度得分

维度	2015 年	2016 年	2017 年	2018 年	2019 年
人力资源维度	0.223	0.231	0.232	0.239	0.244
物力资源维度	0.229	0.234	0.232	0.239	0.247
财力资源维度	0.191	0.225	0.235	0.237	0.244
服务效果维度	0.184	0.178	0.188	0.193	0.189
医疗卫生服务发展指数	0.827	0.867	0.887	0.907	0.924

第三，基层医疗卫生机构与设备数量渐增，但整体医院建筑面积亟待提升。物力资源维度由 6 个指标构成，分别是每万人拥有医院数量、每万人拥有基层医疗卫生机构数量、每万人拥有医院床位数、每万人拥有万元以上设备数、万元以上设备产出效率、平均每家医疗机构房屋建筑面积。

物力资源维度表现亮眼，在于每万人拥有基层医疗机构数量、每万人拥有万元以上设备数两项指标表现俱佳。2015～2019 年每万人拥有基层医疗卫生机构数从 2.38 个升至 3.04 个，2018 年、2019 年增长率分别为 12.5%、8.96%，增长明显（见图2）。每万人拥有万元以上设备数同样增幅较大，2019 年比 2015 年增长 22.13 台，尤其 2018 年、2019 年增长率分别为 8.62%、5.86%，增长显著（见图3）。这表明，物力资源维度中每万人拥有基层医疗卫生机构数量、万元以上设备数量等硬件设施改善力度大，体现出医疗卫生领域注重基层发展，医疗卫生领域的硬件投入得到改善。

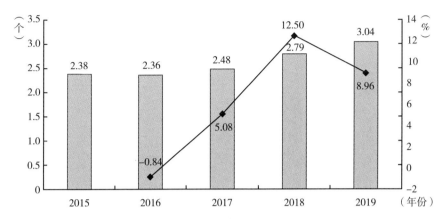

图 2　2015～2019 年每万人拥有基层医疗机构数及增长率

资料来源：《广州市卫生和计划生育统计年鉴》（2015～2019）。

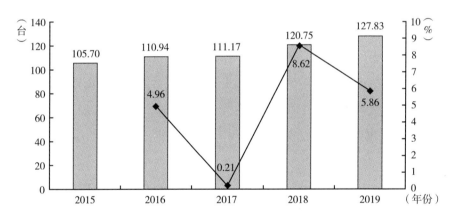

图 3　2015～2019 年每万人拥有万元以上设备数及增长率

资料来源：《广州市卫生和计划生育统计年鉴》（2015～2019）。

此外，每万人拥有医院床位数、万元以上设备产出效率、每万人拥有医院数量三个指标分别排在第二、三、四位。以每万人拥有医院床位数为例，该指标也有一定增长，从 2015 年的 60.75 张提高到 2019 年的 65.39 张。需要指出的是，平均每家医疗机构房屋建筑面积指标整体呈现下降趋势，从 2015 年的 2545.79 平方米下降至 2019 年的 2157.18 平方米，2019 年为 5 年来最低值（见图 4）。这可能是由于医院建设以城中心或靠近城中心为主，用于医疗机构建设的土地资源相对紧张，从而影响每家医疗机构房屋建筑面积指标，这也是物力资源维度中亟须关注的方面。

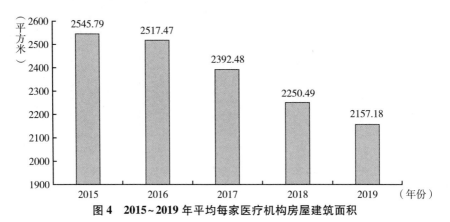

图4　2015～2019年平均每家医疗机构房屋建筑面积

资料来源：《广州市卫生和计划生育统计年鉴》（2015～2019）。

第四，人均经费投入增长明显，但较之北上深仍需强化。财力资源维度由平均每家医疗机构总资产、卫生事业经费投入占财政支出比例、人均公共卫生事业经费投入三个指标组成。首先，人均公共卫生事业经费投入显著增长，从2015年的999.05元上涨至2019年的1608.38元，平均年增长率高达12.84%（见图5）。

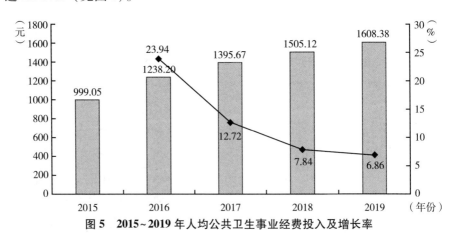

图5　2015～2019年人均公共卫生事业经费投入及增长率

资料来源：《广州市卫生和计划生育统计年鉴》（2015～2019）。

其次，在财力资源维度中排名第二的是平均每家医疗机构总资产，该指标5年间增幅同样较大，从2015年的2001.64万元增加至2019年的2419.41万元，平均年增长率为5.10%，尤其是2016年增长率高达16.64%（见图6）。

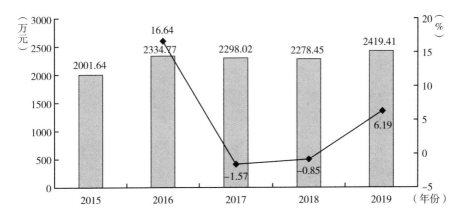

图6　2015~2019年平均每家医疗机构总资产及增长率

资料来源：《广州市卫生和计划生育统计年鉴》（2015~2019）。

最后，卫生事业经费投入占财政支出比例的表现整体稍差，2015~2016年卫生事业经费投入占财政支出比例上升，而2017~2019年其占比持续下降到6.86%。

值得注意的是，从城市间对比来看（见图7），北京、上海、广州、深圳四城市的人均公共卫生事业经费投入，深圳以2496.4元居第一位，北京以2481.47元排名第二，上海以2032.17元排名第三，广州以1608.38元排名第四，广州与深圳相差了888.02元。尽管广州在人均公共卫生经费投入上持续发力，但从横向对比来看，还应进一步加大公共卫生经费投入。

第五，人均医师护士规模攀升，但医护人员素质需继续提高。人力资源维度由每万人拥有卫生技术人员、每万人拥有执业（助理）医师数、每万人拥有注册护士数、大专以上执业（助理）医师占比和每万人拥有疾控中心人员数等指标构成。其中，2015~2019年每万人拥有执业（助理）医师数和每万人拥有注册护士数，呈现明显攀升的态势，人数规模

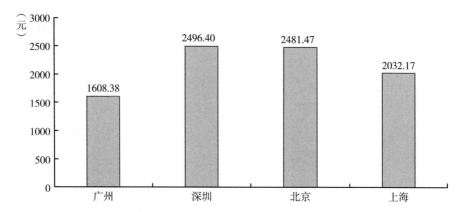

图7 2019年北京、上海、广州、深圳四市人均公共卫生事业经费投入

资料来源：各地统计年鉴。

明显提升。2015年每万人拥有执业（助理）医师数和每万人拥有注册护士数分别为31.48人、40.80人，2019年则分别为38.22人、50.84人，年平均增长率分别为5.05%、5.66%（见图8）。这一增长得益于执业（助理）医师数和注册护士数规模的增大，医疗卫生人力资源维度表现稳中有升。

图8 2015~2019年每万人拥有执业（助理）医师数和每万人拥有注册护士数

资料来源：《广州市卫生和计划生育统计年鉴》（2015~2019）。

从人力资源质量来看，大专以上执业（助理）医师占比呈现先上升后下降的趋势，从 2015 年的 93.81%上升至 2018 年的 95.06%，2019 年有所下降，降为 93.35%（见图 9）。这反映出医护人员整体队伍的素质还应持续强化。另外需注意的是，2015～2019 年广州市每万人拥有疾控中心人员数下滑（见图 10），尤其是在当前疫情背景下，疾控中心人员不足对疫情防控有消极影响，需进一步关注疾控中心人力资源建设。

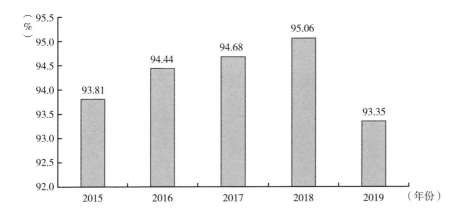

图 9　2015～2019 年大专以上执业（助理）医师占比

资料来源：《广州市卫生和计划生育统计年鉴》（2015～2019）。

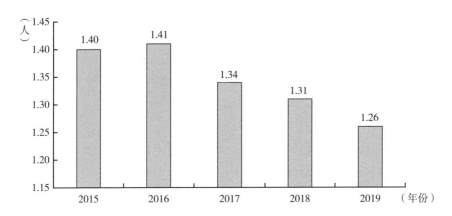

图 10　2015～2019 年每万人拥有疾控中心人员数

资料来源：《广州市卫生和计划生育统计年鉴》（2015～2019）。

第六，平均预期寿命保持增长，但医疗卫生服务效率有待提升。医疗服务效果维度由平均预期寿命、孕产妇死亡率、5岁以下儿童死亡率、医师日均担负诊疗人次、医师日均担负住院床日、病床使用率以及病床周转次数七个指标构成。首先，广州在孕产妇和儿童死亡率与预期寿命方面表现良好，孕产妇死亡率和5岁以下儿童死亡率保持着较低的水平，且呈现下降态势。从5岁以下儿童死亡率情况来看，从2015年的3.60‰震荡下行至2019年的2.78‰，是5年来的最低水平（见图11）。从孕产妇死亡率来看，从2015年的8.40人/10万波动下行至2019年的7.05人/10万（见图12）。广州市居民平均预期寿命指标也表现良好，逐年增加的平均预期寿命是表征广州医疗卫生服务效果的重要指标，2019年广州市人民平均预期寿命为82.52岁。

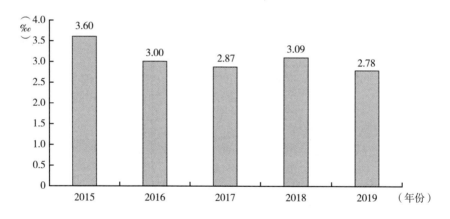

图11 2015~2019年5岁以下儿童死亡率

资料来源：《广州市卫生和计划生育统计年鉴》（2015~2019）。

其次在医疗卫生治疗效果方面，病床使用率表现为逐年提升，病床周转次数呈现出先上升后下降的趋势，整体的医疗卫生治疗效果在向好发展。

在医疗卫生服务效率方面，2015~2019年医师日均担负住院床日和医师日均担负诊疗人次两大医疗卫生服务效率指标呈现下行趋势。从医师日均担

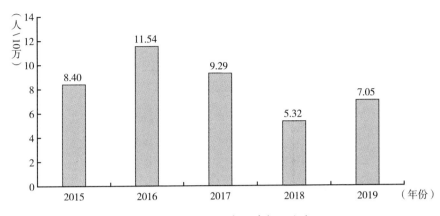

图 12　2015～2019 年孕产妇死亡率

资料来源：《广州市卫生和计划生育统计年鉴》（2015～2019）。

负诊疗人次来看，从 2015 年的 13.21 人次下降至 2019 年的 11.09 人次，下降 2.12 人次（见图 13）；从医师日均担负住院床日来看，从 2015 年的 1.60 床日下降至 2019 年的 1.40 床日，下降了 0.2 床日（见图 14）。由此可知，医疗卫生服务效率有待进一步提升优化。

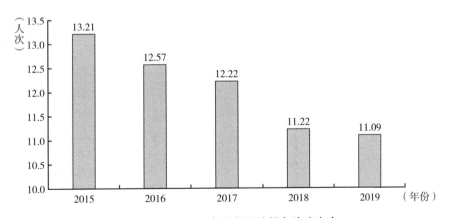

图 13　2015～2019 年医师日均担负诊疗人次

资料来源：《广州市卫生和计划生育统计年鉴》（2015～2019）。

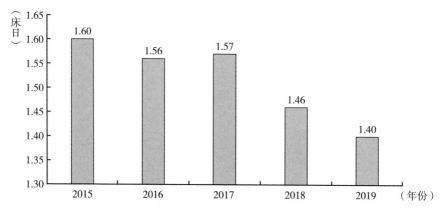

图14　2015～2019年医师日均担负住院床日

资料来源：《广州市卫生和计划生育统计年鉴》（2015～2019）。

二　基于问卷调查分析广州居民医疗卫生服务需求

通过问卷调查把握居民医疗卫生服务需求是学界普遍采取的方式之一。因此，本文基于2021年广州市社会科学院社会研究所组织开展的广州居民医疗卫生服务需求问卷调查数据分析广州居民医疗卫生服务需求。此次问卷调查共计回收1100份有效问卷，涵盖广州11个区。数据分析结果如下。

第一，居民满意整体医疗卫生服务，更期待基层医疗机构服务水平提高。通过问卷，分别询问了解被访者对于广州整体医疗卫生服务水平、广州医院分布情况、社区卫生服务中心或村卫生室的分布情况、社区卫生服务中心医疗水平、医疗事故发生情况的满意程度，采用10分制，1分表示完全不满意，10分表示完全满意。结果显示，广州居民对整体医疗卫生服务水平满意度为8.355分，按照居民对医疗卫生服务满意度划分标准，广州居民对整体医疗卫生服务水平评价为满意（见表4）。

进一步来看，各分项指标中广州居民对医疗事故发生情况的满意度为8.327分，排名第一。随后是对医院分布、对社区卫生服务中心或村卫生室分布情况的满意度，得分分别为 8.144 分、8.079 分，均处于满意水平。而社区卫生服务中心医疗水平满意度得分仅为 7.757 分，排名末位，有待进一步优化提升（见图 15）。总体而言，广州居民对整体医疗卫生服务较为满意，但社区卫生服务中心医疗水平有待优化。

表 4　居民对医疗卫生服务满意度划分标准

得分	等级	得分	等级
5~7 分	一般	9~10 分	非常满意
7~9 分	满意		

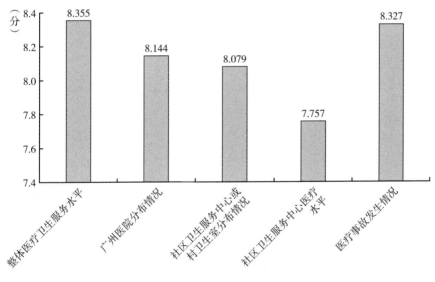

图 15　广州居民对医疗卫生服务满意状况

第二，外地居民对广州医疗卫生服务满意度高于本地居民。从不同户籍居民对广州医疗卫生服务满意度来看，外地居民对广州医疗卫生服务不同维度的满意度均高于本地居民。外地居民对整体医疗卫生服务水平、广州医院分布情况、社区卫生服务中心或村卫生室分布情况、社区卫生服务中心医疗水平、医疗事故发生情况的满意度分别为 8.577 分、

8.388分、8.284分、8.096分、8.541分，分别比本地居民高出0.404分、0.454分、0.382分、0.632分、0.399分（见表5）。其中，差距最大的是对社区卫生服务中心医疗水平满意度。这反映出，广州作为华南地区医疗高地，相较其他地区，医疗水平具有一定优势，外地居民对广州医疗卫生服务满意度较高。值得关注的是，外地居民和本地居民，对社区卫生服务中心医疗水平满意度均较低，亟须关注与提高。

表5 广州不同户籍居民对医疗卫生服务满意状况

单位：分

类　别	本地居民	外地居民
整体医疗卫生服务水平	8.173	8.577
广州医院分布情况	7.934	8.388
社区卫生服务中心或村卫生室分布情况	7.902	8.284
社区卫生服务中心医疗水平	7.464	8.096
医疗事故发生情况	8.142	8.541

第三，老年人对医疗卫生服务满意度高，中年群体存在医疗焦虑情绪。从不同年龄群体来看，61岁及以上的老年人对医疗卫生服务满意度得分较高。老年人对广州医院分布情况、社区卫生服务中心或村卫生室分布情况、社区卫生服务中心医疗水平、医疗事故发生情况的满意度得分分别为8.622分、8.757分、8.243分、8.811分，均排名第一，满意度明显高于其他年龄段群体。61岁及以上老年人对整体医疗卫生服务水平满意度得分为8.486分，排名第二，低于31~40岁群体满意度（9.397分）。

41~50岁的中年群体存在医疗焦虑现象，该群体对医疗卫生服务多维度满意度均较低。41~50岁群体对整体医疗卫生服务水平、广州医院分布情况、社区卫生服务中心或村卫生室分布情况满意度得分分别为8.058分、7.884分、8.000分，基本低于其他年龄层群体。整体而言，老年人对广州医疗卫生服务水平各维度满意度最高，中年群体满意度相对较低，存在一定焦虑情绪（见表6）。

表6　广州不同年龄段居民对医疗卫生服务满意状况

单位：分

类　　别	18~30岁	31~40岁	41~50岁	51~60岁	61岁及以上
整体医疗卫生服务水平	8.350	9.397	8.058	8.200	8.486
广州医院分布情况	8.179	8.12	7.884	7.973	8.622
社区卫生服务中心或村卫生室分布情况	8.051	8.126	8.000	7.840	8.757
社区卫生服务中心医疗水平	7.774	7.735	7.725	7.493	8.243
医疗事故发生情况	8.315	7.779	8.362	8.040	8.811

　　第四，居民医疗卫生服务凸显两大诉求：降费、提质。居民医疗卫生服务诉求通过多选题询问"广州居民对医疗卫生服务不满意的维度"来了解分析。结果显示，57.4%的广州居民对医疗费用负担较重表示不满意，这一比例超过了50%。其次，分别有43.69%、36.42%、34.33%的广州居民对优质医疗资源配置、社区卫生服务中心医疗水平较低、优质医院分布不合理表示不满意。另外，还有21.53%、19.89%、18.98%的广州居民对医疗信息获取难度大、医患关系紧张、基层医疗机构应对突发公共卫生事件不及时表示不满意（见图16）。这说明，广州居民医疗卫生服务诉求中，最为期待的是医疗费用降低、获得优质医疗资源及提高基层社区卫生服务水平。

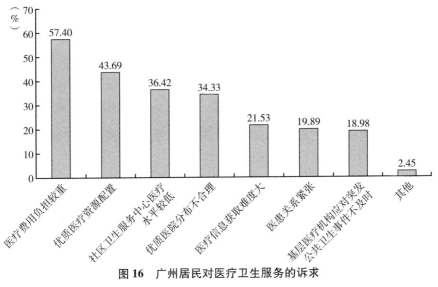

图16　广州居民对医疗卫生服务的诉求

第五，不同收入群体对医疗卫生服务的诉求是不同的。从不同收入群体对医疗卫生服务不满意维度来看，排名第一位的仍是医疗费用负担较重问题，分别有 67.41%、56.19%、53.46%、53.33%、53.33%、47.76% 的月收入 7000 元以下、7000～14999 元、15000～19999 元、20000～24999 元、25000～29999 元、30000 元及以上群体不满意医疗费用负担重，且收入越低的群体越期待医疗费用降低。

排名第二的不满意维度为优质医疗资源配置，不同收入群体不满意度有差异。另外，月收入 7000 元以下群体对社区卫生服务中心医疗水平较低感到不满意（37.70%），月收入 7001～14999 元、15000～19999 元、25000～29999 元群体对优质医院分布不合理感到不满意（分别为 34.74%、45.91%、50%），月收入 30000 元及以上群体对优质医疗资源配置与社区卫生服务中心医疗水平较低感到不满意（分别为 38.81%、38.81%）（见表7）。数据结果说明，随着居民收入的提高，对优质医疗资源的诉求更为强烈。

表 7 广州不同收入居民对医疗卫生服务的诉求

单位：%

月收入	7000 元以下	7001～14999 元	15000～19999 元	20000～24999 元	25000～29999 元	30000 元及以上
优质医疗资源配置	0.0	0.0	0.0	0.0	40.00	38.81
优质医院分布不合理	27.48	34.74	45.91	34.67	50.00	34.33
社区卫生服务中心医疗水平较低	37.70	32.93	35.85	37.33	40.00	38.81
医疗费用负担较重	67.41	56.19	53.46	53.33	53.33	47.76
医疗信息获取难度大	23.00	19.34	20.75	20.00	23.33	20.90
基层医疗机构应对突发公共卫生事件不及时	20.77	17.22	18.87	18.67	13.33	19.40
医患关系紧张	22.04	20.85	19.50	17.33	20.00	19.40
其他	1.60	3.32	1.26	2.67	3.33	1.49

三 供需匹配框架下广州医疗卫生服务供需矛盾分析

（一）人口持续流入的高医疗需求与医疗经费投入有限之间的矛盾

广州一直都是人口流入的大城市，2021年广州常住人口为1881.06万人，居全国第五位。从第六、七次全国人口普查数据对比来看，2020年广州常住人口较之2010年增加598万，人口增长量居全国第二位。这体现出，广州作为国家中心城市、粤港澳大湾区核心引擎之一，经济发展具有强劲活力、社会发展持续向好，吸引大量外来人口到穗就业。人口规模的持续增加带来了医疗卫生服务需求的高增长。

但从医疗卫生服务领域发展来看，作为民生工程，医疗卫生经费投入是影响其发展的重要因素之一。近年来广州人均公共医疗卫生经费投入明显提高，但是在北上广深四城对比中，广州人均公共医疗卫生经费投入处于末位。医疗卫生经费投入的有限与高医疗卫生服务需求矛盾凸显，这将影响广州医疗卫生服务的高质量发展，也影响高质量落实"健康广州"行动进程。

（二）居民期待优质医疗卫生服务与医院软硬件发展受限之间的矛盾

"十三五"时期，广州人均地区生产总值突破2万美元，达到高收入经济体水平；从人均可支配收入来看，城镇常住居民为68304元，农村常住居民为31266元，分别比2019年增长了5.0%、8.3%。随着居民收入的提高，居民对美好生活的向往增加，对优质医疗卫生服务的需求愈加强烈。

虽然医院发展整体向好，高水平医院数位居全国第三，但在医院硬件和软件发展上存在一定制约。一是医疗机构房屋建筑面积指标2015~2019年持续下滑，制约医院优质化发展；二是人力资源素质呈现下降趋势，2015~2019年大专以上执业（助理）医师占比先上升后下降，这从一个侧面反映出人才素质有下降趋势，不利于医院高水平发展；三是医院服务效率呈下行

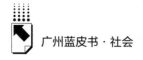

态势。从 2015~2019 年医师日均担负诊疗人次、医师日均担负住院床日两个指标来看，震荡下行，医院服务效率待提升。

（三）居民对基层医疗服务质量提升有期待与其水平不高之间的矛盾

随着分级诊疗制度的推行，基层医疗卫生服务机构迎来了发展的春天。2015~2019 年广州基层医疗卫生服务机构数量明显增长，每万人基层医疗卫生机构数量从 2.38 个升至 3.04 个。随着基层医疗卫生服务机构数量的不断增多，广州基本实现城市 15 分钟和农村 30 分钟医疗卫生服务圈，推动广州医疗卫生服务均等化发展。但是，基层医疗卫生服务机构薪酬待遇不高、晋升空间有限等导致其服务水平并不高。由此可看出，居民对基层医疗卫生服务机构的医疗服务水平满意度较低，期待其提高服务质量是居民的集中诉求。

（四）看病贵是医疗领域的突出问题之一，居民期待医疗费用降低

从多家医疗研究机构的排名可知，广州当前综合医疗水平仅次于北京、上海，列全国第三位。但是广州看病贵问题一直存在。居民期待医疗费用的有效降低。从此次问卷调查也可看出，超过半数的广州居民对医疗费用负担较重表示不满意，期待进一步改善。

四　高质量推动"健康广州"行动的对策建议

针对前述广州医疗卫生服务领域表现的供需矛盾，按照高质量落实"健康中国"战略、"健康广州"总体方案的要求，我们提出如下对策建议。

（一）进一步优化医疗卫生领域多元投入机制，增强医疗卫生服务能力

一是构建"财政为主体+多渠道相结合"的多元投入机制，加强医疗卫生服务机构的筹资能力。根据各年广州经济发展水平、医疗服务需求等因素

动态增加财政资金对医疗卫生领域的投入，同时，鼓励社会资本参与医疗卫生事业发展，以保障医疗卫生事业发展的资金所需。二是完善医疗卫生服务领域投入绩效管理。建立适应新时代医疗卫生事业发展要求的投入绩效管理机制，从预算编制到经费使用再到绩效考核开展全周期、全流程医疗卫生服务投入绩效评估，强化对资金使用的监管，提高医疗卫生服务机构资金支出的效率和效果。

（二）进一步创新医疗卫生服务体制机制，提升医疗卫生机构软硬件实力

一是统筹规划优质医疗卫生资源的区域配置，逐步提高医疗卫生服务效率。站在全市层面，从人口密度、地理位置、居民收入等维度优化医疗卫生服务机构布局，按照未来人口医疗卫生需求设置不同类型的医疗卫生服务机构，缩小全市各区之间医疗卫生服务水平差距。二是创新医疗卫生服务机构人员管理制度。加快公立医疗卫生服务机构薪酬制度改革，在落实习近平总书记关于"两个允许"的重要指示中，创新性允许医疗卫生服务机构扣除成本后提出部分资金用于人员奖励，重点奖励临床一线、关键岗位、业务骨干和做出突出贡献的医务人员。改革公立医疗卫生服务机构编制管理制度，建议推进编制备案制，赋予公立医疗卫生服务机构用人的自主权，在收入分配、职称评定、管理使用等方面给予审批编制和备案编制人员同等待遇，优化医疗队伍结构。

（三）进一步向基层医疗卫生机构倾斜，提高基层医疗卫生机构服务质量

一是制定切实可行的基层医疗卫生服务机构人才培养计划。按照居民就医特点，有针对性地对现有医务人员开展技能培训，强化对常见多发病诊疗、慢性疾病救治的训练，提升基层医疗卫生服务机构医务人员诊疗能力和技术。同时，选拔和鼓励符合条件的医生到高等医学院校接受学历教育，健全对口帮扶机制，搭建医联体内三级医院与基层医疗卫生机构医务人员的交

流平台，衔接好基层医务人员与上级医院医务人员交流互动学习。二是加大对基层医疗卫生服务机构的人才倾斜政策。创新基层医疗卫生服务机构收入分配和晋升制度，允许适度增加基层补助、津贴，提高基层医务人员收入待遇；职称评定向基层倾斜，单独设立职称评审委员会，从医风医德、看病数量、服务质量等维度考核基层医务人员，以留住优秀医务人员服务基层。三是采用"互联网+医疗""互联网+分级诊疗"和远程医疗等新模式，让优质医疗资源下沉基层，提升基层医疗服务能力，让居民首诊主动在基层。

（四）进一步优化完善医保制度和医疗价格机制，有效解决看病贵难题

一是完善多层次、全覆盖、多项目医疗保险制度，增强居民抗风险能力。从扩大城乡居民医疗保险入手提高医保普及率。完善基本医疗项目，进一步提升特大重疾病的补偿比重。落实分级诊疗制度，强化医保向基层医疗卫生服务机构倾斜力度，为低收入群体提供兜底型医疗服务。二是进一步优化医疗价格机制，建立健全相对规范、科学、合理的医疗卫生价格体系。加大监督管理力度，加强不合理差价整顿，清理大型贵重仪器购置与药品价格虚高问题。试行单病种收费制度，对常见病、多发病试行最高限价制度。三是从严审核、全面整顿药品生产流动市场，改革价格管理方式方法，引入市场竞争机制，除对特殊的药品、耗材之外，其他药品开放价格管制，以市场化方式降低药品价格。

（审稿人：付舒）

B.16
广州医疗保险制度发展面临的
供需矛盾及优化策略

付 舒 余封亮*

摘 要: 目前,广州已形成兜底线、多层次、全覆盖的特色医疗保障制度体系。从供给侧看,广州医疗保险参保人数逐年提升,企业和个人缴费负担不断减轻,按病种分值付费的医保支付改革取得明显成效,药品集团采购改革有效降低药品交易成本。从需求侧看,被访者的基本医疗保险参保率和满意度均较高,基本医疗保险能够明显减轻居民就医负担。目前,广州医保的供需矛盾主要体现为:居民对医保的支付期待与实际支付水平之间存在差距,居民对医保制度的理解和制度设计初衷存在偏差,居民对补充医疗保险的认可度和参与度还有待提升。对此建议:优化门诊慢特病、重特大罕见疾病的医保制度,合理降低居民医疗支付负担;职工医保个人账户的使用逐步过渡到以家庭为单位;积极推动商业健康保险发展,努力构建多层次相互衔接的医疗保障体系;提高医疗保险经办体系信息化程度,促进大湾区异地就医便利性。

关键词: 医疗保险 医疗保险需求调查 供需协调

国家在"十四五"规划和 2035 年远景目标纲要中,制定了医保制度在

---

* 付舒,博士,广州市社会科学院社会研究所副研究员,研究方向为社会政策、社会保障;余封亮,西安交通大学马克思主义学院在读博士,仲恺农业工程学院经贸学院助理研究员,研究方向为社区教育与治理。

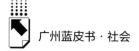

全面建设社会主义现代化强国的新征程中实现高质量和可持续发展的目标。《"十四五"全民医疗保障规划》进一步提出了未来五年医疗保障事业发展的指导思想、基本原则和发展目标。广州近年来持续深化医疗保障制度改革,将医疗保障制度作为基础性、普惠性、兜底性的民生保障工程,在积极响应医保减税降费政策、实施补充医疗保险试点、探索医保支付方式改革、智慧医保工程实践等方面均取得明显成效,显著增强了人民群众的安全感、获得感和幸福感。然而,随着人民群众对解除疾病后顾之忧的期盼愈发强烈,未来如何进一步释放医疗改革红利,切实减轻人民群众的看病就医负担成为党和政府最为关切的现实问题。

为梳理广州医疗保险制度发展的路径,明确新时代人民群众的医疗服务基本需求,本文从医疗保险的供需两侧出发,着力把握人民群众对医疗保险发展的主要诉求。其研究的意义在于发现医保制度供需间的主要矛盾,为进一步推进医保政策完善、健全体制机制、提升服务效果、增强医疗服务公平性提供政策建议。

一 广州医疗保险制度供给状况分析

目前,广州已形成兜底线、多层次、全覆盖的特色医疗保障制度体系。该体系包括基本医疗保障、补充医疗保障与兜底保障三大类。基本医疗保障有职工医疗保险、城乡居民社会医疗保险、生育保险;补充医疗保障有职工重大疾病医疗补助、职工补助医疗保险、城乡居民大病医疗保险、长期护理保险、商业补充保险(穗岁康);兜底保障是指为困难群众提供医疗救助。广州医疗保险的供给情况可以从参保范围、基金运行、筹资结构、待遇支付和经办能力五个方面进行分析。

(一)参保人数稳步提升,制度运行负担较轻

2016年末到2020年末(见表1),广州基本医疗保险参保人数从1096.38万人增至1348.14万人,增幅为22.96%。其中,城镇职工基本医

疗保险参保人数从 636.82 万人增至 844.2 万人，增幅为 32.56%。在城镇职工参保人员中，在职人员参保人数 714.84 万人，退休人员参保人数 129.36 万人，在职退休人数比为 5.53∶1，职工医保覆盖的人群结构较为合理，制度运行负担较轻。城乡居民基本医疗保险参保人数从 459.56 万人增至 503.94 万人，增幅为 9.66%。在城乡居民参保人员中，未成年人和中小学生 218.57 万人，大中专学生 119.06 万人，非从业居民 102.10 万人，老年人 64.21 万人，制度运行负担也较轻。

表 1　2016 年末至 2020 年末广州基本医疗保险参保人数

指标	2016 年末		2017 年末		2018 年末		2019 年末		2020 年末	
	人数（万人）	增幅（%）	人数（万人）	增幅（%）	人数（万人）	增幅（%）	人数（万人）	增幅（%）	人数（万人）	增幅（%）
基本医疗保险	1096.38	4.2	1161.68	6.0	1247.70	7.4	1302.20	4.4	1348.14	3.5
其中:城镇职工基本医疗保险	636.82	4.8	684.28	7.5	751.95	9.9	803.13	6.8	844.20	5.1
城乡（镇）居民基本医疗保险	459.56	3.3	477.40	3.9	495.75	3.8	499.08	0.7	503.94	1.0

资料来源:《广州市国民经济和社会发展统计公报》（2017~2021 年）。

除基本医疗保险外，广州积极推进"穗岁康"补充医疗保险。在政策覆盖上强调普惠性，其可参加的人员范围为已参加广州社会医疗保险的人员（包括职工医保、城乡居民医保参保人员）以及参加广州其他医疗保障的人员（含省、市、区分级管理的参保人员，本市行政区域内单位单独管理的人员），且该保险不限投保年龄和既往病症，均可按照自愿参保原则选择参加。选择参加"穗岁康"的参保人，按每年每人 180 元的标准投保缴费。职工医保参保人可以按规定从其个人账户中划扣，也允许使用本人的个人账户资金为其直系亲属缴纳保费。"穗岁康"报销比例为 50%~80%，年度最高支付限额合计超过 235 万元，截至 2021 年 1 月 31 日，"穗岁康"总参保人数为 367 万。①

---

① 《升级版"穗岁康"来啦！覆盖常住居民、见义勇为人员》，《广州日报》，https：//baijiahao. baidu. com/s？id＝1714668324891759942&wfr=spider&for=pc，2021 年 10 月 26 日。

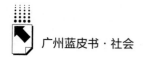

（二）企业和个人缴费负担减轻，筹资结构不断优化

近年来，广州城镇职工基本医疗保险缴费率呈明显下降趋势。《广州市社会医疗保险办法》规定，职工个人缴费率为2%，用人单位缴费率为8%，灵活就业人员、退休延缴人员、失业人员的缴费率为10%。为认真贯彻国家、省、市关于供给侧结构性改革和减税降费工作的部署和要求，广州自2016年10月1日至2020年1月31日，将用人单位缴费比例从8%降至5.5%，灵活就业人员、退休延缴人员、失业人员的个人缴费比例从10%降至7.5%。新冠肺炎疫情后，在2020年2月1日至6月30日期间，将用人单位缴费比例从8%降至3.5%，2020年7月1日至12月31日，调升用人单位缴费比例为5.5%，灵活就业人员、退休延缴人员、失业人员的个人缴费比例保持7.5%。

在城乡居民医疗保险方面，广州基本实现每年动态调整筹资标准，使之与社会经济发展水平相适应。根据《广州市人民政府办公厅关于印发广州市城乡居民社会医疗保险办法的通知》（穗府办规〔2017〕24号）规定，城乡居民医疗保险缴费标准与城乡居民人均可支配收入相衔接，以本市上年度城市常住居民家庭人均可支配收入和农村常住居民家庭人均可支配收入的算术平均数为缴费基数，缴费率为2.42%。在具体的筹资责任分担上，采取个人缴费和财政补贴相结合的方式，具体分担比例见表2。

表2　2019~2021年广州城乡居民基本医疗保险筹资比例

年份	在校生个人缴费比例（%）	其他参保人员个人缴费比例（%）	财政补助比例（%）	财政补助标准
2019	0.73	0.73	1.69	667元/人
2020	0.73	0.85	1.57	在校生727元/人 其他居民675元/人
2021	0.73	0.97	1.45	在校生794元/人 其他居民681元/人

（三）报销水平不断提高，支付方式改革走在全国前列

广州按照"统一政策、统一管理、基金统筹"的原则，对参保人员实施"同城同待遇"，基本形成了"重点保大病、适度保小病"的全面医疗保障待遇。目前广州职工基本医疗保险和城乡居民医疗保险年度最高支付限额有大幅度提高，住院基本医疗费用的总体平均报销比例和门诊特定病种数量均有明显提高和扩大。

对医疗机构来讲，广州近年来积极探索将大数据、智能化应用于医保支付的按病种分值付费改革，以引导医疗机构规范服务，提高医保基金的使用效率。该方法根据全市医疗机构近三年的住院病历按照临床真实数据，建立"疾病诊断+治疗方式"分组，形成"大病重病分值高、小病轻病分值低"的病种分值。通过实施区域点数法总额控制预算，根据年度医保支付总额和全市总分值计算分值单价，实现对医疗机构的标准化支付。这种医保支付方式较好地将管理重点从对医院基金分配的"分蛋糕"模式转移到医疗机构在公开透明规则下的"争蛋糕"模式，有利于倒逼医疗机构提高服务质量。

（四）积极开展异地就医对接，药品集团采购改革有效降低药品交易成本

作为华南地区的医疗高地以及粤港澳大湾区的重要节点城市，广州异地就医需求不断增加。对此，广州积极推进异地就医联网结算医疗费用的方式，将符合条件的定点医疗机构接入国家、省异地结算平台，目前已有325家定点医疗机构正式通过省平台与国家平台互通，为全国的异地就医参保人员提供互联网结算服务。同时广州市亦选定了省外42525家异地定点医疗机构为本市参保人提供跨省异地就医联网服务。[①]

[①] 《药品降费幅度超25%！广州GPO平台为群众减轻药费负担》，《羊城晚报》，https://baijiahao.baidu.com/s？id=1684407901381698814&wfr=spider&for=pc，2020年11月26日。

为进一步挤压药品交易中的不合理利润空间，广州积极推进广州药品集团采购（广州GPO）改革。该平台始终坚持纯公益性的运作模式，有效降低药品交易成本。广州GPO平台的建设和运维经费均由财政全额保障，不向交易各方收取会员费、服务费等任何费用，平台结算账户产生的利息全部返还给医疗机构。医疗保险局公布信息显示，截至2020年10月底，广州GPO平台上线34781个产品、为4284家企业和1540家医疗机构提供线上交易服务，累计采购金额超643亿元。与广州市2017年公立医疗机构综合改革之前相比，药品总体降费幅度超25%。按广州GPO实际采购价格计算，2019年可节约采购费用约38.97亿元。2020年1月至10月节约采购费用39.35亿元。医保患者药费负担减少约2.2亿元，广大群众切实得到实惠。[①]

二 广州医疗保险制度的民生需求分析

从人民群众的需求角度看，本部分通过设计调查问卷，从居民基本医疗保险、补充医疗保险参保率，居民对基本医疗保险保障效果及满意度评价，医保制度设计认可度以及现存制度不足等方面进行调查。此次调查于2021年8月开展，样本涵盖广州所有市区，共回收1101份有效样本。其中，男性占比为49.50%、女性占比为50.50%；初中及以下占比为15.53%，高中（含中专）占比11.63%，大专及以上占比为72.84%。

（一）居民参保率较高，且初步具备补充保险参与意识

在本次调查中，被访者的基本医疗保险参保率较高，达到93.4%。其中，"城镇职工基本医疗保险"参保率为59.4%，"城乡居民基本医疗保险"参保率为26.2%，"公费医疗"参保率为7.8%。在补充医疗保险中，参加"商业健康保险"和"大病补充保险"的占比较高，分别达到38.1%和33.1%；也

---

① 《两大创新举措为参保人减负 医保"广州经验"将向全国推广》，广州市医疗保障局，http://www.gz.gov.cn/gzybj/gkmlpt/content/6/6941/post_6941359.html#14465，2020年11月30日。

有少量被访者表示参加了"长期护理保险"，占比9.3%；表示"没有参加"任何补充保险的人数占比为35.5%（见表3）。总体而言，广州居民基本医疗保险的参保率较高，且被访者对于补充医疗保险也有较强的参与意识。

表3 参加的医疗保险类型

类别	类型	数量（人）	占比（%）
基本医疗保险	城镇职工基本医疗保险	654	59.4
	城乡居民基本医疗保险	288	26.2
	公费医疗	86	7.8
	没有参加	73	6.6
补充医疗保险	大病补充保险	340	33.1
	长期护理保险	96	9.3
	商业健康保险	392	38.1
	其他	8	0.8
	没有参加（互斥）	365	35.5

从最近一年医疗保险支付住院费用的方式来看，城镇职工基本医疗保险的使用比例为25.3%，城乡居民基本医疗保险的使用占比为14.5%，完全自费的占比为11.4%。此外，有部分被访者使用公费医疗和商业保险，占比分别为9.2%和7.8%，使用异地医保支付方式的被访者占比为7.3%。未使用任何支付方式支付住院费用的占比为35.2%（见表4）。

表4 最近一年医疗保险结算方式

结算方式	数量（人）	占比（%）
公费医疗	101	9.2
城乡居民基本医疗保险	160	14.5
城镇职工基本医疗保险	279	25.3
异地医保	80	7.3
商业保险	86	7.8
完全自费	126	11.4
不清楚/不知道	28	2.5
未使用任何方式	388	35.2

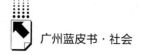

（二）医保健康保障作用较大，能够减轻居民就医负担

调查中，有 33.5% 的居民认为参加基本医疗保险对身体健康的保障"作用很大"，有 31.6% 的居民认为"有较大作用"，两者合计占比达到 65.1%；表示"有一些作用"的居民占比为 27.7%，表示"没多大作用"和"根本没作用"的占比合计 7.2%（见图 1）。相比较而言，参加城镇职工基本医疗保险（37.3）和公费医疗（37.2）的居民认为基本医疗保险的"作用很大"的比例要高于参加城乡居民基本医疗保险（23.6%）的比例。而表示"有一些作用"的城乡居民基本医疗保险参保者比例（30.9%）要高于其他两项基本医疗保险（城镇职工基本医疗保险 26.9%，公费医疗 23.3%）。也就是说，虽然基本医疗保险对居民身体健康的保障作用受到了普遍认可，但不同保险制度对居民健康的保障程度是存在差异的。

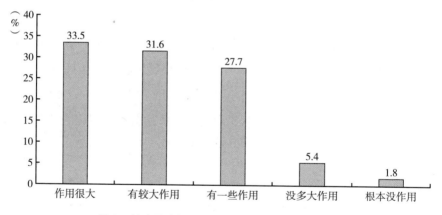

图 1　基本医疗保险对居民健康保障作用的评价

从居民基本医疗保险的缴费水平看，认为目前的缴费"可以承受"的占比为 63.1%，表示"有点困难"的占比为"26.9%"，表示"不能接受，费用太高"的占比为 9.9%（见表 5）。总的来说，绝大多数居民可以承受目前的基本医疗保险缴费。但是参加城乡居民基本医疗保险的居民表示"有点困难"和"不能接受，费用太高"的比例均要高于参加另外两种制度安排

的人群，也就是说，城乡居民对于基本医疗保险的缴费已感到一定压力。

从居民对基本医疗保险的支付水平看，认为参加基本医疗保险后"大大减少了"医疗费用的占比为36%，"减少一些"的占比为53.2%，两者合计达到89.2%；表示"没有太大变化"的占比为10.8%。在本次调查中，有175位被访者表示在过去一年中住过院，住院花费的均值为18934.43元，个人自付的费用均值为8577.02元。也就是说，通过基本医疗保险住院费用报销的比例在55%左右，而个人自付医疗费用仍然对居民构成较大的经济压力。

表5 基本医疗保险缴费接受程度与支付水平评价

项目	评价	数量（人）	占比（%）
缴费水平	可以承受	649	63.1
	有点困难	277	26.9
	不能接受，费用太高	102	9.9
	总体	1028	100
支付水平	大大减少了	370	36.0
	减少一些	547	53.2
	没有太大变化	111	10.8
	总体	1028	100

（三）医保设计得到居民认可，居民满意度评价较高

总体来讲，被访者对目前的基本医疗保险制度满意度较高，表示"非常满意"和"比较满意"的占比合计为77.2%，表示"不太满意"和"非常不满意"的占比合计为22.7%（见图2）。其中，参加公费医疗的居民表示"非常满意"的占比要高于参与其他两项制度安排的居民占比，而参加城乡居民基本医疗保险的居民表示"不满意"和"非常不满意"的比例要高于参加其他两项制度安排的比例。

总体来说，居民最满意的方面是"使用医保卡就医相对简单方便"，占比41.7；其次是"实用性强，为百姓减轻了经济负担"，占比37.5；再

次是"覆盖范围广,真正做到城乡统筹"和"缴费时无须先垫付需报销的部分",占比分别为 30.8% 和 30.4%;最后选择的方面是"个人缴费少,能够获得优质价低的医疗服务",占比为 29.4%(见图 3)。

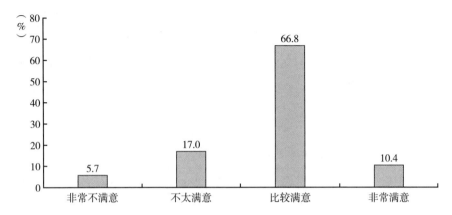

图 2　居民对基本医疗保险制度满意度评价

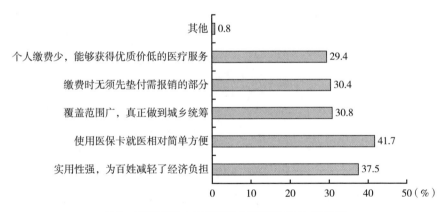

图 3　居民对基本医疗保险制度满意的主要方面

目前的医疗保险在制度设计上进行了社区首诊的制度安排,目的是缓解大医院人满为患、居民看病难的现实状况。这一制度设计的目的是引导居民在就诊时首先选择就近的社区基层卫生机构,经过社区转诊后去医疗机构就医报销的比例将更高。调查结果显示,被访者认为应当采取社区转诊的比例接近六成,达到 59.1%，认为"不应当"的比例为 18.4%，"不清楚"的比例为 22.5%。其次，对于一、二、三级医疗机构住院分别对应不同的报销比例的做法，有 45.9% 的被访者认为"应当"，有 32.8% 的被访者认为"不应当"，有 21.3% 的被访者表示"不清楚"。对于基本医疗保险的个人账户制度设计，被访者认可度最高。有 72.7% 的被访者认为个人账户"应当"存在，仅有 9.3% 的被访者认为个人账户"不应当"存在，表示"不清楚"的占比 18%（见表 6）。

表 6　居民对基本医疗保险制度设计的认知情况

项目	评价	数量（人）	占比（%）
社区转诊	应当	608	59.1
	不应当	189	18.4
	不清楚	231	22.5
	总体	1028	100
分级报销	应当	472	45.9
	不应当	337	32.8
	不清楚	219	21.3
	总体	1028	100
个人账户	应当	747	72.7
	不应当	96	9.3
	不清楚	185	18.0
	总体	1028	100

（四）医疗保险报销范围亟须扩展，报销水平有待提高

在本次调查中，被访者对当前医疗保险最不满意的方面是"报销范围限制得太窄"，占比 36.4%，其后依次是"报销比例低，自付费用高""门诊参保病种少""异地报销结算不方便""个人缴费率过高，负担过重"，占比分别为 28.2%、22.8%、22.6%、22.5%。其他方面还包括"对老人、儿童及特殊病种的病人处理方式缺乏灵活性""目录药品价格较高""对城乡居民参保人员的要求严苛"以及"程序不便捷"，占比分别为 18.3%、18.1%、16.8% 和 14.4%（见图 4）。

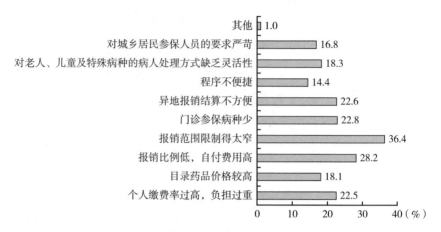

图4　居民对基本医疗保险制度不满意的方面

针对上述不满意方面，被访者提出的改进方式排在首位的是"提高治疗费用报销比例""扩大医疗保险报销范围"，占比分别为35.6%和34.2%。其后依次包括"降低医保费用报销门槛""降低个人缴费比例""提高异地报销便捷性"，占比分别为29.6%、29.3%、20.2%。最后还包括"逐渐将医保应用范围扩展至疾病预防与康复阶段""增强个体参保意识，扩大医保覆盖率""加大长期护理保险覆盖力度"，占比分别为18.4%、16.5%、13.1%（见图5）。

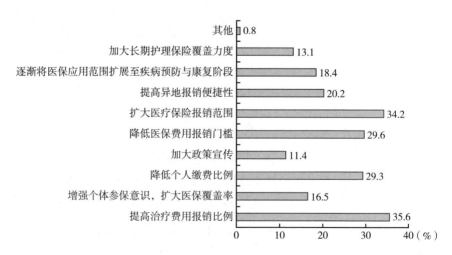

图5　居民对基本医疗保险制度改进的建议

三 广州医疗保险制度的供需矛盾分析

（一）居民对医保的支付期待与实际支付水平之间存在差距

其一，医保制度支付水平与满足人民群众期望的实际支付水平之间还有差距，这个差距一方面体现在启动医保后个人承担的自付医疗费用仍然较高。对患病群众来说，个人自付医疗费用包括医保目录范围内经报销后的个人负担医疗费用，以及医保目录范围外自费的医疗费用。但由于国家对医疗保险基本制度、基本政策（包括参保范围、筹资标准、待遇支付等政策）以及医保基金支付的项目和标准、不予支付的范围都进行了明确规定，因此广州在基本医疗保险政策上的调整和制定权限受限，目前个人医疗费用报销只能按照国家规定的标准执行，进一步提高报销比例和扩大报销范围存在难度。

其二，两者的差距还体现在目前的基本医疗保险在罕见病、重特大疾病的治疗上倾斜不够，保障水平不足。患重病、需门诊长期治疗、费用较高的疾病、罕见病、长期失能需照护等特殊人群，医疗需求较大。由于部分医疗费用高、治疗周期长的重大疾病未被纳入门诊特定病种范围，所以患者自付压力比较大。虽然广州已采取措施提高大病保险报销的比例，2020年广州市居民医保参保人可以享受大病医保的二次报销待遇，超过医保最高支付限额的医疗费用，可由大病医保基金报销70%，连续参保满5年的参保人，大病最高报销额度可达到18万元。但是，针对罕见病、重特大疾病的医保报销政策亟待优化、细化。

其三，不同参保人群筹资结构和水平不同，导致参加城镇职工基本医疗保险和城乡居民基本医疗保险的报销待遇水平存在一定差距。比如2018年城镇职工医保、城乡居民医保住院政策范围内总体报销比例分别为85.5%、70%。报销待遇的实际支付差距会影响参加不同医保制度人群的公平感，特别是对于城乡居民来说，其医疗报销待遇水平要低于城镇职工参保者，而缴费压力却大于城镇职工参保者。

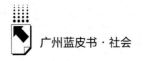

（二）居民对医保制度的理解与制度设计初衷存在偏差

近年来，广州加大力度推进分级诊疗制度，促进医疗资源下沉，努力建立"首诊在社区、小病进社区、大病到医院、康复回社区"的有序就医格局。但是居民对基层社区的服务质量、服务能力等方面存在质疑，居民始终认为大医院的医生、医疗技术、治疗方案更值得信任。在访谈中，部分居民认为去基层医院最终也要转诊，基层就医是浪费他们的时间。此外，由于基本药物制度的限制，医院和社区卫生服务中心的用药权限不同，基层药品限制数是 600 种，二级医院 1200 种，三级医院 1500 种，医院和社区卫生服务中心用药权限差距比较大。而且很多治疗慢性病的药在基层医院开不到，只能去大医院开，所以居民宁愿直接去大医院就医。加之在一、二、三级医院的报销比例设计上，目前各等级的差距只在 10 个百分点左右，很难起到很好的引流作用。所以，社区首诊和分级诊疗制度安排并没有取得制度预设的对患者进行分流的作用。

同时，居民对个人账户的功能认知也与制度设计存在一定偏差。对于个人来讲，个人账户属于个人私有，个人缴费进入个人账户后不进行社会调剂，能够较好地将个人权利和义务统一起来。但是从目前制度设计者角度看，职工医保参保人的个人账户资金沉淀数额较大，个人账户"多病者保障不足，健康者资金闲置"的问题逐步显现，未能充分发挥其统筹共济保障健康的功能。国家医疗保障局、财政部《关于做好 2019 年城乡居民基本医疗保障工作的通知》提出"实行个人（家庭）账户的，应于 2020 年底前取消，向门诊统筹平稳过渡"，由此也释放了对个人账户功能重新定位的信号。但是，居民对个人账户功能的重新定义能否普遍接受还不明朗。

最后，居民长期以来养成的去大医院就医的习惯与当前的分级诊疗体制存在一定冲突，且分级诊疗制度并没有对基层卫生机构进行有效的医保政策倾斜。比如，目前医联体内医保基金"总额管理、结余留用"制度尚未全面铺开；普通门诊年人均限额暂未采用结余留用的方式激励定点医疗机构；家庭医疗服务定价过低，目前家庭病床巡诊费 22.20 元/人次，出诊费

19.43 元/人次，基层医务人员的服务价值得不到体现；尚未建立有序双向的转诊激励机制，未能发挥全科医生在医保控费方面的"守门人"作用。

（三）居民对补充医疗保险的认可度和参与度还有待提升

除了基本医疗保险外，化解医疗风险以及减轻医疗费用负担还需要建立多层次的补充医疗保险。比如，由雇主举办的企业补充医疗保险，它可以是在国家给予税收优惠政策支持下由雇主自愿举办或参加的补充性医疗保险制度，体现的是企业的福利；另外，还可以由企业为职工购买商业健康保险，一般是团险的形式，属于市场化的福利。再比如，商业健康保险，2017 年国家大力推行商业健康保险，包括普通商业健康保险和目前已经实行若干年的个人税收优惠商业健康保险。但目前我国商业健康保险发展水平还是比较低，个人对补充医疗保险的认同和参与度均处于较低状态。比如广州大力推行的"穗岁康"补充医疗保险截至 2021 年 1 月 31 日，总参保人数为 367 万，约占全市社会医疗保险参保人的 28.2%，其参保范围还有待进一步扩大。

此外，为适应人口老龄化背景下的失能护理需要，广州市已构建起"以重度失能和中度失能半中重度失智人员为保障对象，涵盖 37 项生活照料服务和 30 项医疗护理服务的支付目录范围，以机构护理和居家护理分类设定待遇"的长护险政策体系。但该政策目前的覆盖对象还比较有限，享受条件苛刻，截至 2021 年 3 月，广州累计享受长期护理保险待遇的人数仅为 2.85 万人，保障水平人均每月支付约 2800 元。与此同时，医保政策与长期护理保险待遇的衔接还有待畅通，社会医疗保险与商业健康保险有效衔接尚需推进。

四 广州医疗保险制度优化的路径思考

（一）优化门诊慢特病、重特大罕见疾病的医保制度，合理降低居民医疗支付负担

首先，要根据国家要求，在统筹层次、医保支付比例、医保药品目录、

313

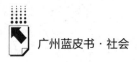

城乡制度统一大病医疗保险实施、医疗救助托底等方面进一步优化设计，使医保保障范围和标准与经济社会发展水平相适应，不断降低群众医疗费用负担。其次，扩大门诊特定病种保障范围，将广东省医疗保障局发布的《广东省基本医疗保险门诊特定病种管理办法》规定的门诊特定病种保障范围（包括重特大疾病和罕见病）扩大落到实处，并根据医保基金支付能力以及特定病种的特点优化起付标准、特殊用药目录、支付比例以及支付最高限额等。最后，多方式、多渠道扩大门诊慢特病、重特大疾病和罕见病的医保政策宣传工作。一方面，加强点对点的线下宣传，如家庭医生、医保专干点对点宣传，志愿服务者街头宣传以及宣传栏宣传等；另一方面，可利用互联网资源，开展线上微信公众号、抖音短视频科普等方式广泛宣传，夯实相关医保政策的群众基础。

（二）推进职工医保个人账户改革，逐步过渡到以家庭为单位的个人账户使用规则

借鉴浙江、四川、福建等地经验，扩大个人账户使用范围。浙江于2016年便明确允许职工个人账户历年结余资金可用于支付配偶、子女、服务的医疗保障费用。2019年，四川、山东等省份相继发文，允许医保个人账户资金除职工本人使用外，可扩大到其配偶、夫妻双方父母、子女使用，实现家庭成员互助共济。2020年福建省医保局、福建省财政厅印发《福建省基本医疗保险家庭共济账户使用管理办法（试行）》（以下简称《办法》），将进一步拓展职工基本医疗保险个人账户（以下简称个人账户）使用功能。可见，对个人账户进行改革将是医保制度改革的一大趋势，而扩大个人账户使用功能，实行以家庭为单位参保的家庭联保改革方案将是居民最能接受的最优改革方案。

（三）积极推进商业健康保险，努力构建多层次相互衔接的医疗保障体系

根据《中共中央国务院关于深化医疗保障制度改革的意见》，到2030

年，全面建成以基本医疗保险为主体，医疗救助为托底，补充医疗保险、商业健康保险、慈善捐赠、医疗互助共同发展的医疗保障制度体系。在近期可特别重视发挥商业健康保险的作用，使其与社会保险相互融合，进一步减轻居民就医负担。在商业健康险的产品种类上，可推进根据人群和医疗需求细分的多元化产品，医保部门可对其进行宣传推广。可适当引导企业职工参加补充医疗保险、公职人员医疗补助，并将其作为商业健康保险扩大覆盖范围的突破口，使之成为商业健康保险的稳定客户，进而再向其他居民扩展。

此外，进一步大力宣传长期护理保险，着力解决老年人健康护理和日常护理问题。从筹资渠道、失能等级认定、配套措施、服务标准、人员培养、支付标准与方式等多维度支持长期护理保险发展。

（四）提高医疗保险经办体系信息化程度，促进大湾区异地就医便利性

统一的医保信息系统将有助于提高医保经办能力。从地方层面看，医保部门需主动加强与人社局、民政局、残联的沟通协调，打破自建系统的垄断，通过数据共享实现参保人办理业务少跑路、让数据多跑路。从大湾区层面看，要统一各地数据标准，形成各地区数据互认的良好局面，以利于今后长期的健康数据追踪与健康数据分析。

广州还可进一步扩大异地就医定点医疗机构范围，扩大基层医疗机构接入省内、国家异地就医结算平台的数量。扩大结算体系范围，实现基本医疗保险、大病保险、医疗救助异地就医"一窗办理""一站式"结算，使看病群众无须垫资即时结算。扩大门诊费用跨省直接结算范围，将门诊慢特病相关治疗费用纳入异地就医直接结算，推进个人账户异地刷卡购药无障碍。通过小程序、公众号等移动服务媒介，加大推动异地就医宣传力度，告知相关医保政策，让群众充分了解异地就医报销是执行参保地政策，就医地医疗机构和参保地报销享受相同待遇，提高参保人享受异地就医的便利性。

（审稿人：简荣）

B.17
广州构建基层医疗卫生体系研究

陈杰 傅一鸣*

摘 要： 广州作为超大城市，其基层医疗卫生体系建设仍面临发展不平衡不充分的问题。具体表现为资源配置结构不尽合理，优质医疗资源布局仍不均衡，医疗卫生机构发展方式比较粗放，基层服务品质仍需加强等。在此背景下，《广州市卫生健康事业发展"十四五"规划》要求更加注重资源下沉和系统协作，促进以治病为中心向以健康为中心转变。本文结合广州市基层医疗卫生体系发展的现状和服务需求，通过问卷调查、访谈等研究方法，从供需匹配的角度分析广州构建新时代超大城市基层医疗卫生体系的供需特点和主要矛盾，并依此提出促进基层医疗卫生机构提质增效，加快健全分级诊疗体系，加强配套政策及机制建设，加强全科医生队伍培养，强化基层医疗卫生信息化建设等建议。

关键词： 基层医疗卫生 超大城市 供需理论

一 研究背景

2017 年以来，新一轮深化医药卫生体制改革由易到难渐次突破，取得一定成效。广州坚持"建机制、稳队伍、增活力"的原则，创建的"公益

---

* 陈杰，博士，广州市社会科学院社会研究所副研究员，主要研究方向为社会治理、社会政策；傅一鸣，广州市社会科学院社会研究所研究助理，研究方向为社区治理。

一类财政供给，公益二类绩效管理"经验被写入全国干部培训教材，2018年，广州市基本公卫服务获省级绩效评价第一名，家庭医生服务建设成果受到国务院第五次大督查通报表扬，成功创建"市级全国基层中医药工作先进单位"等。但目前，广州基层医疗卫生体系在服务体系的整合协作，分级诊疗、医防融合、医养结合发展等方面还存在不够协调不够顺畅等问题。在此背景下，《广州市卫生健康事业发展"十四五"规划》要求注重资源下沉和系统协作，促进"以治病为中心向以健康为中心"转变。其主要要求完善基层医疗卫生服务网络，加强基层服务能力建设，巩固完善基层运行机制。

二 广州市基层医疗卫生体系发展的现状

（一）机构数量整体增长，硬件投入有所改善

近年来，广州不断加大基层医疗卫生机构建设力度，加强市、区、镇（街）、村（居）四级医疗卫生机构网络建设，在基础设施建设、医疗设施设备配置等方面给予倾斜。2016~2020年，广州基层医疗卫生机构从3309家增加到5070家（见图1）。截至2020年底，广州在176个街（镇）共建成社区卫生服务中心155个，社区卫生服务站179个，镇卫生院31个，村卫生室921个。近年来，广州创建了9个"全国百强社区卫生服务中心"、2个"全国百佳乡镇卫生院"、19个全国"优质服务示范社区卫生服务中心"、29个全国"群众满意的乡镇卫生院"、19个社区医院，均居全省前列。①

硬件设施建设方面，从图2、图3可看出，广州市基层医疗卫生机构实有床位数从2016年的0.47万张增加至2019年的0.51万张，2020年下降到0.44万张，平均每千常住人口0.28张，尚未达到"每千常住人口基层医疗

---

① 《广州提升基层医疗服务能力为全国提供了新样本》，http://www.gz.gov.cn/zwgk/cssj/content/post_ 5611472. html，2019年11月29日。

卫生机构床位数 0.9 张"的目标①;房屋建筑面积从 2016 年的 161.03 万平方米上升到 2019 年的 197.25 万平方米;万元以上设备台数从 2016 年的 0.91 万台上升到 2019 年的 1.30 万台。②

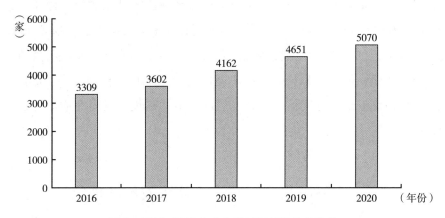

图 1　2016~2020 年全市基层医疗卫生机构数

资料来源:《广州市卫生健康统计年鉴》(2016~2019 年)、《2020 年广州市卫生资源和医疗服务简报》。

(二)机构布局趋向优化,医联体已初步成形

按照"一街一中心、一镇一卫生院、一村一卫生站"的要求,广州市逐步完善基层医疗卫生机构服务网络。有条件的地区新建或公建配套项目的社区卫生服务中心按房屋建筑面积 5000~10000 平方米的标准进行设置,覆盖全市所有街镇。截至 2020 年,"一街一中心、一镇一卫生院"的基层医疗卫生服务体系和"12~30 分钟医疗服务圈"已基本建成。

在医联体建设工作方面,广州市自 2014 年起积极探索,至 2020 年底,全市共建设各类医联体 93 个,包括医疗集团 17 个、专科联盟 65 个、远程

---

① 《广州市人民政府关于印发广州区域卫生规划(2016~2020 年)的通知》,广州市人民政府门户网站,http://www.gz.gov.cn/zwgk/ghjh/zxgh/content/post_3089437.html,2018 年 1 月 12 日。

② 《广州市卫生健康统计年鉴》(2016~2019 年)、《2020 年广州市卫生资源和医疗服务简报》。

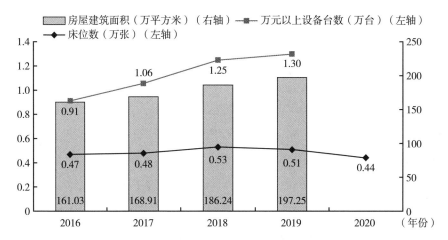

图 2　2016～2020 年全市基层医疗卫生机构硬件配置情况

资料来源：《广州市卫生健康统计年鉴》（2016～2019 年）、《2020 年广州市卫生资源和医疗服务简报》。

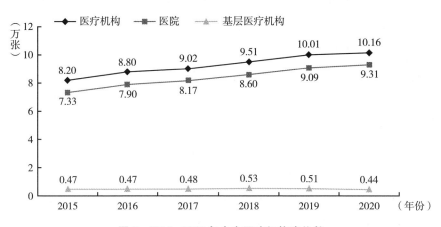

图 3　2015～2020 年全市医疗机构床位数

资料来源：《广州市卫生健康统计年鉴》（2016～2019 年）、《2020 年广州市卫生资源和医疗服务简报》。

协作网 11 个；二级以上（含二级）医疗机构 112 个、社区卫生服务中心 152 个、镇卫生院 31 个、社区卫生服务站 173 个和村卫生室 931 个参与医联体建设，其中社会力量办医疗机构 99 个。全面启动网格化医联体试点，11

个区统筹建设 17 个医疗集团，实现区域全覆盖，全市二级以下公立医疗机构 100% 加入医疗集团。[①]

（三）卫生人员总量增加，人均配置仍需加强

2016~2020 年，广州市基层医疗机构卫生技术人员数从 3.27 万人增至 5.10 万人，平均每千人口配备基层医疗服务人员 2.73 名。2020 年末，广州市共有社区卫生服务中心 155 个，卫生人员数 1.29 万人，其中，卫生技术人员 1.13 万人，平均每个中心 73 人。社区卫生服务站 179 个，卫生人员 0.17 万人，平均每站 10 人；镇卫生院 31 个，共有卫生人员数 0.53 万人（其中卫生技术人员 0.46 万人）；村卫生室 921 个，村卫生室执业（助理）医师 0.06 万人，乡村医生和卫生员 0.05 万人。[②]

根据《广州市社区医院基本标准》，每家社区医院非卫生技术人员比例不超过 15%，每床至少配备 0.7 名卫生技术人员。医护比达到 1：1.5，每个临床科室至少配备 1 名具有主治医师及以上职称的执业医师。全科医师不少于 3 名，公共卫生医师不少于 2 名，并配备一定比例的中医类别执业医师。但按照广东省 8 人/万常住人口核定社区卫生服务机构编制的标准，广州仅达到 7.46 人/万常住人口，而全国的平均水平达到 11.3 人/万常住人口。[③]

（四）信息化建设在推进，系统间互通性提升

一是全市医疗机构实现互联互通，广州市全民健康信息平台已联通全市 296 家医疗卫生机构（包括 28 家省部属医院、全部市属医院和公共卫生机构、62 家区属医院和 185 家基层医疗卫生机构）。二是"广州健康通"功能不断完善，提供 23 项健康医疗和公共卫生服务，汇集 128 家医疗机构（含

---

① 《2020 年广州市卫生资源和医疗服务简报》，http：//www. gz. gov. cn/zwgk/zdly/ylwsjg/yljgxx/content/post_ 7216143. html，2021 年 9 月 14 日。

② 《2020 年广州市卫生资源和医疗服务简报》，http：//www. gz. gov. cn/zwgk/zdly/ylwsjg/yljgxx/content/mpost_ 7216143. html，2021 年 9 月 14 日。

③ 《基层医疗卫生机构人员缺编？广州争取今年年底解决》，http：//bendi. news. 163. com/guangdong/20/0901/10/FLEDABU904178D6J. html，2020 年 9 月 1 日。

全部三甲医院）号源，目前注册用户数 1315 万人。三是电子健康码应用稳步推进，分期分批推进各类公立医疗卫生机构与电子健康码的对接，全面实现实名制就医和医疗健康服务"一码通用"。广州地区 94 家医院和 156 家基层医院已经接入"广州健康通"并启动该应用，初步解决普遍存在的医疗机构"一院一卡、重复发卡、互不通用"问题。四是检验检查结果互认范围进一步扩大。目前，市检验检查结果互认平台已接入 155 家医疗卫生机构，平均互认率 94%。2022 年底，广州将实现 100 家公立社区卫生服务中心（卫生院）接入"广州健康通"，进一步缓解群众就医"三长一短"（挂号、就诊、缴费时间长，看病时间短）问题[①]。

（五）家庭医生签约服务制度初步建立，签约覆盖率超三成

广州高度重视家庭医生签约服务工作，将其作为推进基层首诊、分级诊疗的重要抓手。2017 年，广州市先后推出《加快推进家庭医生签约服务制度工作方案》《家庭医生签约服务包及其收付费标准的指导意见》《关于家庭医生签约基本服务包医保费用结算工作的通知》等一揽子新政，以"突出重点人群、提升服务质量"为原则，大力推行家庭医生分类签约、有偿签约和差别化签约服务，取得一定成效。2020 年广州每万人口拥有全科医生 3.07 人。组建 1463 个家庭医生团队，建成 18 个市级签约服务示范区和 22 个标准化联合医务工作室，家庭医生签约覆盖率 30% 以上，重点人群覆盖率 70% 以上。[②]

2022 年，广州将利用信息化手段采集家庭医生团队的签约数量、服务质量等信息，规范履约行为。同时，将培养不少于 3500 名基层医生，实现80% 以上镇卫生院和社区卫生服务中心均向符合条件的居民提供家庭病床、上门出诊等服务，增加签约居民的获得感。[③]

---

① 《广州卫健委今年推进 20 项重点工程》，https：//www.sohu.com/a/526366710_121123900，2022 年 3 月 11 日。
② 《广州市人民政府办公厅关于印发〈广州市卫生健康事业发展"十四五"规划〉的通知》（穗府办〔2022〕3 号）。
③ 《广州卫健委今年推进 20 项重点工程》，https：//www.sohu.com/a/526366710_121123900，2022 年 3 月 11 日。

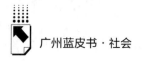

三 广州基层医疗卫生服务需求调查分析

本报告主要通过两个问卷调查数据进行分析研究：一是广州市社会科学院社会研究所课题组开展的"以居民医疗需求为导向，优化广州医疗资源供给结构研究"课题调查问卷（以下简称"课题调查问卷"），共收集1101份有效问卷；二是市统计局开展的健康广州调查问卷（以下简称"健康广州问卷"）共收集有效问卷2027份①。通过这两个问卷，课题组对居民的满意度与基层就医需求和行为进行分析。

从调查问卷总体情况来看，居民对基层医疗卫生服务的满意度较高，但认为基层医疗服务水平仍有待提高。具体体现在：双向转诊制度未得到有效利用，居民将基层医疗机构作为就诊首选的比例较低。另外，居民对于家庭医生、全科医生等服务项目的需求尚未得到有效满足，具体分析如下。

（一）居民对基层医疗服务机构满意，老年人总体满意度较高

根据课题调查问卷结果，居民对社区卫生服务中心（村卫生室）分布情况的总体满意度为8.08分，90.3%的被访者表示满意（打分≥6）。60岁及以上被访者的满意度较高，平均满意度得分为8.46分，60岁以下被访者的平均满意度得分为8.06分。居民对社区卫生服务中心医疗水平的总体满意度为7.76分，87%的被访者表示满意（打分≥6）。居民对社区卫生服务中心/乡镇卫生院/村卫生室总体服务水平的满意度为7.28分，85.5%的被访者表示满意（打分≥6）。60岁及以上被访者的满意度较高，平均满意度得分为7.81分，60岁以下被访者的平均满意度得分为7.26分。

（二）居民期待改善基层医疗服务机构的看病能力、治病效果

课题调查问卷结果显示，34.79%的受访者表示对社区卫生服务中心等

---

① 本课题使用问卷调查结果时，如无特殊说明，主要使用来自"课题调查问卷"的调查结果。

基层医疗卫生机构的看病能力最不满意，28.61%的受访者表示对社区卫生服务中心等的治疗效果最不满意，19.62%的受访者表示对社区卫生服务中心等的病情解释服务最不满意（见图4）。同时，居民对社区卫生服务中心等的医疗检查、候诊时间、就医环境、药品费用和药品种类也存在不满意，说明目前社区卫生服务中心等基层医疗卫生机构在治病、检查和提供药物方面的服务水平较低，难以满足居民日常医疗服务需求。

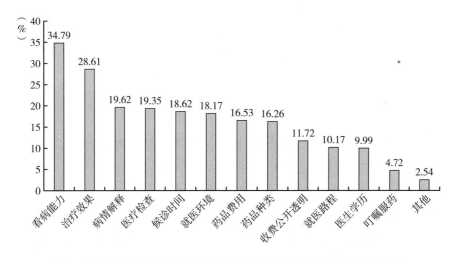

图4 居民对社区卫生服务中心/乡镇卫生院/村卫生室最不满意方面

根据"健康广州问卷"调查结果，在提高社区卫生服务中心预防、保健服务的利用率方面，52.94%的受访者认为社区卫生服务中心需降低费用，48.30%的受访者认为需合理配置卫生服务中心，实现15分钟步行可达，44.70%的受访者认为需提高人员素质（见图5）。

（三）参与双向转诊的居民总体满意度高，但居民参与率有待提升

目前，广州市尚未建立有序双向转诊激励机制，未能发挥全科医生在医保控费方面的"守门人"作用。根据本课题调查问卷结果，经历过双向转诊服务的被访者对双向转诊制度的总体满意度为7.66分，84.25%的被访者表示满意（打分≥6）。同时调查问卷结果还显示，居民对于社区卫生服务

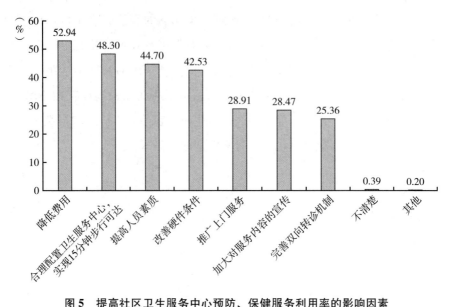

图5 提高社区卫生服务中心预防、保健服务利用率的影响因素

中心与二、三级医院的双向转诊制度了解不足，被访者中仅有65.5%的表示了解（见图6）。一年内，经历社区卫生服务中心与二、三级医院双向转诊的被访者仅占总数的32.8%（其中，向上转诊占比22.9%）（见图7）。同时，调查还发现，全家每月总收入在20000元以下的被访者经历双向转诊的比例较高，为35.12%；全家每月总收入在20000元及以上的被访者经历双向转诊的比例仅为25.58%。

（四）居民对转诊制度的医保报销比例及流程改善诉求较高

根据课题调查问卷结果，对于双向转诊的不满意方面，37.57%的受访者表示转诊后医保报销比例提升不大，医药费用优惠力度小；34.53%的受访者表示转诊流程烦琐；32.04%的受访者表示转诊时诊疗信息在不同医疗机构的互通性欠佳；31.49%的受访者表示没有统一的双向转诊标准和制度（见图8）。

（五）居民基本公共服务首选社区比例较高，老年人选择度更高

根据"健康广州问卷"调查结果，64.04%的被访者会将社区卫生服务

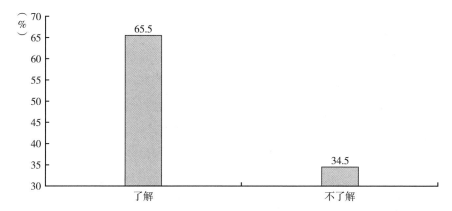

图6　居民了解社区卫生服务中心与二、三级医院的双向转诊制度情况

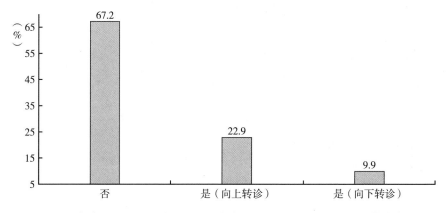

图7　一年内,居民经历社区卫生服务中心与二、三级医院的双向转诊情况

中心作为享受预防、保健等基本公共卫生服务的首选(见图9)。这说明目前基本公共卫生服务项目在基层居民中间的整体普及度较高,居民对于社区卫生服务中心的疾病预防能力、健康管理能力较为认可。其中,60岁及以上被访者的比例(70.63%)高于60岁以下被访者比例(63.10%)7.53个百分点,说明目前老年人对于基层公共卫生服务的需求度和选择度更高。

（六）线上服务短板突出,居民期望线上服务系统功能更加完善

广州市基层医疗卫生线上服务目前主要通过"全民健康信息平台"开

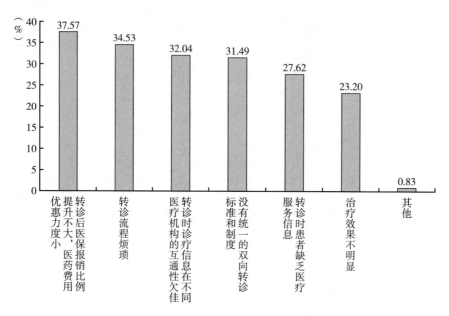

图8　居民对双向转诊最不满意方面

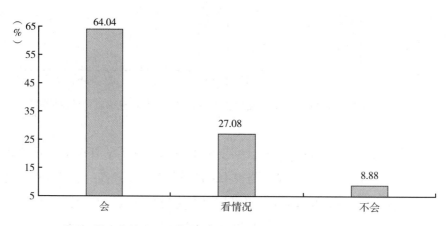

图9　居民将社区卫生服务中心作为基本公共卫生服务首选占比

展，已开放的功能包括电子健康码、健康档案调阅、双向转诊、智能提醒、预约挂号、统一支付、区域影像与检验、家庭医生签约、远程医疗、检验检查结果互认等，但该系统在居民内部的应用效果有待提高。结合课题调查问卷结果，基层医疗卫生服务机构在改进线上服务水平、补齐发展短板方面，最迫切需要解决的问题包括线上问诊、预约挂号、检验报告查询、医疗缴费、健康档案查询、导航导诊等服务（见图10）。

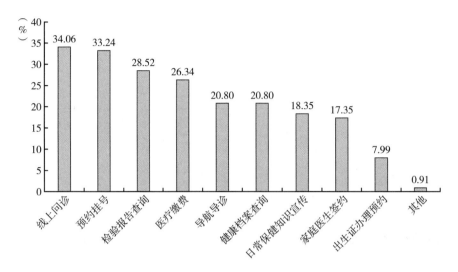

图10　居民希望社区卫生服务中心提升线上服务方面

在信息化建设方面，34.60%的受访者表示社区卫生服务中心等基层医疗卫生机构应设置全科医生服务，23.52%的受访者认为社区卫生服务中心等基层医疗卫生机构应提升线上问诊服务效果（见图11）。

（七）老年人医疗服务需求较多，集中体现在医养结合方面

整体来看，60岁及以上居民对于基层医疗服务的需求强烈。根据"问卷调查"结果，居民会将社区卫生服务中心作为享受预防、保健等基本公共卫生服务的首选，60岁及以上被访者的比例（70.63%）高于60岁以下被访者比例（63.10%）7.54个百分点，说明目前老年人对于基层公共卫生服务的需求度和选择度更高。但由于社区医疗病种限制、家庭病床覆盖面不足，目前居家医疗不纳入其中，呈现居家医疗服务需求巨大，而居家医疗资源配置不足的问题。为解决这一问题，社区卫生服务中心应加强医养结合服

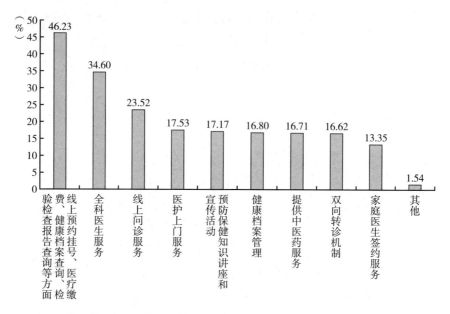

图11　居民希望社区卫生服务中心/乡镇卫生院/村卫生室信息化建设改进情况

务。在医养结合服务方面，从图12可看出，51.41%的受访者希望所在社区为老年人提供体检、康复护理服务；43.23%的受访者希望所在社区为老年人提供上门看病、送药服务；等等。

（八）居民因基层医疗卫生机构看病能力、硬件设施不足而不到基层就医

根据课题调查问卷结果，63.2%的居民最近一次患病选择在社区卫生服务中心/乡镇卫生院/村卫生室就医（见图13）。其中，60岁及以上的居民选择在基层医疗卫生服务机构就诊的比例较高，为68.75%；60岁以下居民的比例较低，为62.96%。

课题调查问卷结果显示，未选择在社区卫生服务中心/乡镇卫生院/村卫生室就医的居民中，18.62%是因为更信赖大医院的专家；17.08%是因为社区卫生服务中心/乡镇卫生院/村卫生室设备不足、药品种类不齐全。还有12.08%的居民认为，社区卫生服务中心/乡镇卫生院/村卫生室对于常见病

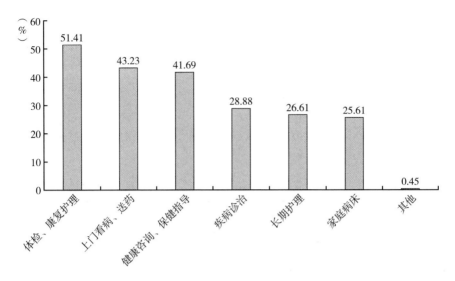

图 12　居民希望社区为老年人提供医养结合服务方面占比

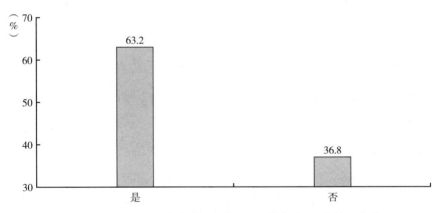

**图 13　居民最近一次患病选择在社区卫生服务中心/乡镇卫生院/
村卫生室就医情况**

的诊疗与二、三级医院存在较大差距（见图14）。这些原因主要集中在看病
能力、看病效果和硬件设施等。未选择在社区卫生服务中心/乡镇卫生院/村
卫生室就医的居民中，非广州户籍居民占比51.60%、全家每月总收入在2
万元以下的占比66.17%，说明外来人口和低收入群体在基层就医仍存在一
定障碍。

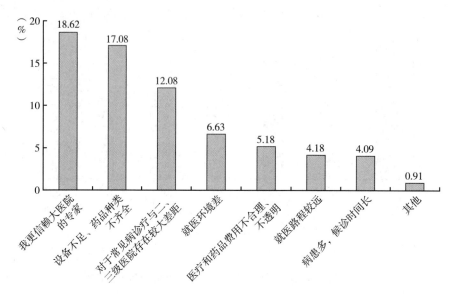

图14　居民未选择在社区卫生服务中心/乡镇卫生院/村卫生室就医的原因占比

（九）基本公卫服务多元需求凸显，侧重于健康管理与疾病防治

根据"健康广州调查"问卷结果，居民对于各类基本公共卫生服务均有一定需求。其中，59.40%的被访者有重大疾病筛查需求，41.24%的被访者有特殊人群免费体检需求，说明居民对于日常健康状态的关注程度较高，对健康检查服务的需求也较大。同时，对于中医调养项目有所需求的被访者也占到35.82%，对于预防接种服务有需求的被访者占35.52%（见图15），说明居民对于健康防治服务的需求也较强。

（十）居民希望全科医生进一步提升常见病诊疗及健康管理服务水平

根据课题调查问卷结果，34.60%的受访者表示希望社区卫生服务中心的全科医生提高常见病、多发病的诊疗能力及健康管理服务水平。从实际情况看，《广州市改革完善全科医生培养与使用激励机制实施方案》提出，到

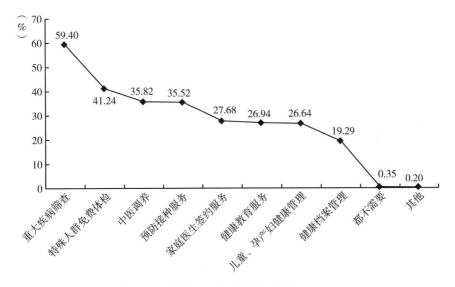

图15　居民基本公共卫生服务项目需求占比

2020年，广州市每万名居民拥有3.5名全科医生。截至2020年底，广州市共有全科医师0.57万人，即每万名居民实际拥有3.05名全科医生，尚未达到3.5名的标准。结合"健康广州调查"问卷结果，23.80%的受访者希望能够提升全科医生常见病多发病的诊疗能力，17.80%的受访者希望能够提升全科医生对病人康复和慢性病管理服务水平，15.71%的受访者对全科医生人员数量有提升需求，13.26%的受访者对全科医生对居民的健康管理服务也有一定提升需求，说明目前广州市全科医生从数量到服务质量上均需要提升（见图16）。

（十一）家庭医生制度逐步完善，但目前居民认知率和签约率不高

根据课题调查问卷结果，广州居民对于家庭医生签约服务推广及服务内容的了解程度较低，仅有18.3%的受访者表示了解，59.3%的受访者表示不太了解（见图17）。81.7%的受访者未签约家庭医生（见图18）。从年龄上看，60岁及以上被访者签约家庭医生的比例为25.00%，60岁以下被访者签约家庭医生的比例为18.04%。同时，调查还发现，全家每月总收入在

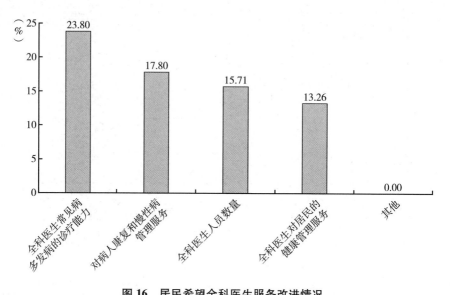

图16　居民希望全科医生服务改进情况

20000 元以下的被访者签约家庭医生的比例较高，为 19.05%；全家每月总收入在 20000 元及以上的被访者签约家庭医生的比例仅为 16.28%。6.99% 的受访者表示最需要家庭医生的健康咨询服务，5.72% 的受访者表示最需要家庭医生的预约就诊服务（见图 19）。

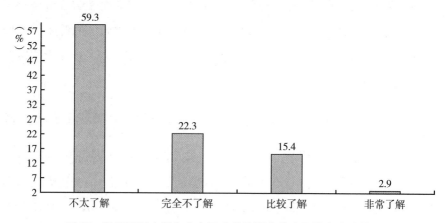

图17　居民了解广州市家庭医生签约服务推广及服务内容情况

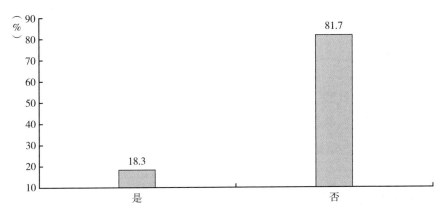

图 18　居民签约家庭医生情况

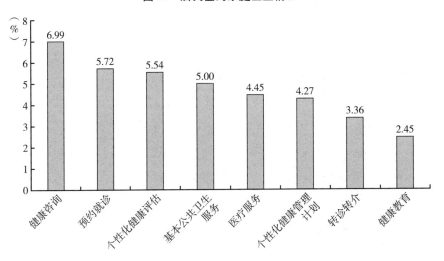

图 19　居民家庭医生服务需求情况

四　广州市基层医疗卫生体系供需匹配分析

（一）广州基层医疗卫生服务供需匹配特点分析

1. 基层医疗机构布局趋向合理，居民满意度较高

近年来，医保部门与卫健部门密切配合，推行了一系列改革举措促进医

疗资源下沉，取得了一定成效。居民对于基层医疗服务机构提供的公共卫生服务和就诊服务较为认可。一是根据本课题调查问卷结果，居民基层就诊比例总体高，63.2%的居民患病时选择在社区卫生服务中心/乡镇卫生院/村卫生室就医；二是根据"健康广州调查"问卷结果，64.04%的被访者会将社区卫生服务中心作为享受预防、保健等基本公共卫生服务的首选。

2. 分级诊疗制度初步建立，参与者总体满意度较高

为推行分级诊疗制度，广州实施新的城乡居民社会医疗保险办法和大病医疗保险办法；住院费用实行按病种分值付费。提高基层普通门诊医保结算标准及报销比例，医保基层普通门诊医疗费用基础结算标准提高到每年600元/人，经基层医疗机构转诊到三级医院的参保人，普通门诊医保报销比例可提高10个百分点。同时，还将基层机构同步纳入公立医院综合改革医疗服务价格调整和取消医用耗材加成范围。

截至2020年12月底，全市100%社区卫生服务中心、镇卫生院开展家庭医生签约服务，已签约常住人口578.91万人（签约率38.85%），签约重点人群242.70万人（签约率72.58%）[1]，为开展双向转诊制度提供了有效支撑。根据课题调查问卷结果，经历过双向转诊服务的被访者对双向转诊制度的总体满意度为7.66分，84.25%的被访者表示满意（打分≥6）。

3. 基层医疗服务水平逐步提升，居民对总体服务水平较为满意

广州全面取消药耗加成，建立完善公立医院科学补偿机制，将调价后的基本医疗服务项目纳入医保报销范围，并以加快推进网格化紧密型医联体建设和做实做细家庭医生签约服务为抓手，有效地促进了优质医疗资源下沉；基层医疗卫生机构也已经实现基本药物制度全覆盖，药品供应保障水平逐步提升。

根据课题调查问卷结果，居民对社区卫生服务中心（村卫生室）分布情况的总体满意度为8.08分，90.3%的被访者表示满意（打分≥6）；居民

---

① 《广州超七成重点人群签约家庭医生》，https：//baijiahao.baidu.com/s？id=170051400
5579825272&wfr=spider&for=pc。

对社区卫生服务中心医疗水平的总体满意度为 7.76 分，87%的被访者表示满意（打分≥6）；居民对社区卫生服务中心/乡镇卫生院/村卫生室总体服务水平的满意度为 7.28 分，85.5%的被访者表示满意（打分≥6）。

4. 社区卫生服务中心基层公共卫生服务首选比例高，服务需求呈多元化

根据"健康广州问卷"调查结果，64.04%的被访者会将社区卫生服务中心作为享受预防、保健等基本公共卫生服务的首选。说明目前基本公共卫生服务项目在基层居民中间的整体普及度较高，居民对于社区卫生服务中心的疾病预防能力、健康管理能力较为认可。其中，60 岁及以上被访者的比例（70.63%）高于 60 岁以下被访者的比例（63.10%）7.54 个百分点，说明目前老年人对于基层公共卫生服务的需求度和选择度更高。

根据"健康广州调查"问卷结果，居民对于各类基本公共卫生服务均有一定需求。其中，59.40%的被访者有重大疾病筛查需求，41.24%的被访者有特殊人群免费体检需求，说明居民对于日常健康状态的关注程度较高，对健康检查服务的需求也较大。同时，对于中医调养项目有所需求的被访者也占到 35.82%，对预防接种服务有需求的被访者占 35.52%，说明居民对于健康防治服务的需求也较强。

5. 家庭医生签约工作需加强，老年人签约比例较高

广州市高度重视家庭医生签约服务工作，将其作为推进基层首诊、分级诊疗的重要抓手。根据课题调查问卷结果，60 岁及以上被访者签约家庭医生的比例较高，为 25.00%，60 岁以下被访者签约家庭医生的比例为 18.04%。同时，调查还发现，全家每月总收入在 20000 元以下的被访者签约家庭医生的比例较高，为 19.05%；全家每月总收入在 20000 元及以上的被访者签约家庭医生的比例仅为 16.28%。6.99%的受访者表示最需要家庭医生的健康咨询服务，5.72%的受访者表示最需要家庭医生的预约就诊服务。

（二）广州基层医疗卫生服务供需矛盾分析

1. 基层医疗资源投入待加强，居民对看病能力改善较紧迫

从课题调查问卷结果来看，63.2%的居民最近一次患病选择在社区卫生

服务中心/乡镇卫生院/村卫生室就医。34.79%的受访者表示对社区卫生服务中心的看病能力最不满意，28.61%的受访者表示对社区卫生服务中心的治病效果最不满意，19.62%的受访者表示对社区卫生服务中心的病情解释服务最不满意。说明目前基层医疗卫生服务激励机制的缺失导致人才队伍建设不完善，一定程度上影响了基层医疗卫生服务机构的服务水平。

根据调研情况，居民对目前基层医疗卫生服务机构的管理水平和服务能力较为不满意，包括挂号就诊机制不完善、候诊秩序混乱，医保政策配套不完善、基层医疗机构服务能力有限等。由于目前医联体内医保基金"总额管理、结余留用"制度尚未全面铺开，普通门诊年人均限额暂未采用结余留用的方式激励定点医疗机构；健康筛查、疾病风险评估、健康生活方式指导等尚未制定收费项目及标准，也不能纳入医保支付，不利于充分发挥基层医疗机构的功能。

2. 全科医生资源配置不到位，服务供需不够匹配

根据课题调查问卷结果，23.80%的受访者希望能够提升全科医生常见病多发病的诊疗能力；17.80%的受访者希望能够提升全科医生对病人康复和慢性病管理服务水平，受访者对全科医生人员数量和全科医生对居民的健康管理服务也有一定提升需求。根据"健康广州调查"问卷结果，在提高社区卫生服务中心预防、保健服务的利用率方面，44.70%的受访者认为需提高人员素质，说明目前广州市全科医生从数量到服务质量上均需要提升。根据调研情况，广州目前家庭医疗服务定价过低，家庭病床巡诊费22.20元/人次，出诊费19.43元/人次，基层医务人员的服务价值得不到体现。同时，由于尚未建立有序的双向转诊激励机制，全科医生在医保控费方面的"守门人"作用未能得到有效发挥。

3. 转诊制度待完善，居民分级诊疗利用率待提高

根据课题调查问卷结果，居民对于社区卫生服务中心与二、三级医院的双向转诊制度了解不足，被访者中有65.5%表示了解。一年内，经历社区卫生服务中心与二、三级医院双向转诊的被访者仅占总数的32.8%。居民对目前双向转诊制度最不满意的内容包括：转诊后医保报销比例提升不大，

医药费用优惠力度小，转诊流程烦琐、转诊时诊疗信息在不同医疗机构的互通性欠佳、没有统一的双向转诊标准和制度、转诊时患者缺乏医疗服务信息等。

问卷结果还显示，部分群体在基层就医的意愿较低，如60岁以下居民的比例较低，为62.96%；全家每月总收入在20000元及以下的被访者选择在基层就医的占比为66.17%。一方面，由于目前基层医疗卫生服务机构的设备不足、药品种类不齐全，对于常见病的诊疗与二、三级医院存在较大差距，导致居民选择在社区卫生服务中心/乡镇卫生院/村卫生室就医的意愿不强；另一方面，由于双向转诊制度尚未完善，且居民表示更信任大医院专家的医疗水平，所以普遍倾向于直接到大医院就诊。根据"健康广州"问卷调查结果，在提高社区卫生服务中心预防、保健服务的利用率方面，52.94%的受访者认为社区卫生服务中心需降低费用，48.30%的受访者认为需合理配置卫生服务中心，实现15分钟步行可达。

4. 基层医疗资源仍紧缺，期望完善医养结合服务

根据课题问卷调查结果，在医养结合服务方面，51.41%的受访者希望所在社区为老年人提供体检、康复护理服务；43.23%的受访者希望所在社区为老年人提供上门看病、送药服务。根据调研情况，社区居民对基层医疗卫生服务机构和家庭医生的需求主要集中于定时定点为患有基础病的社区居民服务、为行动不便的老人提供上门服务等。医疗服务进社区是设立社区医院等基层医疗卫生服务机构的主要目的，但目前对于居家老人的医疗服务不够到位，居民医养结合的服务需求尚未得到满足。

5. 信息化系统衔接不顺畅，居民期望进一步优化

根据课题调查问卷结果，46.23%的受访者表示希望社区卫生服务中心在线上预约挂号、医疗缴费、健康档案查询、检验检查报告查询等方面提升线上医疗服务水平。在信息化建设方面，34.06%的受访者表示社区卫生服务中心应设置全科医生服务，23.52%的受访者认为社区卫生服务中心应提升线上问诊服务效果。

目前区域信息化服务平台建设有待完善，社区卫生服务中心暂时无法提

供报告查询功能。并且在使用过程中，受到信息储存保密要求的限制，基层医疗服务人员在平台上的操作都要经过上传、下载等程序，大大制约了医疗服务效率提升。同时，基层医疗服务机构和医院出具的报告之间信息不共享，二级以上医院普遍不承认基层医疗机构出具的检查报告，为居民向上转诊设置了障碍。

五　构建广州基层医疗卫生体系的建议

（一）巩固基层医疗卫生服务网，促进基层机构提质增效

一是优化基层医疗卫生服务机构布局及建设水平。按照"一街道一中心、一镇一院、一村一站"的标准，完善城市15分钟、农村30分钟医疗服务圈，并在人口密集、服务半径较大的地区适当增设社区卫生服务机构。启动新一轮基层医疗卫生机构功能提升与优化建设，加快推进应建未建以及未达到建设标准的基层医疗卫生机构的新改扩建工作，新建或公建配套项目的社区卫生服务站按照建筑面积不低于350平方米、社区卫生服务中心按建筑面积5000~10000平方米的标准建设。[①]

二是加强基层服务能力及疫情防控能力建设。开展社区家庭病床医疗和护理服务，创新扩展基层医疗卫生服务类型，努力形成社区卫生服务、居家医疗、医院延展性服务等多样化基层医疗健康服务新格局。加强基层医疗卫生服务机构在疾病预防工作中的职责，把推进基层发热诊室设置和规范管理作为工作重心，做好新冠疫苗接种及社区疫情隔离管控等日常性工作，协同构建起强大的基层公共卫生体系。争取到2025年，达到国家推荐标准的镇卫生院和社区卫生服务中心比例超过50%。[②]

[①] 《广州市人民政府办公厅关于印发〈广州市卫生健康事业发展"十四五"规划〉的通知》（穗府办〔2022〕3号）。

[②] 《广州市人民政府办公厅关于印发〈广州市卫生健康事业发展"十四五"规划〉的通知》（穗府办〔2022〕3号）。

（二）创新医联体建设体制机制，加快健全分级诊疗体系

一是建立并完善分级诊疗技术标准和工作机制，充分发挥基层医疗卫生机构健康"守门人"作用。制定规范化的转诊制度，从制度上构建起明确的、可操作的向上转诊和向下转诊的程序和分工明确的医疗服务体系。大医院应更多地承担住院服务和专科服务，基层医疗卫生机构则担任健康"守门人"的角色。落实分级诊疗技术标准，推进检验检查结果和医疗卫生机构间电子健康档案等信息共享，[①] 同时，医联体集团内各医院加强协作，推进检验检查结果和医疗卫生机构间电子健康档案等信息共享，为患者提供顺畅转诊和连续诊疗。结合本地区实际建设优势专业专科，形成特色鲜明、专业互补、错位发展、有序竞争的发展格局，带动基层医疗卫生机构提升服务能力和管理水平，提高基层医疗卫生机构就诊占比。

二是从政策设计和技术手段两方面切入，推进城市医联体、农村县域医共体建设，形成上下联动、医防结合、分级诊疗的新格局。在政策设计方面，建立健全激励相容的配套政策。落实医保激励约束机制及价格政策，以医联体为单位统一预付，合理确定预付总额，按服务签约人数打包支付。将远程医疗服务纳入新增医疗服务项目管理，经同级价格主管部门审核立项后，由医疗机构自主制定价格，实行市场调节价。同时，优化绩效工资政策。将分配自主权下放给医联体的牵头医院，同步推进基层医疗机构和公立医院的绩效工资改革，逐步实现基层医务人员收入与上级医院同年资专科医生一样。在技术手段方面，要科学运用信息技术，引导人才、技术、设施设备的合理流动，促进资源共享，支撑医联体、远程医疗体系建设和基层服务能力提升。依托医联体的整体架构和全省基层医疗卫生机构管理信息系统，建立统一的卫生信息化平台，实现信息系统联通，促进医患数据的多向传输。在数据汇聚的基础上，大力开展数据挖掘和应用，支撑业务监管和科学

---

① 牛亚冬、张研、叶婷、张亮：《我国基层医疗卫生机构医疗服务能力发展与现状》，《中国医院管理》2018 年第 6 期，第 32~37+41 页。

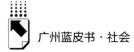

决策。探索多种形式的"互联网+医疗"模式，以治疗常见病、慢性病为服务内容，支持线上问诊、线下检查、线下拿药，推动建立基层优质门诊服务新模式，实现病人、医生、服务"三个下沉"。

（三）完善基层绩效考核机制，加强配套政策及机制建设

一是完善基层医疗卫生运行机制。推进落实基层医疗卫生机构"公益一类财政保障，公益二类绩效管理"，建立人员编制定期调整机制，健全完善基层医疗卫生机构和医务人员绩效考核机制。以重点人群健康管理和重点疾病管理等为主要内容，完善基本公共卫生项目绩效管理机制，逐步提高基本公共卫生服务人均经费补助标准。加大基本公共卫生服务项目，尤其是国家给予基层扶持政策的宣传力度，不断扩大服务覆盖面，深化服务内涵，提升服务质量。统筹医疗保障基金和公共卫生服务资金使用，衔接公共卫生服务和医疗服务，形成医防同向激励机制。

二是充分调动大型医院积极性，解决"不愿放"问题。建议继续深化公立医院管理和运行机制改革，促进建立现代医院管理制度，加大中央和省级财政投入力度，突出部属、省属大型医院公益性发展要求。

三是解决基层医疗机构"接不住"问题，满足群众"在家门口看专家"需求。建议将专业技术人员到基层医疗卫生机构多点执业或定期出诊、巡诊等工作情况纳入三级公立医院绩效考核，落实人员下沉激励措施，促进人才流动。允许突破现行事业单位工资调控水平，允许各级医疗机构医疗服务收入扣除成本并按规定提取各项基金后主要用于人员奖励，并向下沉基层服务人员倾斜，稳步提高医务人员薪酬水平。

（四）加强全科医生队伍培养，提升基层医疗服务能力

一是持续做好全科医生规范化、转岗培训工作。加强与高校合作，扩大全科医生招生规模。积极贯彻落实《广州市改革完善全科医生培养与使用激励机制实施方案》有关措施，进一步完善全科医生培养与使用激励机制，提升其职业荣誉感；大力开展全科医生规培骨干、学员项目、转岗培训以及

广州·伯明翰全科医师共进计划培训项目等，把疾病防控作为全科医生、乡村医生培养培训的必修内容，将普及防疫知识、处置突发疫情纳入乡村医生绩效考核内容，提升基层尤其是农村地区卫生人员医疗救治和疫情防控能力。二是大力发展"互联网+继续教育"和远程培训，引进BMJ全科能力在线培训平台，为全科医生提供多样化的在线课程和继续医学教育，逐步提高全科医生的诊疗水平，力求以优质服务吸引居民到基层接受健康管理服务。三是发挥"传帮带"作用，持续开展家庭医生签约服务团队滚雪球培训；推动城市大型三级医院与基层医疗机构建立协作关系，通过对口帮扶、技术协作等方式，提升基层医疗服务能力。

（五）以家庭医生签约服务为核心，推动深化社区卫生服务综合改革

以提升家庭医生签约服务的吸引力和满意度为目标，壮大医师队伍、完善服务方式，积极推进医养结合服务，促进医防融合。首先，要优化家庭医生政策目标与标准，包括提高政策目标的合理性，结合配套政策建立有效联动，完善家庭医生签约服务质量的考核标准；其次，要进一步落实家庭医生团队激励政策，完善家庭医生薪酬保障机制，壮大家庭医生队伍；再次，要实施家庭医生政策执行方式多元化，包括灵活运用多样的诊疗平台、丰富家庭医生签约服务内容、加大宣传吸引力，提高社区居民的满意度；最后，要提升家庭医生政策执行机构综合能力，包括改善社区卫生服务中心基础设施建设、建立家庭医生常态化培训机制、优化激励机制，激发组织活力[1]。最终，以家庭医生签约服务为切入点，为居民提供基本医疗、公共卫生、健康管理相融合的整合型服务，不断提升家庭医生签约服务质量和水平。实施广州市基层医生全科能力提升工程三年培训计划、家庭医生团队骨干师资滚雪球培训以及与香港联合医务集团合作试点开展"金牌家庭医生""金牌护理"培养项目等，提高基层全科医生诊疗能力和水平。

---

[1] 周梦玮：《满意度视域下上海市家庭医生政策执行问题研究》，华东师范大学公共管理硕士学位论文，2020。

（六）强化基层医疗卫生信息化建设，消除医疗卫生智能化障碍

一是加速推进各基层医疗机构接入市全民健康信息平台。推广基层医疗机构与大型医院之间实现以"健康档案"为核心的数据共享与协同应用，如区域诊断应用、双向转诊应用、检验检查结果互认应用等；继续梳理发掘基层医疗机构的信息化需求，建设统一的临床决策系统，实现区域医疗卫生智慧化，减轻基层医疗机构压力。二是加快建设疾病防控与公共健康服务信息平台。进一步实现医疗机构与公共卫生单位之间的数据共享共用，减少基层重复录入的工作；基于与市全民健康信息平台的对接，弥补公共突发事件监测、应急能力不足，逐步完善妇幼保健、疾病监测、慢病管理、健康教育等功能，不断提高基层公共卫生服务能力。三是推动新一代信息技术融合应用。利用5G通信、物联网、互联网、人工智能、云计算、区块链等新兴信息技术，努力解决基层卫生健康信息化发展瓶颈，助力基层卫生健康工作智能化。

（审稿人：付舒）

B.18
广州应对突发公共卫生事件的能力提升策略研究

麦劲恒 冯丽芳*

摘 要： 本文从政策、法治、"人财物"、技术四个维度来评价广州应对突发公共卫生事件的能力，并根据居民对2021年"5·21"新冠肺炎疫情防控工作满意度的调查结果，提出应对突发公共卫生事件的能力提升对策建议。调查结果显示，居民对2021年"5·21"疫情防控工作总体满意，在涉疫政策的实施与机制的运行、疫情期间的法治环境、常规防控工作的组织与调度情况、数字化技术管控等方面均有较高的满意率。但与此同时，居民期待加强中高风险地区的管控力度、加强网络信息管控力度、改善封闭和封控区的物资与服务支撑、进一步解决老年人"数字鸿沟"问题。对此，本文提出完善编制内外人员的协调机制，做好常态化防控；加大信息管控力度加强前瞻性打击，发动街坊群防共治；持续加大"人财物"支撑，提供优质防疫物资与服务；加强信息互通，扩大信息技术应用范围与服务人群等对策建议。

关键词： 突发公共卫生事件 能力提升 满意度 供需匹配

超大城市因具有人口规模大、人口密度高和人员流动性强的特点，对政府

---

* 麦劲恒，博士，广州市社会科学院社会研究所助理研究员，研究方向为文化与认知、社会治理；冯丽芳，社会工作专业硕士，研究方向为社区发展，社会工作实务，社会服务组织机构与管理。

的城市治理能力以及应对突发公共卫生事件的能力提出了更高的要求。广州作为超大城市,一旦有疫情发生,公共卫生安全便会面临着"放大效应"风险。①因此,为满足居民对公共卫生防控工作的需求,亟须建立并持续完善公共卫生的应急性与常态化防控机制。本研究以2020年和2021年两年来新冠肺炎疫情防控工作为切入点,首先对广州疫情防控的政策供给、法治供给、"人财物"供给、技术供给等方面进行研究,其次从居民对疫情防控工作的需求和满意度进行调研与分析。再次从供需匹配的角度出发,找出当下广州在应对突发公共卫生事件方面的短板。最后,针对上述研究发现的问题提出相应的对策建议。

一 广州突发公共卫生事件应急工作的供给状况分析

2020年以来,新冠肺炎疫情在全球蔓延,全国各地迅速行动起来,及时启动突发公共卫生事件应对预案,积极调动本市医疗资源、资金及技术,保障人员与物资供给,出台相关法规,以最短的时间、最有效的方式控制住了疫情。超大城市面对着"放大效应"的风险,若要高效精准地处理突发公共卫生事件,更需要有政策、法治、"人财物"、技术等四个维度的有力供给(见表1)。

表1 超大城市突发公共卫生事件应急工作供给能力的分析维度

维度	主要内容
政策供给	包括应对突发公共卫生事件机制体制的建立、各级政府与机构领导的重视和参与程度、权责分工、分类分级管理机制等
法治供给	包括完善各个层面的应对突发公共卫生事件的预案与相应地方性法规、疫情期间的舆论监测、涉疫非法行为的打击等
人员、资金与物资供给	包括专业的医疗人员、警务人员、社区工作人员数量,临时调动的社会组织、志愿者等数量,以及工作人员与居民的医疗、生活物资数量,政府在应对突发公共卫生事件方面的资金预算与开支等
技术供给	包括数字化管控、检疫与疫苗的技术创新、专业医务人员支援、物流技术的创新等

---

① 范宪伟、张本波:《超大城市公共安全风险"放大效应"的应对举措》,《中国发展观察》2020年第21期。

下文将围绕上述四个维度来对广州突发公共卫生事件应急工作的供给能力做综合评估。

（一）政策供给逐渐完善，形成权责明确的应对突发公共卫生事件机制

新冠肺炎疫情以来，广州涉疫政策不断完善，贯彻"坚定信心、同舟共济，科学防治、精准施策"总要求，强化指挥组织体系，实现高规格指挥集中攻坚。建立完善公共卫生服务体系和四级公共卫生委员会运行机制。完善广州应急处置预案和防控措施，坚持疫情防控工作调度例会制度，确保应急指挥机制始终处于激活状态。2021年"5·21"疫情防控期间，广州医疗防治组提出精准实施调整封闭、封控区域的做法，实施分级分类差异化防控策略，精准确定低、中、高不同风险等级以及制定防控措施，将以核心传播者为中心的防控模式升级为以感染风险圈为中心的防控模式，对防控区域划分出封闭、封控管理区，限制潜在传染源活动范围，分别实施严格居家、足不出户封闭管理，以及人员只进不出、严禁聚集封控的管理措施，有效防止疫情扩散。

上述工作的顺利开展与广州不断调整的防疫政策分不开。广州的应急管理体系建设起步于"十一五"期间，此期间广州初步建立起由各级突发事件应急委员会、应急指挥中心、专项应急管理机构、现场指挥部等组成的应急组织体系，以及"统一领导、综合协调、分类管理、分级负责、属地为主"的应急管理体制。到"十二五"期间，政府继续完善应急管理体制，使得广州的突发事件预防和应急准备、监测预警、应急处置、恢复重建和应急保障能力得到明显增强，应急管理水平显著提高，有效减少较大、重大突发事件及其造成的人民生命财产损失。"十三五"期间，广州的应急管理工作主要以"党建统安、专业兴安、依法治安、廉勤保安、科技强安、全民护安、制度固安、服务促安"这八个举措为着力点和突破口，着力防范和化解重大安全风险，全面提升安全应急防范能力。全市应急管理体制机制更加健全，市、区两级应急管理部门全部组建到位，全面实现了应急管理部门

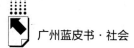

党组改设为党委，初步构建了统一指挥、专常兼备、反应灵敏、上下联动的应急管理体制，形成了党政统一领导、部门分级分类管理、企事业单位主体负责、全社会广泛参与的应急管理新格局。初步形成了以应急预案体系建设为基础、扁平化应急救援指挥体制和预防抢险救援工作相衔接的应急指挥机制、应急协同救援机制、应急值守和信息报告机制、隐患排查治理机制、社会力量参与机制、军地协调联动机制；有序推进了应急管理领域放管服改革，"权力清单""免责清单"等新举措得到全面实施。①

（二）涉疫违法打击手段逐步健全，设置舆情研判专班及平台法规逐渐完善

在法治供给方面，广州涉疫违法的监控手段逐渐健全，举报渠道逐渐多元化。一是警力配备充足。2020年，广州公安查处扰乱医疗、防疫秩序等涉疫犯罪案件1425宗，坚决维护疫情期间的社会治安，查处案件、抓获人员数居全国第一。同时，根据疫情发展的形势动用3500名警力，组建市、区两级及公交、监管等专业警种共17支应急处置队伍。② 二是舆情跟踪有创新举措。广州充分发挥公共卫生管理部门、医疗系统专家学者的作用，满足人们对有关疫情防控情况、防控知识等信息的需求。2021年"5·21"疫情防控期间，积极创建涉疫诉求与舆情研判协调工作机制，设立涉疫诉求处置与舆情研判工作专班，下设综合协调、问题收集、分析研判、舆情回应四个组，连通12345热线、110报警、网络舆情、信访、媒体抗疫热线等5个平台，实行五平台联动制、防控指挥部16个工作组联动制，实现各方力量高效协同联动，共办结问题16.5万件，按时办结率96.53%，回访满意率92.58%。③

---

① 《广州市人民政府办公厅关于印发广州市应急管理第十四个五年规划（2021—2025年）的通知》，广州市人民政府门户网站，http://www.gz.gov.cn/zwgk/fggw/sfbgtwj/content/post_7798586.html，2021年8月11日。
② 羊城晚报：《查处涉疫犯罪1425宗 社会治安大局持续向好》，http://ep.ycwb.com/epaper/ycwb/html/2021-02/04/content_118_357715.htm，2021年2月4日。
③ 资料来源于课题组与广州市卫生健康委员会相关人员访谈整理。

广州在新冠肺炎疫情期间良好的法治供给是与其多年来涉疫法治体系建设紧密相关的。改革开放以来,中国的法律制度不断在完善,广州作为改革开放的先锋,也在不断积极地探索符合本地实际情况的法治体系建设。[①] 在应对突发公共卫生事件方面,广州在《国家突发公共事件医疗卫生救援应急预案》《突发公共卫生事件应急条例》《医疗机构管理条例》《国家突发公共事件总体应急预案》以及《广东省突发公共卫生事件应急办法》等文件的指导下,因地制宜出台相关政策和法规。

过去五年里,广州市制定修订了《广州市安全风险分级管控实施细则(试行)》等约 60 部与安全生产和应急管理有关的地方性法规、政府规章、行政规范性文件,并且修编了《广州市突发事件总体应急预案》等各级各类应急预案 3 万多个,基本建立了以总体应急预案为核心,专项应急预案、部门应急预案、地方应急预案、重点企事业单位应急预案、重大活动应急预案为基础,覆盖多层级、多领域的应急预案体系,应急管理工作正走向规范化、法治化,使得抗疫工作中渎职失职人员、违反管理规定的人员均受到应有的制裁。[②]

(三)人员、资金及物资供给稳定,疫情期间能科学及时调度

1. 疾控机构配置相对充足,应急队伍能科学调度

广州疾控机构的数量常年保持较高的水平,其专业技术人员的数量也保持比较稳定。2016~2020 年的统计数据显示,2020 年广州的疾控机构数量为 17 个(见表 2),疾控机构数量与常住人口比例为 0.91 个/百万人;北京市 2020 年有 29 个[③],疾控机构数与常住人口的比例为 1.32 个/百万人;上海市 2020 年有 17 个[④],疾控机构数与常住人口的比例为 0.70 个/百万人。

---

① 张彧通:《论应急预案的法律性质及效力》,《法治与社会》2009 年第 8 期(上旬刊)。
② 《广州市人民政府办公厅关于印发广州市应急管理第十四个五年规划(2021—2025 年)的通知》,广州市人民政府门户网站,http://www.gz.gov.cn/zwgk/fggw/sfbgtwj/content/post_ 7798586.html,2021 年 8 月 11 日。
③ 资料来源:《北京统计年鉴》,http://nj.tjj.beijing.gov.cn/nj/main/2021-tjnj/zk/indexch.htm。
④ 资料来源:上海市卫健委,http://wsjkw.sh.gov.cn/fwjg/20180601/0012-55896.html。

从疾控机构配置数目与常住人口的比例来看，广州略优于上海，虽然与北京仍有一定的差距，但基本能满足超大城市的疾控需求。

近五年来广州疾控机构的卫生技术人员数量稳定于 1500 人左右，2020年的总体卫生技术人员数量为 1507 人，疾控机构的卫生技术人员与广州常住人口的比例为 0.81 人/万人。但随着广州常住人口逐渐增加，疾控工作日益复杂与艰巨，疾控机构的人员所面对的疾控工作压力也将加大。

表 2　2016~2020 年广州市疾控机构数量及其卫生技术人员数量

年份	机构数（个）	卫生技术人员（人）							
		小计	执业药师	执业助理医师	注册护士	药师	检验技师	影像技师	其他
2016	18	1532	751	51	134	36	395	17	148
2017	17	1495	747	45	130	34	394	15	130
2018	17	1511	787	45	124	33	408	14	100
2019	17	1486	759	39	123	35	367	12	151
2020	17	1507	769	37	116	31	339	11	204

资料来源：《广东卫生健康统计年鉴》（2018~2020），《广东卫生与计划生育统计年鉴》（2016~2017）。

在医疗以及应急队伍建设方面，各行政区卫生健康行政部门按照"平战结合、常备不懈"的原则，组建相关的医疗卫生救援队伍，加强本区紧急医学救援体系和能力建设。在过去五年，广州应急救援能力持续提升，组织指导全市各单位建设应急队伍 304 支（2.2 万人），建成全国首个社会应急力量孵化基地，成立了广州市社会综合应急救援队，为常态化防控提供专业技术支撑。[①]

近年来在应对新冠肺炎疫情上，广州积极反应，迅速成立疫情防控工作领导小组，下设十多个工作组及工作专班，统筹协调疫情防控工作，要求

[①] 《广州市人民政府办公厅关于印发广州市应急管理第十四个五年规划（2021—2025 年）的通知》，广州市人民政府门户网站，http://www.gz.gov.cn/zwgk/fggw/sfbgtwj/content/post_ 7798586.html，2021 年 8 月 11 日。

市、区、镇街三级政府机构组织构建应急处置小组。同时,持续巩固立体流调机制,建成规模庞大的流调队伍,采取分批轮值值守和市级调度工作机制,定期开展疫情防控全流程全要素综合演练,不断提升疫情应急处置能力。在社区层面,要求社区设立"三人工作小组",主动出击,严格排查外来人员健康情况,强化监测力度,并不断提高"三人工作小组"工作的精细化程度。

2. 物资储备体系逐步健全,辅以相应资金投入

在医疗与应急物资方面,广州市委全面深化改革委员会出台《关于完善重大疫情防控体制机制健全公共卫生应急管理体系的实施意见》,联合市发改委制定市级层面的卫生应急物资储备清单,委托市疾控中心做好部门应急物资储备,组织全市医疗卫生机构按要求落实各项卫生应急物资储备工作,规定全市二级以上公立综合医院加强医疗卫生应急队伍建设,并按标准要求配备人员和设备。同时,为应对新冠肺炎疫情,持续加大公共卫生资金投入,强化核酸检测能力与疫苗接种能力,全市核酸日检测能力已超过100万份,新冠疫苗最大接种能力达到每日46万针。[1]

"十三五"期间,广州全面建成市、区、镇街纵向衔接、横向支撑的物资储备体系,建成市级生活类救灾物资储备仓库1个、代储仓库3个、区级仓库11个,仓储总面积达7685平方米,建立应急物资紧急运输"绿色通道",确保灾情发生后6小时内将救灾物资运送至灾区。新建立173个应急庇护场所,各类应急庇护场所达到1364个。[2]在确保新冠肺炎疫情防控物资保障方面,广州为隔离的人员建立封闭封控物资保障网络。完善重点区域"市—区—街道"三级保供体系,构建"1+3+4+N"(一家国企对接一个街道、一个街道安排3台以上流动供应车、4个以上临时供应点、多个社会销

---

① 《广州市卫生健康事业发展"十四五"规划》,广州市卫生健康委员会网站,http://wjw. gz. gov. cn/xxgk/jhzj/content/post_ 8163730. html,2022 年 3 月 31 日。

② 《广州市人民政府办公厅关于印发广州市应急管理第十四个五年规划(2021—2025 年)的通知》,广州市人民政府门户网站,http://www. gz. gov. cn/zwgk/fggw/sfbgtwj/content/post_ 7798586. html,2021 年 8 月 11 日。

售平台参与的生活物资保障体系）保供新模式，保障封闭、封控区内群众的多样化个性化生活需求。①

（四）疫情防控技术供给比重高，大数据、云计算技术全覆盖

1.为新冠肺炎疫情防控加"码"

广州积极探索数字化管理新方式，"防疫通"系统（全称为广州市疫情防控管理系统）自2020年2月投入使用以来不断升级完善，该系统基于数字广州基础平台网格，纵向上建立市—区—街镇—社区四级数据共享传输渠道，能实现疫情数据的自动分发和采集上报，横向上打通各防疫场所、各防疫相关信息系统之间的互联互通，有助于全市风险人员的高效管理以及防控形势的动态研判。利用"防疫通"能第一时间对密接者和涉疫风险重点人员进行管控，及时堵塞疫情传播风险漏洞。广州在移动智能终端上推出"穗康码"，首创"黄码"规则，结合各类大数据信息对重点场所人群进行精准划定，限制黄码人员进入公共场所。同时，"穗康码"能与"防疫通"实时联动，红码人员扫码时，"防疫通"自动向街镇人员发送告警短信。中高风险地区入穗人员在"穗康码"填报行程信息时，防疫通将数据自动下发到街镇社区。市民在"穗康码"上报抗原检测结果为阳性时，"防疫通"自动向疾控、街镇人员发送告警短信，同时向市民发送处置指引短信。截至2022年5月15日，"防疫通"共存储涉疫数据45T，并向全市64家单位提供实时数据查询接口服务，日均调用146万次。在地铁站点、医院实现"码卡融合"，市民可凭老人卡、学生卡即时显示防疫信息，方便不便使用智能手机的特殊人群出行、就医。②

2.技术手段高效化、人性化日益凸显

广州在应对突发公共卫生事件上大力推进新技术应用，完成了应急管理大数据平台建设，实现安全风险精确监测，采用无人车、无人机，组织机器

---

① 资料来源于课题组与广州市卫生健康委员会相关人员访谈整理。
② 资料来源于课题组与广州市卫生健康委员会相关人员访谈整理。

人企业参与物资配送模式，解决好"最后百米"末端配送问题，减少人员交叉感染风险；完善封闭封控管理区域特殊困难群众帮扶机制，建立完善中高风险地区和封闭封控管理区域内特殊困难群众台账，建设市"需求端—中枢系统—处理端"困难群众兜底保障安全网系统，实现救助服务"一网统揽"。在"穗好办"发布24项服务清单，困难群众只需刷脸在"穗好办"提出服务需求，工作人员即在后台进行处置和反馈。由于新技术的不断应用，新冠肺炎疫情期间广州提供的民生服务项目越来越多，也让越来越多的群体受益，防控工作日益人性化。

二 居民对广州突发公共卫生事件应急工作的满意度分析

（一）居民满意"5·21"疫情防控工作，认为较2020年有进步

本研究以2021年广州"5·21"新冠肺炎疫情防控为例，针对广州整体疫情防控工作的满意度情况进行研究，对广州市11个区的居民发放问卷，收回有效问卷1101份，受访居民遍布"5·21"疫情的高、中、低风险区，亦遍布隔离小区与非隔离小区。高风险地区受访居民41人，占总数的3.7%；中风险地区的受访居民有129人，占总数11.7%；低风险地区的受访居民有931人，占总数的84.6%（见图1）。该轮疫情中有封闭、封控管理经历的居民有105人，占总数的9.5%；没有封闭、封控管理经历的居民有996人，占总数90.5%（见图2）。

本研究问卷调研了市民对相关部门与机构在"5·21"新冠肺炎疫情防控工作的满意度。从总体来看，居民对"5·21"疫情防控工作满意率较高。"学校停课、企业单位在家办公""检疫与隔离措施""疫情监测与预警""市、区、街道、居委会各级政府协力程度""管控公共娱乐、餐饮场所"等方面的工作满意率分别为87.8%、83.1%、82.2%、82%、81.2%，如图3所示。"追究涉疫犯罪法律责任""关注舆论导向、跟踪民意"方面

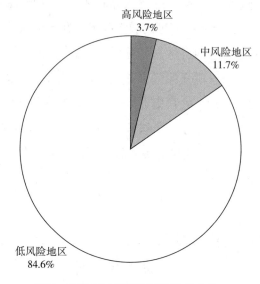

图 1 受访居民按风险区域的分布情况

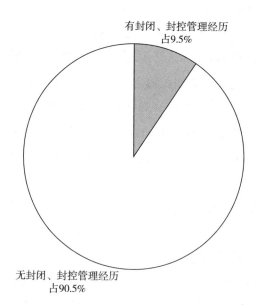

图 2 受访居民有无封闭、封控管理经历

的工作满意率为 80.2% 和 79.6%。受访居民对"监测媒体，防止谣言"方面的工作满意率最低，仅为 76.1%；其次是"物资与人员调度"，居民满意率仅为 78.4%。

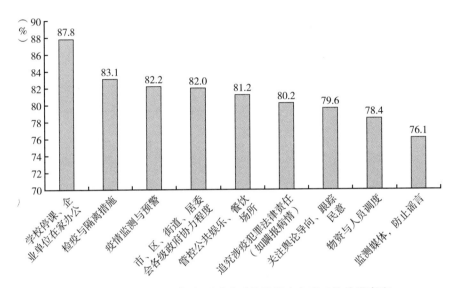

图 3 居民对"5·21"新冠肺炎疫情防控中各项工作的满意率

在社区层面，"5·21"新冠肺炎疫情中，居民对所在社区防疫工作的平均评分为 8.03 分（满分 10 分），处于一个比较满意的水平。"对居民进行常规流行病调查""对高风险地区居民进行排查、隔离、监测""运用'穗康码''粤康码'管理居民""组织全体居民进行核酸检测""引导居民接种疫苗""宣传卫生健康知识与发布最新疫情消息""随访来穗务工人员"等工作的满意率分别是 85.9%、85.9%、85.9%、84.7%、83.9%、83.1%、81.6%，均超过 80%，如图 4 所示。满意率最低的是"提供隔离人员生活物资、药物及安保、快递、消毒等服务"，满意率仅为 76%；其次是"指导居民使用'穗康码''粤康码'"，满意率为 79.3%。可见该轮疫情中，相关部门与基层工作人员在社区疫情管控方面的工作大多受到居民的认可。

相对于 2020 年疫情的防控工作，居民表示"5·21"疫情防控工作有多方面进步。该轮疫情中，广州进行了多轮大规模核酸检测，有效阻断疫情

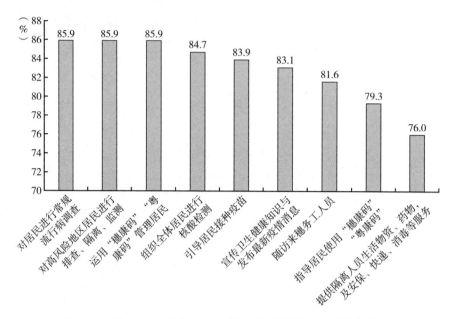

图4 居民对"5·21"新冠肺炎疫情社区层面上防控工作的满意率

传播风险。本次调查的数据显示，有40.3%的居民认为广州在核酸检测方面有进步，这说明不少居民对全民核酸检验的效率与效果表示肯定，相对于2020年有了很大的进步。其次是疫苗研制与接种，有24.9%的居民认为比2020年有进步（见图5）。

与此同时，该轮疫情防控工作中，"宣传卫生健康知识与发布最新疫情消息""各级政府与部门协同工作""疫情监测与预警""管控公共娱乐、餐饮场所""流行病调查与隔离措施""学校停课、企业单位在家办公"等工作均有超过15%的居民认为比2020年有进步。但"网络信息管控""物资供应与物价平抑""跟踪民意""打击涉疫违法犯罪行为"等几项工作均只有较少的居民认为有进步。

（二）居民对疫情监测与预警机制满意率高，期待加强中高风险地区管理

总体上，居民对"5·21"新冠肺炎疫情防控中的疫情监测与预警机制

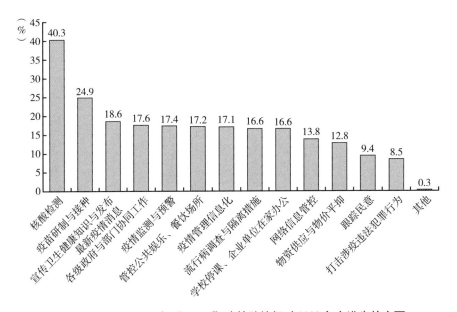

图5 居民认为2021年"5·21"疫情防控相对2020年有进步的方面

的运行情况表示满意,但中高风险区的居民对疫情期间诸如检疫与隔离、线上教育和办公等管理措施的满意率比低风险地区低。

在应对"5·21"疫情中,发现阳性病例的当日各级部门迅速发布包括患者的生活区域、生活轨迹等准确消息,让相关的机构与居民及时做好预防措施。从本次调查数据来看,高风险地区居民对该轮疫情的监测与预警工作的满意程度较高,满意率为85.37%。中低风险地区居民的满意率稍低,分别是80.62%和82.28%。另外,封闭、封控区居民与非封闭、封控区居民的满意率差别不大,分别为80%和82.43%,如图6所示。该轮疫情中发热门诊起到了防控哨站的作用,对启动突发公共卫生事件应急工作机制有着关键作用,整体居民对该轮疫情的监测与预警工作是比较满意的。

在检疫与隔离措施方面,全市受访居民的满意率较高,达到83.1%。但中高风险地区居民的满意率低于低风险地区,封闭、封控区居民的满意率低于非封闭、封控区,如图7所示。这说明应急隔离政策与措施落地的及时性有待加强。

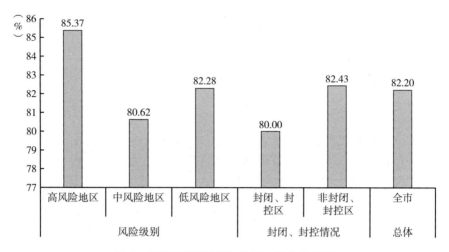

图6 居民对疫情监测与预警工作的满意率

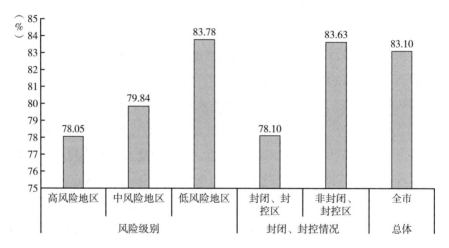

图7 居民对检疫与隔离措施的满意率

关于疫情期间暂停线下教育与办公的管控措施，居民整体满意率较高，达到87.8%。但高风险地区居民的满意率要低于中低风险地区的居民，封闭、封控区居民的满意率要低于非封闭、封控区居民，如图8所示。这可能是居民居住地区与其工作学习地区的风险等级、防疫措施等不同引起的，封

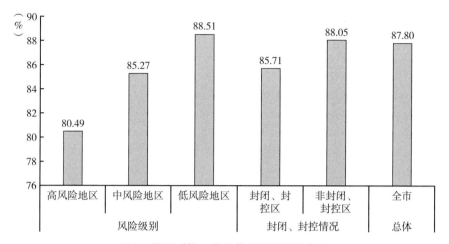

图 8　居民对停工停课管理措施的满意率

闭、封控区的居民由于出行受限，会产生工作、学习、经济、生活、健康等方面的压力，而相应的防控服务未能满足居民需求。

（三）居民对疫情期治安基本满意，期待加强网络信息管控

从上文可以看出，广州居民对于"5·21"新冠肺炎疫情期间打击涉疫违法犯罪行为方面工作基本满意，满意率为80.2%。居民对疫情期间的社会治安方面的关注主要集中在网络信息管控、高风险人员的管控以及舆情跟踪等几个领域。

受访居民对疫情期间网络信息管控工作的满意率相对较低，为76.1%。其中，在谣言极易传播的中低风险区和非封闭、封控区的满意率要低于高风险地区和封闭、封控区，如图9所示。近年来新媒体的高速发展深深地改变着居民的生活方式，主动研判网络舆情，及时精准打击涉疫违法犯罪行为，对于疫情期间维护社会安定有着重要意义。

疫情期间执法不力还表现在对高风险人员的管控上，不同风险地区的居民对这项工作评价差异较大，高风险地区的受访居民满意率最低，为73.17%，远低于中低风险地区的85.27%与88.65%。同样的，封闭、封控区居民的满意率低于非封闭、封控区居民，如图10所示。

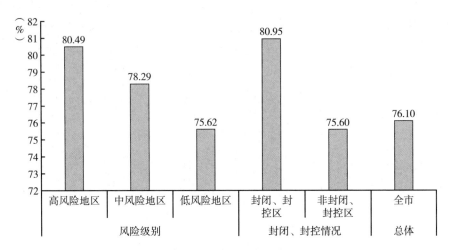

图9　居民对疫情期间网络信息管控工作的满意率

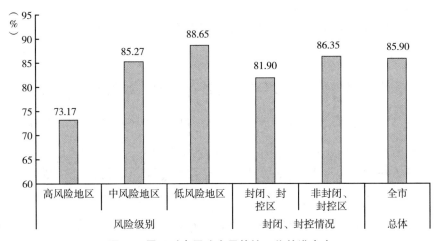

图10　居民对高风险人员管控工作的满意率

　　另外，居民对舆情跟踪方面工作的总体满意率为79.6%，高风险地区居民的满意率略低于中低风险地区的居民，封闭、封控区的居民满意率明显低于非封闭、封控区居民，如图11所示。疫情期间舆情跟踪力度不足可能会引发一些社会治安问题，虽然广州成立了涉疫诉求处置与舆情研判工作专班，但是在前瞻研判、打击违法的效率方面还有上升空间，因此，持续扩充居民表达诉求的渠道，及时处理居民投诉显得尤为重要。

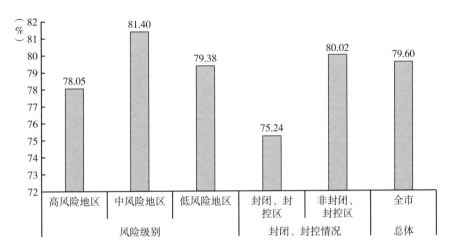

图 11　居民对跟踪舆情工作的满意率

（四）居民对常规防控工作满意率高，期待提升封闭、封控地区物资与服务质量

常规防控工作的"人财物"投入集中体现在疾病检测、疫苗接种等方面。在疾病检测方面，本次调研中受访居民对广州"5·21"新冠肺炎疫情期间的核酸检测工作是认可的，有 84.7% 的受访居民表示满意。其中，高风险地区的居民满意率最低，为 78.05%；中风险地区居民满意率稍高，为 82.95%；低风险地区居民的满意率最高，为 87.56%，如图 12 所示。可见，中低风险地区的居民对全民核酸检测表现出充分肯定的态度，认为有充足的安全感，但高风险地区的居民满意率有待提高。

在"5·21"新冠肺炎疫情之前，广州的疫苗接种工作就在有序推进，居民对疫苗接种的推进工作安排总体满意，满意率达 83.9%。但是高风险地区的满意率最低，为 70.73%；中风险地区稍高，满意率达 78.29%；低风险地区满意率最高，为 87.56%。中低风险地区的居民对于疫苗接种工作的不满，很大程度上是由于"5·21"新冠肺炎疫情对中低风险地区的居民形成了较大的心理压力，尤其是没有接种第一剂疫苗的居民，他们更加渴望

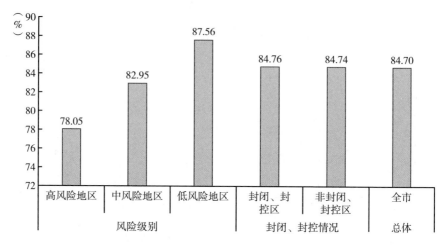

图 12　居民对社区核酸检测工作的满意率

尽早接种疫苗。同样的，封闭、封控区居民的满意率（74.29%）远低于非封闭、封控区居民的满意率（84.94%），如图 13 所示。

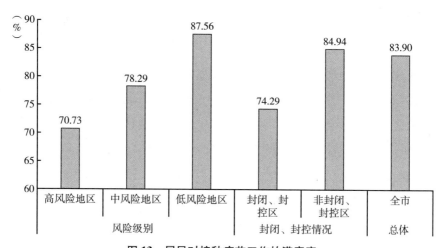

图 13　居民对接种疫苗工作的满意率

需指出的是，虽然社区在封闭、封控时所提供的物资与服务十分全面，但由于"三人组"与社区工作人员紧缺，临时工作人员不足，因此中高风险地区的受访居民以及封闭、封控地区的受访居民对管控时期相应的物资与服务评价不高,中高风险地区的受访居民满意率为 71.32% 和 70.73%,封闭、封控区的受访居民满意率仅为 65.71%,如图 14 所示。可见,居民对封闭、封控期间工作人员所提供的物资与服务有更高的要求。

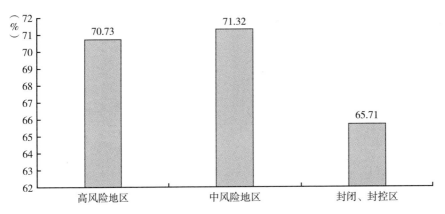

图14 居民对社区管控期间的生活物资与服务质量的满意率

(五)市民认可数字化管控措施,期待解决老年人"数字鸿沟"问题

"5·21"新冠肺炎疫情中,大数据、云计算等技术在防控工作中实现了全覆盖,居民对数字化管控的创新举措大多表示满意,满意率达到 85.9%。可见这种"赋码"式管控所带来的高效性是深受市民认可的。

高风险区和低风险区的居民对赋码管控的满意率为 87.8% 和 88.74%,明显高于中风险地区的居民(79.84%),如图 15 所示。造成这种情况可能是高风险地区的居民通过相关的防控手段有效发现身边的高危人员,及时采取措施,保障自身的生命与健康,因此对数字化管控措施相对满意。低风险地区的居民也因为这种防控手段及时了解自身的情况以及市内情况,让他们更有计划地、安全地生活与出行,因此他们的满意率也相对较高。相对地,中风险地区居民的满意率稍低,这可能因为"赋黄码"的规则过于严格,影响了居民工作、学习与生活。

"粤康码""穗康码"的管控手段让不少老年人陷入出门难、购物难的困境。根据本次调查的数据,中风险地区的居民对数字化管控手段实施过程中

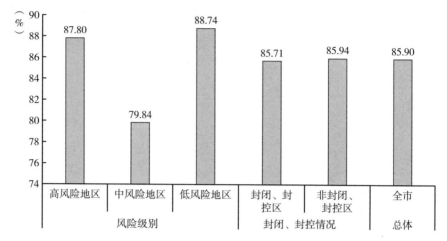

图 15　居民对"粤康码""穗康码"等数字化管理措施的满意率

引导特定群体使用"粤康码""穗康码"的工作不太满意，满意率仅为 79.07%，低风险地区居民的满意率为 82.11%，明显低于高风险地区的 90.24%，如图 16 所示。中低风险地区的老年人相对于高风险地区老年人更容易遭受数字化管控所带来的困扰，这说明数字化抗疫工作指引覆盖率不足，这也是今后提升突发公共卫生事件应急工作的人性化与公平性的关键着力点之一。

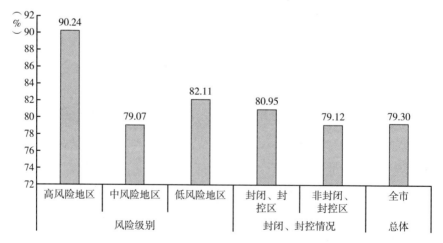

图 16　对特殊群体"粤康码""穗康码"等使用引导工作的满意率

三 广州突发公共卫生事件应急工作存在的问题分析

下文我们将围绕政策供给、法治供给、"人财物"供给、技术供给四个维度进行供需匹配分析，找出目前广州突发公共卫生事件应急工作的优点和短板。

（一）居民满意疫情防控政策与机制运行状况，期待加强中高风险区工作人员的动员与激励力度

广州从"十一五"期间至"十三五"期间不断完善应对突发公共卫生事件的机制体制，新冠肺炎疫情期间不断强化组织领导，实现高规格指挥集中攻坚。另外，广州运用了前瞻性的分级分类防疫策略，在发现阳性病例时，及时扩大排查与管控范围。这些高度灵敏、高效协同的工作方式使得广州这样一个超大城市在发生突发公共卫生事件时的"放大效应"降至最低，最大限度上降低疫情的传播速度、衍生影响等。从本次居民调查的结果可以看出，广州在"5·21"疫情中，无论在监测预警、各级部门协同响应、分级分类管控等机制体制的运行上总体满意率较高，这说明广州已经逐渐建立一套适合自身高速发展的突发公共卫生事件应急管理响应系统。

需指出的是，在疫情防控工作中，动员机制过度依赖体制内人员，容易导致某些应急措施落实效率与力度不足等问题，从而引起中高风险地区居民的不满。另外，在疫情应急与常态化防控期间，行政人员下沉到基层，医护人员放弃休假坚持工作在抗疫最前线，但是，一些激励性的措施由于认定的标准过高，不少一线工作人员在高强度工作的情况下得不到应有的激励。如在绩效方面，受奖励性绩效总量控制，无法真正体现疫情防控工作的优绩优酬，极大影响基层工作人员的积极性与服务质量，中高风险地区工作人员尤为明显。

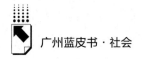
（二）居民对疫情期间社会治安基本满意，但涉疫犯罪的前瞻打击
与网络信息管控待加强

疫情期间，居民期望社会稳定，生活有序运行。目前，广州在公共卫生事件的应对方面发展出一套完整的应急预案与相关的法规，在疫情中，各部门和人员都能够做到有法可依，失职渎职人员也能够受到应有的制裁。从本次调查数据来看，居民对疫情期间的治安没有明显的不满意，对涉疫违法行为的打击工作总体满意率为 80.2%，虽然还有上升空间，但居民对社会安定的需求基本得到满足。

相对于 2020 年的新冠肺炎疫情防控，2021 年 "5·21" 新冠肺炎疫情防控期间的违法犯罪打击效果没有使得更多居民满意，只有 8.5% 的居民认为有进步，不满多源于其前瞻性与及时性不足。一方面，在及时发现并管控高风险人员、惩治隐瞒病情的人员等工作上仍有不足；另一方面，"5·21" 疫情防控中，居民最不满意的工作之一是网络信息管控，认为有关部门在及时查清事实真相并且发布官方声明方面仍做得不足，同时亦未能及时管控网络谣言。谣言的打击对于广州这类超大城市而言更加需要有前瞻性的眼光与手段，但目前该方面的工作尚未能得到居民的完全认可，居民对于真实情况的知情权尚不能很好地满足。

（三）居民基本认可疫情期间的 "人财物" 支撑，但抗疫物资与服务品质仍需改善

2020 年以来，广州为防控新冠肺炎疫情，在人财物方面都投入巨大的成本，在病毒检测、疫苗接种和流行病调查等几个防控基本环节均取得令人瞩目的成绩。"5·21" 疫情期间，广州投入大量医务人员、志愿者、社会组织与相应的物资，先后开展多轮免费的全员核酸检测，以 "广州速度" 实现早发现、早隔离、早处置。流调方面，组建市区两级流调指挥部，配合智医助理机器人进行大范围流调，以及基因测序进行传播溯源，有效控制疫情传播。从本次调查数据来看，居民对上述基本防控手段与所投入的 "人

财物"及其产生的效果基本表示肯定，并且不少居民认为"5·21"新冠肺炎疫情中上述工作比2020年做得更好，可见广州现有的"人财物"供给能够满足居民对疫情基本防控的需求。

但是，调查结果也显示，居民对封闭、封控期间所提供的物资与各项服务并不完全满意。目前虽有保供新模式，但所提供的人力、物力和财力仍难以满足"5·21"疫情中封闭、封控区域众多居民的各方面需求。

（四）居民对智能化防控的满意度比2020年提升，但惠及群体仍需扩大

广州是国际化大都市，居民对智能化、高质量的生活需求较高，在疫情期间，居民更希望有关部门采取先进的手段来进行高效防控，以及为他们提供多样化、优质的生活服务。大数据技术在近两年的新冠肺炎疫情防控工作中大放异彩，"穗康码""粤康码"能实现大范围、精准化的实时监测，有效甄别出感染风险人员，并且督促其进行核酸检测。核酸检测依托"粤核酸"平台，疫苗接种依托"穗康"等预约平台高效展开。从本次调查的数据来看，居民对这些智能化防控手段表示满意，有17.1%的居民认为疫情管理的信息化相对于2020年有进步。另外，封控期间对封控区居民提供的多样化服务中也应用了不少新技术，如无人机送货、网络求助平台等等，居民对这些新技术的应用也表示肯定。可见，广州现有的技术供给能满足居民对疫情防控工作的高效化和人性化需求。

需指出的是，"5·21"疫情防控期间，无论核酸检测还是进出公共场所，都要通过扫码登录个人信息，有些长者不懂得使用智能手机，因此外出处处受限。同时，"码卡融合"的应用范围还不够广泛，还没有扩展至商场、餐饮等场景。从本次调查数据来看，居民对于"粤康码""穗康码"等防控手段对特殊人群照顾程度的满意率为79.30%，仍有较大提升空间。可见，现在的疫情防控数字化手段并未覆盖某些特殊群体，需要根据不同群体的需求制定有针对性的优化方案。

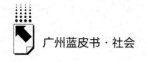

四 广州优化突发公共卫生事件应急体系的对策建议

（一）完善编制内外人员的协调机制，做好常态化防控

针对基层人员工作压力大、激励机制不足、本职工作与防疫工作冲突严重等防控难题，今后，除了要巩固"统一领导、综合协调、分类管理、分级负责、属地管理为主"的机制体制外，在常态化防控方面还应该做好以下方面工作：一是要充实社区防控力量，完善基层奖惩机制和激励政策，健全社区网格体系，优化基层防控措施。二是广泛发动广州街坊群防群治的积极性，增设群众反映问题的渠道与平台，并且加大宣传力度，确保这些渠道与平台能够落到实处，群众能够畅通使用。三是社区党员要起到带头作用，主动参与社区防控，带动群众积极参与到疫情的群防群治中来。四是调动广州丰富的外来务工人员资源，鼓励建立以乡缘和业缘为基础的社会组织，动员社会组织参与到疫情防控中，实现乡亲互助、同行互帮。

（二）加大信息管控力度加强前瞻性打击，发动街坊群防共治

针对超大城市疫情期间信息传播的机制与特点，建立高效、公开、客观的信息流通与发布渠道，打击社会不良风气与行为。一是建立有效的疫情信息上报机制与渠道，疫情紧急的时候可以跨级上报。二是建立科学的信息公开机制，建立跨领域专家小组及时研判疫情动向，及时向市民发布最新的权威信息。三是完善对高风险人员的监测与举报机制，惩治隐瞒病情、不服管控的人员。四是加大舆论监测力度，及时把握网络舆情，严厉打击散布谣言的不法分子。五是加强与国际沟通，及时互换疫情信息，与国外专家和疾控机构共同商讨防控策略。六是建立与完善街坊相互监督机制，健全诸如"广州街坊"治安网络互助平台，促进街坊协力打击各种涉疫违法犯罪行为。

（三）持续加大"人财物"支撑，提供优质防疫物资与服务

针对居民日益增长的美好生活需求与人财物供给的矛盾，今后须做到：一是增加公共卫生应急人员编制，提升人员的入编率，完善社会组织和志愿组织关于突发公共卫生事件期间的运作机制，确保有足够人手投入防控工作中。二是持续加大突发公共卫生事件应急领域的财政支出，建立稳固的传染病研究团队，持续做好传染病基础研究。三是保障重点医疗防控物资的生产供应，建立医疗机构与物资供应方的直接对接机制，确保医疗人员能够有优质的服务条件。四是建立并健全民生基本物资的生产和储备长效机制，建立并完善应急物资储备体系，依法严厉打击涉疫违法商业行为。五是针对疫情建立临时人才队伍，召集相关领域专家研判疫情，对老弱病残孕等群体给予关照与心理安抚。

（四）加强信息互通，扩大信息技术应用范围与服务人群

加强信息技术、医疗技术等应用，同时提升技术手段。一是持续加大力度普及大数据技术的应用，继续加强定位监控、数据采集、信息填报等已有领域的技术支撑，设立专门的队伍与机制加强线下指引，满足老年群体需求，同时扩大"码卡融合"的使用场景，使老人小孩出行更加方便。二是加强互联网平台的医疗救治技术，依托高速的互联网与5G技术实现非接触式诊疗与医治，利用互联网平台，分流就医人员。三是加强疾控机构、医疗机构、公安等不同部门的信息共享，实现跨部门高效协作防控。四是鼓励互联网巨头企业参与疫情防控，运用其在电子商务、即时通信、移动支付等领域的大数据资源和优势，及时对社会中的人流、物流、信息流等数据进行分析预判，并为及时精准的"赋码"管控提供数据支撑。

（审稿人：付舒）

Abstract

Guangzhou Social Development Report (2022) is one of the series of "Guangzhou Blue Book" compiled by the Guangzhou Academy of Social Sciences. It focuses on the two major themes of social livelihood and social governance, with special attention to the development of public medical and health services in Guangzhou. Public medical and health services are one of the key tasks that the Guangzhou Municipal Party Committee and Government have attached great importance to in recent years, and an important support for the high-quality social development of Guangzhou. The book mainly analyzes the current situation, problems, challenges and risks of social construction and development in Guangzhou through questionnaires, statistical analysis, data construction, social field investigation and other social science empirical research methods, and puts forward corresponding countermeasures and suggestions. The book consists of five parts.

The first part is the general report. The report sorts out the characteristics of Guangzhou's social development stage and points out that Guangzhou's economy has entered a new stage of high-quality development. With the development of the economy, the consumption stracture of Guangzhou residents has been changing and people's livelihood and well-being have been continuously improved. The total population has continued to grow, but the labor force percentage has declined due to factors such as deepening aging, and employment patterns have demonstrated new appearance. Residents have a high sense of happiness, and the overall social mood is stable. By analyzing the problems and challenges in Guangzhou's social development, this report points out that "multi-party linkage + multi-measures + innovative ideas" will stabilize employment, build a modern education system, optimize the supply of public medical and health services, promote the sustainable development of social security, and optimize the city area Social governance operating mechanism.

The second part is about society and people's livelihood. Articles in this part focus on two aspects of Guangzhou's population development, talent strategy and assistance to disadvantaged groups. In terms of population development and talent strategy, based on the survey data of "The seventh China Population Census", this article summarizes the new characteristics and trends of Guangzhou's population development in the past ten years, and forecasts the medium and long-term population development of Guangzhou and analyzes the effectiveness and obstacles of talent employment and entrepreneurship policies in Guangzhou. In terms of helping vulnerable groups, this article summarizes the experience and practices and policy analysis of Guangzhou's high-quality development of elderly care, the construction of a barrier-free environment for the disabled, and the participation of social forces in social assistance. The article puts forward targeted countermeasures and suggestions for the difficulties and problems existing in Guangzhou in different aspects.

The third part is social governance. Articles in this part focus on the innovation management of new social class people in Guangzhou and the exploration of urban renewal practice. On the one hand, it analyzes the values, influence, education level, economic situation, survival and development pressure, willingness and channels of political participation of Guangzhou new media youth and Internet people, and discusses the key direction of the current new social class management work. Then it puts forward innovative suggestions on strengthening the guidance of young people's values in the new media industry, and improving the quality of the united front work of network professionals in the new era. On the other hand, through the introduction of cases, such as the rise and fall of Guangzhou Digital City and the renewal of cultural and creative parks, this paper analyzes the advantages, problems and focus of Guangzhou in urban renewal, and puts forward countermeasures for further urban renewal on this basis.

The fourth part is about social survey. Based on the 2021 Guangzhou

Resident Safety Awareness Survey, the 2021 Guangzhou 10000 – Household Resident Survey data, and the Guangzhou sample from the 2017 National Floating Population Health and Family Planning Dynamic Monitoring Survey Household Registration Population Questionnaire, etc., this paper studies and analyzes the characteristics of Guangzhou residents' safety awareness, technological empowerment, etc. Based on issues such as the status of elderly care services, the status of building a service-oriented government that the people are satisfied with, local urbanization and farmers' income issues, systematic, scientific, and targeted countermeasures and suggestions are put forward in response to the problems and challenges existing in Guangzhou in different issues.

The fifth part is collection of researches about special subjects. These articles are about four aspects: Guangzhou medical and health service, medical security system, primary health system and public health emergency capability. In general, the development of medical and health services in Guangzhou has improved significantly, the construction of hardware facilities has achieved remarkable effects, and the per capita public health expenditure has increased significantly. In terms of medical insurance, the number of people insured by Guangzhou medical insurance has increased year by year, the payment burden of enterprises and individuals has been continuously reduced, the medical insurance payment reform based on the value of the disease has achieved remarkable effects, and the procurement reform of pharmaceutical groups has effectively reduced drug transaction costs. In the construction of the grass-roots health system, the number of grass-roots medical and health institutions has increased overall, the layout has tended to be optimized, the medical alliance has been initially formed, and the total number of health personnel has increased. In terms of emergency response capabilities for public health emergencies, the supply of emergency policies in Guangzhou has been gradually improved, the means of combating epidemic-related violations have been gradually improved, personnel, funds and materials have been dispatched in a timely manner, and the supply of epidemic prevention and control technologies such as big data and cloud computing has a high proportion. In the future, Guangzhou's medical and health services will still focus on solving the urgent medical needs of residents, so that the medical and health services will develop towards a higher quality.

Keywords: Social Development; People's Livelihood; Social Governance; Social Investigation; Public Health Service

Contents

I General Report

Abstract：This report sorts out the characteristics of each social development stage of Guangzhou, and points out that Guangzhou has entered an advanced stage of developed economy. With the development of economy, the living standard of Guangzhou residents has been improved year by year, and the people's well-being has been continuously improved. The total population has continued to grow, but the labor force has declined due to factors such as deepening aging, and the employment pattern has become more diversified. Residents have a high sense of well-being and social emotions are stable. By analyzing the problems and challenges in Guangzhou's social development, this report points out that Guangzhou needs "multi-party linkage + multiple measures + innovative ideas" to stabilize employment, in order to build a modern education system, optimize the supply of public medical and health services, and promote the sustainable development of social security, to optimize the operation mechanism of municipal social governance.

Keywords：Social Development; People's Livelihood; Social Governance

Ⅱ Social Livelihood

Abstract: Based on the comparison of the 6th and 7th census data, this paper analyzes the new characteristics and trends of Guangzhou's population development in the past ten years. Guangzhou's population will develope as the following medium-and long-term trend: by 2025, the permanent resident population of Guangzhou will reach about 21. 5 million; medium-and long-term public services have a significant positive impact on population development; real estate prices have a significant negative impact on population growth; fertility rate changes have a significant impact on population development. The adjustment effect of the permanent population is very limited; the next five years will enter a turning point of "double acceleration" of aging and declining birthrate. The report proposes four directions to speed up the adjustment of population development strategy, and puts forward five areas that urgently need population service and management policy innovation: first, to speed up the implementation of a proactive and forward-looking population development strategy; second, to promote agricultural transfer of population in an orderly manner Citizenization; the third is to implement policies that take people as the core to promote the coordinated and stable development of the population; the fourth is to promote the transition from demographic dividends to talent dividends; and the fifth is to build a full-cycle efficient and effective population service management model.

Keywords: Census; Population Development; Demographic Characteristics

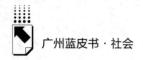

B.3 Research on Promoting High-quality Development of Elderly
Care Service in Guangzhou

Guangzhou Basic Elderly Care Service System Research Group / 069

Abstract: General Secretary Xi Jinping emphasized that meeting the various needs of a large number of elderly people and properly solving the social problems brought about by the aging population are related to the overall development of the country and the well-being of the people; it is necessary to allow every elderly person to live a peaceful and meditative life , comfortable, can live a long and healthy life, and enjoy a happy old age. In recent years, Guangzhou has conscientiously implemented the spirit of General Secretary Xi Jinping's important expositions on elderly care services, and regards basic elderly care services as an important starting point for strengthening the party's leadership, ensuring and improving people's livelihood, promoting common prosperity, and improving social governance in megacities. Planning, innovative breakthroughs, and precise efforts have achieved remarkable results. On the basis of summarizing the experience and practice of building old-age care in Guangzhou, this paper analyzes and researches the problems and countermeasures in promoting high-quality old-age care.

Keywords: Elderly Care; Aging Population; Elderly Population

B.4 Report on Constructing Barrier-Free Environment
in Guangzhou

Dai Jingwen, Huang Ziying and Liao Huiqing / 082

Abstract: Improving the barrier-free environment construction is the key task of the "14th Five-Year Plan" for the protection and development of disabled persons. The barrier-free environment construction in Guangzhou has gradually formed a relatively complete barrier-free construction system with the development of the disability cause. Through years of practice and exploration, Guangzhou has gradually explored the construction content covering the physical environment, information exchange and services, the *Disabled* Persons' Federation has coordinated the working mechanism of various departments, a multi-dimensional evaluation system and a solid and powerful supervision system. The accessibility of the physical environment in Guangzhou covers a wide range, the accessibility of the information environment closely follows the development of the times, the continuous exploration of accessibility services, and the continuous increase of supervision, providing valuable Guangzhou experience for the society. However, there are still problems in Guangzhou's barrier-free environment construction, such as the level of the rule of law needs to be improved, the development of barrier-free equipment is not yet sufficient, the normal and long-term supervision mechanism needs to be formed, the linkage and coordination of multiple subjects needs to be improved, and the concept of barrier-free needs to be widely popularized. In this regard, the article puts forward suggestions such as speeding up the top-level design of accessibility, improving the effectiveness of accessibility implementation, implementing the accessibility governance mechanism, and cultivating the concept of barrier-free culture, in order to achieve high-quality development of the barrier-free environment.

Keywords: Barrier-free Environment; Barrier-free Construction; Policy Analysis

B.5　Research on Promoting Employment and Entrepreneurship
of Young Talents from Hong Kong and Macao

Abstract: Promoting the cross-border flow of labor and talents is an objective need to adapt to China's economic and social development. With the deepening of the construction of the Guangdong-Hong Kong-Macao Greater Bay Area and the deepening of reform and opening up, the exchange and cooperation of young talents between the nine cities in the Pearl River Delta and Hong Kong and Macao has achieved rapid development. At present, the promotion of cross-border labor

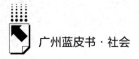
service cooperation in the Guangdong-Hong Kong-Macao Greater Bay Area has favorable conditions such as cultural and geographical advantages, complementary advantages of labor force, and promotion of regional economic integration. Problems and obstacles include inadequate policy formulation and publicity, poor flow of innovation elements, insufficient number of high-level talent development platforms, and imperfect inter-city talent collaboration mechanisms. In order to effectively attract young talents from Hong Kong and Macau in the Greater Bay Area to Guangzhou, a multi-level mechanism for the introduction of young talents from Hong Kong and Macau should be established and improved. The measurements include continuously promoting the construction of a high-level talent development platform, enhance the city's international influence and talent's basic public service guarantee capabilities, providing superior development space and living space; exploring the inter-city government affairs and talent coordination mechanism to maximize the effectiveness of talents and common development of the Greater Bay Area.

Keywords: Young Talents from Hong Kong and Macao; Employment and Entrepreneurship; Cross-border Flow of Talents

B.6　Report on Social Forces Participating in Relief Service in Guangzhou

Peng Jie, Chen Mou and Yuan Juanjuan / 121

Abstract: According to the spirit of the document "Guiding Opinions on Promoting Social Forces to Participate in Vagrant and Beggar Rescue Services" issued by the Ministry of Civil Affairs in 2012, Guangzhou has been participating in vagrancy and beggar rescue services by purchasing social services since 2013. By the end of 2021, a total of 19 social organizations in Guangzhou have launched 28 service projects related to the rescue of homeless and beggars. On the basis of describing the development process of Guangzhou social forces participating in the rescue service (2012—2021), combined with the practice of Guangzhou social forces participating in the rescue service for the homeless and beggars, this paper analyzes and summarizes the Guangzhou social forces' participation in the rescue service in the past ten years. service experience.

Keywords: Social Forces; "Homeless and Beggars"; Purchasing Services

Ⅲ　Social Goverance

B.7　Report on Values of Young People Working in New Media

　　in Guangzhou

Jian Rong, Chen Jie and Liang Bai / 135

Abstract: With the rapid economic and social changes, the new social class has been expanding in size and influence, and has become an important force in promoting the economic and social development of Guangzhou. New media practitioners are an important part of the new social class which mainly consists in young people aged 18—35. Investigating and analyzing their value orientation is of great significance to strengthen the guidance of youth values in the new social situation. Through a questionnaire survey, this paper points out that young people working in new media are rational and patriotic, showing self-confidence in regime, theory, system, and culture. They not only care about national current affairs and social hotspots, but also pay attention to the realization of individual values, combine personal interests with national and social interests, and strive to achieve a balance between these two. In the context of the increasingly developing market economy, young people working in new media have independent, rational and pragmatic values, such as advocating knowledge and expressing their pursuit of material things without shyness. At the same time, they have greater pressure to survive and develop, have a higher willingness to participate in society, but have fewer channels for participation, and adhere to the pursuit of value that pays too much attention to benefits, money and materials. At the end, this paper puts

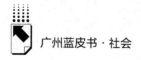

forward five countermeasures and suggestions to strengthen and guide the values of young people in the new media industry.

Keywords: New Social Class; Young Media Practitioners; Youth Values

B.8 Report on Internet Industry Employees in Guangzhou

The United Front Work Department of CPC Guangzhou Committee / 156

Abstract: Based on interviews and investigations with some typical Internet industry employees in Guangzhou, this research makes a systematic study and summary of the characteristics of this group in respect to the educational level, income, ideology, political participation and value orientation and so on. It analyzes such difficulties that the united front workers face as providing political, ideological guidance and accurate management service to them, and it provides analysis of the poor channel for expressing their requests and the unsatisfactory results of cooperation as well. Based on the analysis, this paper puts forward suggestions for improving the quality of the united front work with Internet industry employees in the new era.

Keywords: Internet Industry Employees; Political Participation; United Front Work

B.9 Exploration into the Development of Guangzhou's Digital Malls and Countermeasures

Cao Xiaojie, Luo Ruiqi and Long Yu / 173

Abstract: With the development of information and communication technologies and because of the surge in demand for digital goods and huge market profits, a series of digital malls were formed in major cities at the beginning of the new century. In these digital malls, a large number of small businesses (e.g., electronic vendors) sell electronic products and provide after-sale and other peripheral services as their main business mode. In the second decade, the digital malls are under significant pressures from both internal and external factors, and their survival space becomes increasingly compressed. Guangzhou, as the largest electronics distribution center in South China, has encountered big challenges in transforming the business model of digital malls as well. Based on the history of Guangzhou digital malls and relevant empirical materials, this article presents an in-depth analysis of the rise and fall of two digital malls (Guangzhou Buynow and Guangzhou Pacific) in order to understand the difficulties and reasons for the decline of Guangzhou digital malls. Supported with survey data about university students' consumption intentions and habits of electronic products, the article also proposes some transformation strategies for digital malls.

Keywords: Guangzhou Digital Mall; Transformation of Digital Malls; User-centered; Transformation Strategies

B.10　Research on Effect Evaluation and Promotion Strategies of Urban Renewal in Guangzhou: Case of Renewal of Cultural and Creative Parks

Huang Wenhao, Chen Xinyi, Li Ziyin / 192

Abstract: The urban renewal action brings new opportunities and challenges to the development of cultural and creative parks. This paper takes the renewal of cultural and creative parks as a case to analyze the effect of urban renewal in Guangzhou. Based on the theory of urban experience, this paper constructs the evaluation index system, and comprehensively uses the methods of literature research, questionnaire survey, expert interview and so on. According to the evaluation results, this paper analyzes the problems existing in the renewal of Guangzhou cultural and creative park, and then puts forward countermeasures and suggestions to realize the two-way drive of cultural industry promotion and historical protection. The survey found that the renewal of Guangzhou cultural and creative park has effectively improved the level of landscape, business format and public service, so as to enhance the attractiveness, satisfaction and identity of visitors to the park space. However, it is also difficult to form a stable emotional identity, which hinders the overall improvement of the renewal effect of the cultural and creative park. Based on this, from the perspective of the park experience, this paper summarizes the problems that the urban renewal significance is narrowed, the renewal project lacks long-term planning, the role of the government and the market is limited, and the cultural and creative publicity channel is single, which leads to the failure of the cultural and creative park to realize the renewal expectation. It also puts forward the strategic choice of increasing efficiency of Guangzhou cultural and creative parks renewal system from four aspects: how to realize connotative development, linkage development, agglomeration development and participatory development.

Keywords: Urban Renewal; Cultural and Creative Park; Urban Experience

IV   Social Investigation

B.11   Report on Guangzhou Residents' Safety Awareness

Miao Xingzhuang / 209

Abstract: Safety awareness affects people's safety behavior and is an important factor in determining the probability of safety problems. The purpose of the security awareness survey is to understand the security awareness status of people in all aspects as realistically as possible. Through the analysis of more than 2000 questionnaires, it is found that the safety awareness of citizens is high in some aspects, and some aspects need to be strengthened; most people pay more attention to safety knowledge and skills, but some people still ignore it; safety training plays a significant role in improving safety awareness ; People's awareness of safety participation needs to be improved, and the understanding of participation channels and reward systems is insufficient; the role of on-site safety reminders is obvious; safety education and publicity needs to be strengthened. It is recommended: to provide various types of safety training through multiple channels; to increase the punishment on the behaviour of dialing mobile phones when driving; to strengthen the safety education and publicity through the Internet; to enhance the publicity of the reward system and channels for reporting safety hazards, Raise awareness of safety participation; increase staff on-site safety reminders at relevant sites.

Keywords: Guangzhou Residents; Safety Awareness; Awareness Raising

B.12 Report on Empowering Elderly Care Services by Scientific Technology in Guangzhou

Ouyang Fei, Rong Meng / 228

Abstract: Due to the superposition of aging, empty-nest, disability, and family miniaturization, the traditional family pension model is facing great challenges. Through technology empowerment, the development of smart pension has become an inevitable choice to improve the level of pension services. In order to understand the status quo of citizens' pensions and their attitudes and suggestions on the development of smart pensions, the Guangzhou Municipal Bureau of Statistics used the 10000 - household survey network covering 200 communities in 41 streets and 11 districts of the city to conduct household surveys to 5000 18-65 residents. The survey results show that citizens have a large demand for old-age care, and the way of old-age care presents a diversified feature of home-based care. Citizens are generally optimistic about the development of the smart old-age care industry, believing that it will help improve the lives of the elderly and that smart old-age care has broad prospects, but their awareness and acceptance still need to be improved.

Keywords: Aging; Elderly Care Service; Smart Nursing

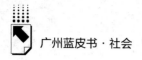

B.13 Research on Guangzhou Local Urbanization and
Farmers' Income

Meng Fanqiang, Zhao Ping and Liu Zhihui / 245

Abstract: Promoting the urbanization of the agricultural population and increasing the income of farmers is an important part of rural revitalization and urban-rural integrated development, as well as the proper meaning of achieving common prosperity. Based on the Guangzhou sample from the household registration population questionnaire of the National Floating Population Health and Family Planning Dynamic Monitoring Survey in 2017, this paper uses the propensity score matching method to study the impact of local urbanization on farmers' income in Guangzhou. The study found that: On-site urbanization has a significant positive impact on farmers' income; heterogeneity analysis shows that compared with the old generation of farmers, On-site urbanization has a greater impact on the income of the new generation of farmers; The income of farmers who work at state-owned units is more affected. Therefore, the promotion of on-site urbanization should take scientific planning as the premise, rural revitalization as the goal, institutional reform as the key, and talent construction as the guarantee, and reforms in urban industry and talent policies should be carried out to provide farmers with good local urbanization. policy support and an inclusive economic environment.

Keywords: In Situ Urbanization; Farmers Income; Guangzhou

B.14 Report on Constructing a Satisfying Service-oriented
Government in Guangzhou

Zheng Hui / 264

Abstract: In order to understand and meet the individual needs of the people and enhance the people's sense of gain, happiness and security, Guangzhou

Municipal Bureau of Statistics recently used the 10000 -household resident survey network to survey 5000 permanent residents aged 18-65 in 11 districts of the city. The survey shows that the administrative environment of Guangzhou continues to improve, the atmosphere of interaction between the government and the people is strong, and the citizens have confidence in the government's service attitude. At the same time, the public service experience is better, and basic medical and health services are the most concerned. Citizens hopefor more humanized services such as opening green channels for special groups and promoting the construction of an integrated management platform for public affairs. Furthermore, the surveyed people look forward to optimizing medical, housing and public transportation services by improving medical cost standards, strengthening housing price control, and smooth road traffic management.

Keywords: Public Service; Government-civilian Interaction; Service-oriented Government

V   Public Health Service

B . 15   Research on the Matching of Supply and Demand of Medical and Health Services in Guangzhou Under the "Healthy Guangzhou" Strategy

Zhu Minjing, Zhu Lei / 278

Abstract: During the "14th Five-Year Plan" period, Guangzhou will speed up the implementation of the "Healthy Guangzhou" action, the purpose of which is to make Guangzhou become a model for building the national "Healthy China" strategy. Therefore, it is necessary to accurately analyze the medical needs of residents and the supply of medical resources. This paper constructs a medical and health service development index to analyze the supply of medical resources in Guangzhou from 2015 to 2019, analyzes the medical needs of residents through a questionnaire survey, and judges the contradiction between supply and demand of medical and health services. The results show that there are four current contradictions, namely: the gap between the large amount of medical needs and the limited funds, the gap between the high-quality medical needs and the limited software and hardware of the hospital , the low level of primary medical services, and the high medical expenses. In order to effectively promote the "Healthy Guangzhou" action, this paper proposes to start from the four following aspects: to establish and improve the multi-input mechanism, to innovate the medical and health service system, to take multiple measures to improve the quality of primary medical services, and to improve the medical insurance system.

Keywords: Healthy Guangzhou; Health Care; Supply; Need Match

B.16 Contradiction Between Supply and Demand in the Development of Guangzhou Medical Insurance System and Its Optimization Strategy

Fu Shu, *Yu Fengliang* / 299

Abstract: Nowadays, Guangzhou has formed a special medical security system with a bottom-line, multi-level and full coverage. From the perspective of supply, the number of Guangzhou medical insurance participants is increasing year by year, the burden of enterprise and individual payment is constantly reduced, the reform of medical insurance payment based on the points of diseases has reached obvious achievement, and the procurement reform of drug groups has effectively reduced drug transaction costs. From the demand side, the basic medical insurance participation rate and satisfaction of the respondents are high, and the basic medical insurance can significantly reduce the medical burden of residents. At present, the contradiction between supply and demand of medical insurance is mainly reflected in the gap between residents' expectation on medical insurance payment and the actual payment level, the deviation of residents' understanding of medical insurance system and the original intention of system design, and residents' recognition and participation in supplementary medical insurance need to be improved. In this regard, we should optimize the medical insurance system for chronic, serious and rare diseases and reasonably reduce residents' medical payment burden. The use of individual account of employee medical insurance is gradually transferred to family as a unit; Actively promote the development of commercial health insurance and strive to build a multi-level and interconnected medical security system; We will improve the informatization level of the medical insurance handling system and make it more convenient for medical treatment in different places in the Greater Bay Area.

Keywords: Medical Insurance; Medical Insurance Demand Survey; Supply and Demand Coordination

B.17   Research on Constructing a Primary Medical and Health System in Guangzhou

Chen Jie, Fu Yiming / 316

Abstract: As a mega city, the construction of the primary medical and health care system in Guangzhou still faces the problem of unbalanced and insufficient development. The main problems are that the resource allocation structure is not reasonable, the distribution of high-quality medical resources is still unbalanced, the development of medical and health institutions is relatively extensive, and the quality of grass-roots services still needs to be improved. In this context, the "14th Five-Year Plan for the Development of Guangzhou's Health and Wellness Development" requires more emphasis on resource being allocatized to grassroots level and systematic collaboration, and promotes the transformation from being disease-centered to being health-centered. Based on the current situation and service demands for the development of the primary medical and health system in Guangzhou, this paper analyzes the characteristics of supply and demand and the main contradictions for constructing a primary medical and health system in

Guangzhou as a mega-city in the new era from the perspective of supply and demand matching through questionnaires, interviews and other research methods. Suggestions such as consolidating the bottom of the grass-roots medical and health service network, promoting the quality and efficiency of grass-roots medical and health institutions, accelerating the improvement of the hierarchical diagnosis and treatment system, strengthening the training of general practitioners, and strengthening the construction of grass-roots medical and health information.

Keywords: Primary Care and Health; Megacities; Supply and Demand Theory

B.18 Research on Rising Guangzhou's Capacity to Deal With Public Health Emergencies

Mai Jinheng, Feng Lifang / 343

Abstract: This paper attempts to evaluate Guangzhou municipal capacity to deal with public health emergencies with respect to governmental policy, rule of law, manpower-funds-material resources and technologies, and propose countermeasures for improving its capacity to deal with public health emergencies on the basis of the investigation results of Guangzhou residents' satisfaction towards Guangzhou governmental performance in its tackling the May 21 Covid - 19 Outbreak in 2021. The investigation shows, on one hand, that Guangzhou residents are generally satisfied with Guangzhou governmental efforts in the epidemic prevention and control during the outbreak, particularly its efforts in its implementation of epidemic-related policies and mechanisms, the law enforcement during the epidemic, the organization and scheduling of regular prevention and control, and digital technology control and so on. On the other hand, Guangzhou residents point out the problems that need to be addressed, i.e. the government should tighten its control in medium-and high-risk regions, strengthen its control of network information flow, improve material resource and service supports in lockdown zones, and further address the problem of the "Digital Divide" among the elderly. With regard to the problems, this study suggests that the government should make the following efforts: to improve the coordination between government employees and non-government employees to ensure smooth regular pandemic prevention work; to strengthen its control of network information flow to gain a upper hand and mobilize residents in various neighborhoods to join in the fight against the pandemic; to continue increasing the supports of manpower-funds-material resources to provide high-quality prevention materials and services; to strengthen the information sharing, and expand the scope of information technology application and service population.

Keywords: Public Health Emergencies; Capacity Enhancement; Satisfaction; Match between Supply and Demand

社会科学文献出版社

皮 书
智库成果出版与传播平台

❖ 皮书定义 ❖

皮书是对中国与世界发展状况和热点问题进行年度监测，以专业的角度、专家的视野和实证研究方法，针对某一领域或区域现状与发展态势展开分析和预测，具备前沿性、原创性、实证性、连续性、时效性等特点的公开出版物，由一系列权威研究报告组成。

❖ 皮书作者 ❖

皮书系列报告作者以国内外一流研究机构、知名高校等重点智库的研究人员为主，多为相关领域一流专家学者，他们的观点代表了当下学界对中国与世界的现实和未来最高水平的解读与分析。截至2021年底，皮书研创机构逾千家，报告作者累计超过10万人。

❖ 皮书荣誉 ❖

皮书作为中国社会科学院基础理论研究与应用对策研究融合发展的代表性成果，不仅是哲学社会科学工作者服务中国特色社会主义现代化建设的重要成果，更是助力中国特色新型智库建设、构建中国特色哲学社会科学"三大体系"的重要平台。皮书系列先后被列入"十二五""十三五""十四五"时期国家重点出版物出版专项规划项目；2013~2022年，重点皮书列入中国社会科学院国家哲学社会科学创新工程项目。

皮书网

（网址：www.pishu.cn）

发布皮书研创资讯，传播皮书精彩内容
引领皮书出版潮流，打造皮书服务平台

栏目设置

◆ **关于皮书**
何谓皮书、皮书分类、皮书大事记、
皮书荣誉、皮书出版第一人、皮书编辑部

◆ **最新资讯**
通知公告、新闻动态、媒体聚焦、
网站专题、视频直播、下载专区

◆ **皮书研创**
皮书规范、皮书选题、皮书出版、
皮书研究、研创团队

◆ **皮书评奖评价**
指标体系、皮书评价、皮书评奖

◆ **皮书研究院理事会**
理事会章程、理事单位、个人理事、高级
研究员、理事会秘书处、入会指南

所获荣誉

◆ 2008 年、2011 年、2014 年，皮书网均
在全国新闻出版业网站荣誉评选中获得
"最具商业价值网站"称号；
◆ 2012 年，获得"出版业网站百强"称号。

网库合一

2014 年，皮书网与皮书数据库端口合
一，实现资源共享，搭建智库成果融合创
新平台。

皮书网

"皮书说"
微信公众号

皮书微博

权威报告·连续出版·独家资源

皮书数据库
ANNUAL REPORT(YEARBOOK)
DATABASE

分析解读当下中国发展变迁的高端智库平台

所获荣誉

- 2020年，入选全国新闻出版深度融合发展创新案例
- 2019年，入选国家新闻出版署数字出版精品遴选推荐计划
- 2016年，入选"十三五"国家重点电子出版物出版规划骨干工程
- 2013年，荣获"中国出版政府奖·网络出版物奖"提名奖
- 连续多年荣获中国数字出版博览会"数字出版·优秀品牌"奖

皮书数据库

"社科数托邦"
微信公众号

成为会员

　　登录网址www.pishu.com.cn访问皮书数据库网站或下载皮书数据库APP，通过手机号码验证或邮箱验证即可成为皮书数据库会员。

会员福利

- 已注册用户购书后可免费获赠100元皮书数据库充值卡。刮开充值卡涂层获取充值密码，登录并进入"会员中心"—"在线充值"—"充值卡充值"，充值成功即可购买和查看数据库内容。
- 会员福利最终解释权归社会科学文献出版社所有。

社会科学文献出版社 皮书系列
SOCIAL SCIENCES ACADEMIC PRESS (CHINA)

卡号：778366617631
密码：

数据库服务热线：400-008-6695
数据库服务QQ：2475522410
数据库服务邮箱：database@ssap.cn
图书销售热线：010-59367070/7028
图书服务QQ：1265056568
图书服务邮箱：duzhe@ssap.cn

基本子库
SUB DATABASE

中国社会发展数据库（下设 12 个专题子库）

紧扣人口、政治、外交、法律、教育、医疗卫生、资源环境等 12 个社会发展领域的前沿和热点，全面整合专业著作、智库报告、学术资讯、调研数据等类型资源，帮助用户追踪中国社会发展动态、研究社会发展战略与政策、了解社会热点问题、分析社会发展趋势。

中国经济发展数据库（下设 12 专题子库）

内容涵盖宏观经济、产业经济、工业经济、农业经济、财政金融、房地产经济、城市经济、商业贸易等 12 个重点经济领域，为把握经济运行态势、洞察经济发展规律、研判经济发展趋势、进行经济调控决策提供参考和依据。

中国行业发展数据库（下设 17 个专题子库）

以中国国民经济行业分类为依据，覆盖金融业、旅游业、交通运输业、能源矿产业、制造业等 100 多个行业，跟踪分析国民经济相关行业市场运行状况和政策导向，汇集行业发展前沿资讯，为投资、从业及各种经济决策提供理论支撑和实践指导。

中国区域发展数据库（下设 4 个专题子库）

对中国特定区域内的经济、社会、文化等领域现状与发展情况进行深度分析和预测，涉及省级行政区、城市群、城市、农村等不同维度，研究层级至县及县以下行政区，为学者研究地方经济社会宏观态势、经验模式、发展案例提供支撑，为地方政府决策提供参考。

中国文化传媒数据库（下设 18 个专题子库）

内容覆盖文化产业、新闻传播、电影娱乐、文学艺术、群众文化、图书情报等 18 个重点研究领域，聚焦文化传媒领域发展前沿、热点话题、行业实践，服务用户的教学科研、文化投资、企业规划等需要。

世界经济与国际关系数据库（下设 6 个专题子库）

整合世界经济、国际政治、世界文化与科技、全球性问题、国际组织与国际法、区域研究 6 大领域研究成果，对世界经济形势、国际形势进行连续性深度分析，对年度热点问题进行专题解读，为研判全球发展趋势提供事实和数据支持。

法律声明

"皮书系列"（含蓝皮书、绿皮书、黄皮书）之品牌由社会科学文献出版社最早使用并持续至今，现已被中国图书行业所熟知。"皮书系列"的相关商标已在国家商标管理部门商标局注册，包括但不限于LOGO（ ）、皮书、Pishu、经济蓝皮书、社会蓝皮书等。"皮书系列"图书的注册商标专用权及封面设计、版式设计的著作权均为社会科学文献出版社所有。未经社会科学文献出版社书面授权许可，任何使用与"皮书系列"图书注册商标、封面设计、版式设计相同或者近似的文字、图形或其组合的行为均系侵权行为。

经作者授权，本书的专有出版权及信息网络传播权等为社会科学文献出版社享有。未经社会科学文献出版社书面授权许可，任何就本书内容的复制、发行或以数字形式进行网络传播的行为均系侵权行为。

社会科学文献出版社将通过法律途径追究上述侵权行为的法律责任，维护自身合法权益。

欢迎社会各界人士对侵犯社会科学文献出版社上述权利的侵权行为进行举报。电话：010-59367121，电子邮箱：fawubu@ssap.cn。

社会科学文献出版社